T0113025

Despierta
tus habilidades
psíquicas

LISA CAMPION

Despierta tus habilidades psíquicas

Una guía práctica para desarrollar
tu intuición, desmitificar el mundo espiritual
y abrir tus sentidos psíquicos

EDICIONES OBELISCO

Si este libro le ha interesado y desea que le mantengamos informado de
nuestras publicaciones, escríbanos indicándonos qué temas son de su interés (Astrología,
Autoayuda, Ciencias Ocultas, Artes Marciales, Naturismo, Espiritualidad, Tradición…)
y gustosamente le complaceremos.
Puede consultar nuestro catálogo en www.edicionesobelisco.com

Colección Espiritualidad y vida interior
Despierta tus habilidades psíquicas
Lisa Campion

1.ª edición: mayo de 2024

Título original: *Awakening your Psychic Ability*

Traducción: *Verónica D'Ornellas*
Maquetación: *Marga Benavides*
Corrección: *Elena Morillas*
Diseño de cubierta: *Enrique Iborra*

© 2023, Lisa Campion. Título publicado por acuerdo
con New Harbinger Publications, Inc., a través de
International Editors & Yáñez Co'S.L.
(Reservados todos los derechos)
© 2024, Ediciones Obelisco, S. L.
(Reservados los derechos para la presente edición)

Edita: Ediciones Obelisco, S. L.
Collita, 23-25 Pol. Ind. Molí de la Bastida
08191 Rubí - Barcelona - España
Tel. 93 309 85 25
E-mail: info@edicionesobelisco.com

ISBN: 978-84-1172-156-1
DL B 5602-2024

Impreso en España en los talleres gráficos de Romanyà/Valls, S. A.
Verdaguer, 1 - 08786 Capellades (Barcelona)

Printed in Spain

Prólogo

De vez en cuando conozco a alguna persona que también es psíquica y siento como si ya la conociera y como si hubiera trabajado con ella antes. Lisa Campion es una de esas personas.

En cuanto conocí a Lisa supe que era auténtica. Fue como si me encontrara con una viaja amiga, con un espíritu afín, y supe que haríamos grandes cosas juntas. Nuestra conexión fue instantánea. Mis guías zumbaban a su alrededor, chocando sus cinco con los guías de Lisa, como si hubiesen planeado el encuentro (¡lo cual sin duda hicieron!).

Ser una psíquica profesional es algo grande y conlleva una gran responsabilidad. Los psíquicos profesionales no sólo deben tener un talento innato, sino que además deben dedicar una gran parte de su tiempo y energía a desarrollar sus habilidades para poder usarlas con exactitud y responsabilidad. Una vez que han hecho eso, tienen la responsabilidad de ayudar al mundo con lo que saben.

Eso fue precisamente lo que comprendí al leer estas páginas: La escritura es una parte importante del regalo de Lisa al mundo. En este libro, que es el tercero que escribe, ofrece lo mejor de lo que ha aprendido en los años que lleva siendo una sanadora psíquica. Ha sintetizado su propio proceso y todo lo que ha observado al dar a los psíquicos en ciernes consejos prácticos para ayudarles a despertar sus habilidades. Y dado que todos estamos continuamente aprendiendo, las ideas y los ejercicios de este libro también son muy valiosos para los psíquicos más desarrollados que estamos más adelantados en el camino.

Lisa hace todo esto de una manera que realmente desmitifica la idea de las impresiones psíquicas. Contrariamente a la creencia popular, ser psíquico no es algo raro o excéntrico; es, simplemente, el acto de agudizar la intuición. Cuando comprendemos que nuestra intuición nos habla de una forma individualizada, aprender a entender el funcionamiento interno de nuestra propia sabiduría cobra sentido. Lo cierto es que todo el mundo es al menos un poco psíquico y cada uno de nosotros desarrollará sus propios dones de una forma ligeramente distinta. Es por eso por lo que los mejores maestros no se limitan a enseñarnos qué hacer, sino que también nos ayudan a adaptar las lecciones a nuestras propias circunstancias y necesidades, al estilo de «hazlo tú mismo». Las reflexiones de Lisa nos sirven, independientemente de qué o quiénes somos, de si tenemos una predominancia del hemisferio izquierdo o derecho del cerebro, o de si somos médiums, canalizadores o sanadores. Y todos nosotros, *todos*, podemos servir mejor cuando estamos conectados con nuestra ética. Un desarrollo psíquico adecuado se apoya en nuestra ética: estableciendo y manteniendo límites firmes, poniendo el interés y la compasión hacia los demás por delante de nuestro propio ego y transmitiendo nuestros mensajes de una forma responsable. Sí, es muy emocionante darte cuenta de que eres un psíquico –y es incluso más emocionante tener la habilidad de compartir tu don de una forma que realmente beneficie al mundo. El énfasis que Lisa pone en la ética es valiosísimo para cualquier psíquico en cualquier punto del camino, porque el ego es astuto y hay que recordarle cuál es su lugar.

Estoy entusiasmada por haber encontrado todo eso y mucho más en este libro. Se convertirá en un clásico en el campo del desarrollo psíquico –un libro que continuará sirviendo a los lectores en los años venideros. Mientras leía las palabras de Lisa, me impresionó su autenticidad. Ella ha demostrado ser una psíquica experimentada y experta, y el sentido del humor y la liviandad que aporta a su trabajo tienen una cualidad transformadora que nos anima y nos ayuda a hallar lo positivo en todas las cosas. Los consejos que comparte aquí están fundamentados y son fiables. Reflejan claramente todo su trabajo duro y su dedicación a una práctica que está completamente alineada con el bien de todos.

Si tu camino como psíquico o psíquica te ha traído hasta Lisa Campion, ten la certeza de que estás en buenas manos. *Despierta tus habi-*

lidades psíquicas te dará lo que deseas recibir: consejos útiles, éticos y creativos que te pueden ayudar a desarrollar tus dones psíquicos, para tu beneficio y el de los demás.

MaryAnn DiMarco
Autora de *Believe, Ask, Act* y *Medium Mentor*

Agradecimientos

Muchas personas maravillosas han participado en la elaboración de este libro. Realmente, nunca hubiera podido escribirlo sin su ayuda. Y, dicho sea de paso, si estás pensando en escribir un libro, por favor, no lo hagas solo o sola. Es necesaria una comunidad de colaboradores, mentores, ayudantes y amigos, y los míos son espectaculares, sin lugar a dudas.

Mi más profundo y sincero agradecimiento a Ogmios Lieberman, que es un artista brillante y siempre hace unas ilustraciones perfectas, y además me ha ayudado enormemente dándome ánimos y apoyo a lo largo del camino.

Gracias a mi personal de apoyo, especialmente a Kelley Twombly, quien siempre se asegura de que llegue a tiempo al lugar indicado, incluso cuando tengo plazos de entrega para un libro. Y a mis maravillosos *coaches* Ruble Chandy y Trish Blain, que me han dado un gran apoyo y, además, me han puesto el listón cada vez más alto.

Todo mi amor para mi familia: siempre sois muy comprensivos en las ocasiones en que tengo que desaparecer por un tiempo para llevar a cabo todas las cosas que tengo que hacer. Gracias a mis hijos, Grayson, Devin y Genevieve: ¡os quiero mucho! Y a mi hermana, Sara, y a su encantadora familia, por invitarme a cenar y al *jacuzzi* para que pueda mantener la cordura. Gracias, Mamá, por ser tan feliz y afortunada, y a Papá por cuidar de mí y darme ánimos desde el más allá.

Mucho amor a mis queridos amigos, que son pacientes y amorosos, a pesar de que no siempre puedo pasar tiempo con ellos. Michelle, Maura y Raffaele, ¡bendiciones para vosotros!

Y a mi familia de la editorial New Harbinger, realmente ha sido un esfuerzo conjunto. Un agradecimiento especial a Jess O'Brien, quien me empuja suavemente y me recuerda que es hora de escribir otro libro, y a todos los demás magos editoriales que participaron en la elaboración de este libro. Hay una magia alquímica en el proceso de edición que convierte el plomo en oro.

Gracias a Bill Gladstone por cerrar el trato.

Y un agradecimiento profundo y sentido a todos mis alumnos psíquicos, especialmente a mis aprendices. Este libro es para vosotros. Gracias a todos por ayudarme a realizar mi propósito como maestra y mentora. Quiero crear un ejército de sanadores para salir y salvar al mundo, y vosotros sois ese ejército. Continuad brillando y difundiendo la luz.

Besos y abrazos,
LISA

INTRODUCCIÓN

Aumenta tus habilidades psíquicas naturales

El otro día fui a una fiesta y estaba charlando con un grupo de personas a las que no conocía muy bien cuando una chica se me acercó y me dijo: «Perdona. He oído que eres psíquica. No quisiera molestarte en tu tiempo libre, pero realmente necesito ayuda. Creo que me están pasando cosas… ya sabes… cosas psíquicas».

Su nombre era Juliette y parecía estar preocupada, nerviosa y, quizás, un poco emocionada también. Le temblaba la mano mientras sostenía su copa de vino. Como recuerdo lo difíciles que fueron algunas de mis propias aperturas psíquicas, la invité a sentarse y a decirme qué le estaba ocurriendo.

«Desde que empecé a abrirme a mi camino espiritual, me están ocurriendo cosas extrañas. Veo por el rabillo del ojo cosas moviéndose, y cuando me giro para verlas, no hay nada ahí, pero estoy segura de que hay un fantasma o un espíritu en mi casa. Simplemente puedo sentirlo», me dijo Juliette. Luego me susurró: «Creo que estoy sintiendo la presencia de ángeles cuando medito, y también veo duendes en mi jardín». Miró a su alrededor nerviosamente, como si fueran a aparecer de la nada unos hombres vestidos de blanco para llevársela. «Sé cosas antes de que ocurran; no sé cómo las sé, simplemente las sé. Y a veces sueño cosas que después se hacen realidad. Además, mi sensibilidad emocional se ha disparado y me acabo de dar cuenta de que soy empática. Siento los sentimientos de todas las personas y me cuesta saber cuáles son míos. A veces me siento abrumada y un poco asustada, aunque también es excitante. Pero sería más excitante si sintiera que tengo control sobre todo esto y supiera más acerca del tema. Siempre estoy tratando de que todo esto deje de ocurrir, como lo hacía en el pasado, pero ahora el genio ha salido de la botella».

Me apresuré a tranquilizarla diciéndole que todas sus experiencias eran muy normales y que debían ser celebradas. Lo que necesitaba era un poco de entrenamiento para poder entender, manejar y pulir sus dones psíquicos. Las experiencias psíquicas de Juliette comenzaron cuando empezó a acudir con regularidad a unas clases de yoga que incluían la práctica diaria de la meditación. Y, dado que tenía interés en convertirse en una sanadora energética, empezó también a tomar clases de Reiki.

En nuestra vida moderna, el yoga, la meditación y el Reiki son la trifecta de actividades que hacen que se produzca la apertura de nuestras habilidades psíquicas inherentes. Juliette me contó que, en su niñez, había sido muy intuitiva, sensible y psíquica: «En las noches solía ver esferas de luz y otros espíritus, y tenía largas conversaciones en voz alta con mi abuela, que había fallecido cuando yo tenía dos años».

Sin embargo, sus experiencias molestaban y asustaban a su familia, que era muy religiosa y conservadora. Debido a eso, tomó la decisión consciente de reprimir todo eso para poder encajar en la familia, en la escuela con sus compañeros y en la iglesia.

«Recuerdo haber estado en la iglesia siendo muy pequeña –continuó Juliette– y haberle pedido a Dios que me quitara esos dones para poder ser normal. Y funcionó. Dejé de tener ese tipo de experiencias». Al menos hasta que retomó su camino espiritual, cuando tenía veintitantos años, y sus habilidades psíquicas y empáticas naturales volvieron a aparecer.

Invité a Juliette para que se uniera a mi programa de desarrollo psíquico, y pudiera entender sus habilidades psíquicas y desarrollarlas. Creo que hay un motivo por el cual tenemos estos dones, y que forman parte de nuestro propósito de vida. Deben ser desarrollados y utilizados para ayudarnos a hacer lo que sea que estemos haciendo en el mundo. Juliette trabaja como maestra en una guardería, es artista y es una apasionada de la jardinería. Trabajó diligentemente en el programa de entrenamiento y, mientras desarrollaba sus dones, descubrió que sus sentidos psíquicos y su empatía son una herramienta maravillosa que la ayuda a comprender lo que sus pequeños alumnos necesitan cada día.

Y mientras desarrollaba su intuición, su talento creativo floreció. Realizar sus obras de arte la conectó de una forma aún más profunda con su guía interior, ya que existe una poderosa conexión entre nuestra intuición y el proceso creativo. Su amor por la naturaleza la abrió a trabajar con los espíritus de la naturaleza, que resultaron ser sus guías espirituales más íntimos y serviciales.

Cuando Juliette se embarcó en el mismo entrenamiento que tú estás a punto de experimentar en este libro, fue capaz de gestionar su energía para sentirse conectada, segura y protegida de otras personas y de cualquier energía espiritual con la que pudiera toparse a lo largo del camino. Actualmente está viviendo la plenitud de sus dones y está muy emocionada por la forma en que le sirven, no sólo para ayudar a otras personas, sino también cuando conecta con su orientación acerca de su propia vida.

Mi historia

Definitivamente, puedo comprender y simpatizar con la experiencia de Juliette, ya que es muy similar a la mía. Una gran parte del motivo por el cual enseño desarrollo psíquico a personas como Juliette, y por el cual he querido escribir este libro para ti, es que cuando experimenté mi propia apertura psíquica, no existía este tipo de recursos.

Nací en un mundo en el que ver ángeles y hablar con personas fallecidas hacía que acabaras en un hospital psiquiátrico. Definitivamente, yo era uno de esos niños que dicen «En ocasiones veo muertos». Crecí en los años 70 y 80, en las afueras de Boston, Massachusetts, y pasé la mayor parte de mi infancia tratando de entender qué me estaba ocurriendo y cómo hacer que parara, al tiempo que intentaba parecer normal en público, al igual que Juliette.

Mis primeros recuerdos son de naturaleza psíquica: ver colores en torno a las personas, los animales y las plantas, así como experimentar la presencia de todo tipo de espíritus. Además, crecí en una casa encantada. Era una casa victoriana preciosa, donde al despertar veía los espíritus de personas muertas de pie alrededor de mi cama, deseosos de pasar el rato conmigo y charlar. No comprendía por qué los demás no eran capaces de ver a esas tristes y solitarias «personas grises» que yo veía.

Mi madre lo atribuía a que tenía una impresionante colección de amigos invisibles y una imaginación muy activa. Al menos mis padres *hippies* estaban relativamente abiertos a mis experiencias y no trataron de suprimirlas o de rociarme con agua bendita, como le ocurrió a otros psíquicos. Pero me sentía sola, confundida y aislada, y pasaba la mayor parte del tiempo tratando de encajar y de ocultar mis dones, para evitar ser etiquetada como loca y extraña.

Me dedicaba a buscar en las bibliotecas locales libros sobre experiencias psíquicas y cómo manejarlas, especialmente cómo detenerlas. No había gran cosa, aunque me alegró encontrar el libro *Habla Seth* de Jane Roberts y las obras de Edgar Cayce y Carlos Castaneda.

La mayor parte de mi educación paranormal la obtuve viendo películas de terror, ya que tuve una experiencia que me cambió la vida cuando vi *Poltergeist*. Hay una escena en esa película en la que la psíquica Zelda explica lo que es un fantasma y cómo los fantasmas se quedan atrapados. Recuerdo estar sentada en el cine y sentir escalofríos al darme cuenta de que existían los psíquicos profesionales, y en ese momento me juré que me dedicaría a eso. Y me aferré a su breve explicación de lo que realmente son los fantasmas, cómo se quedan atrapados y cómo hacer que sigan su camino. Me sentí muy aliviada al ver que alguien sabía algo acerca de lo que estaba ocurriendo. Eso despertó en mí un amor por lo paranormal y por las películas de terror, que me ha durado toda la vida, ya que sentí validada por ellas y aprecié el hecho de que yo no era la única que estaba teniendo esas experiencias. Recibí una educación paranormal extraña viendo esas películas y aprendí algunas cosas que eran ciertas y otras que eran sumamente entretenidas al estilo hollywoodense, pero que no contenían ninguna verdad metafísica.

Tuve la fortuna de que mis padres *hippies* me llevaran a unas clases de meditación trascendental cuando tenía diez años, ya que aprender a meditar a una edad tan temprana fue algo formativo para mí y, desde entonces, ha sido una parte vital de mi desarrollo psíquico y espiritual. Llegué a conocer a Maharishi, quien me dijo a través de su traductor que podía ver mis dones y que yo iba a tener una infancia difícil, pero que tenía que resistir porque cuando fuera adulta ayudaría a muchas personas.

Cuando estaba en el instituto, toda mi familia hizo un curso que entonces se llamaba Control Mental Silva (actualmente se llama el Método Silva de Control Mental), en el cual recibí una formación adicional en técnicas de meditación y además oí el término *espíritus guías* por primera vez. (Los espíritus guías son unos serviciales seres no físicos que nos ayudan en nuestro crecimiento personal y espiritual. Pueden ser ángeles, o nuestros queridos antepasados o unos maestros espirituales. Hablaremos de los espíritus guías de una forma más extensa en el capítulo 5).

En la universidad estudié artes marciales y recibí una información muy valiosa acerca de cómo mover la energía en mi cuerpo y sobre los enormes beneficios de estar conectada con la Tierra y de ser disciplinada y físicamente fuerte. Fue un contrapunto fantástico al trabajo más etéreo que estaba realizando en mi entrenamiento de desarrollo psíquico. Durante esa época, también le había dado la bienvenida al inicio del movimiento *new age*, el cual trajo consigo libros sobre chamanismo, canalización y desarrollo psíquico, así como maestros de estos temas. Estuve unos años trabajando en una fabulosa librería *new age* y además recibí una tutoría y una formación excelentes con un chamán y un poderoso psíquico y canalizador.

Fue aproximadamente en esa época cuando comencé a trabajar como psíquica. Tenía diecinueve años y desde entonces no he dejado de hacerlo. Cuando empecé a hacer lecturas para personas, podía transmitir un mensaje, pero no sabía cómo ayudarlas con sus reacciones emocionales a los mensajes que les daba, de manera que me formé también para ser terapeuta, y añadí eso a mi caja de herramientas. Y luego, en el año 1999, aprendí Reiki. En aquella época estaba empezando a ver colores y energía alrededor de las personas y, además, desarrollé algunas habilidades como intuitiva médica. Necesitaba ayuda para comprender este nuevo nivel de percepción psíquica y uno de mis mentores sugirió que estudiara Reiki como una manera de entender el campo energético humano de una forma más profunda. Desde entonces he estado practicando y enseñando Reiki.

Actualmente utilizo una combinación de trabajo psíquico, Reiki y orientación espiritual en mis sesiones, y ahora me estoy concentrando en escribir, enseñar y ejercer de mentora de otros sanadores y psíquicos. Tengo pasión por formar a psíquicos, empáticos y sanadores, para que sean plenos dueños de sus dones, ya que el mundo necesita todos los sanadores que pueda conseguir cuanto antes. Mi objetivo es ayudar a las personas que están experimentando aperturas psíquicas, para que tengan una experiencia más agradable que la que yo tuve, porque lo aprendí de la forma más difícil.

Cuando estaba aprendiendo, no había dónde encontrar información, o a un mentor o mentora, o ayuda, y sufrí enormemente cuando era una niña, pues sentía que había algo malo en mí. Estoy encantada de haberme convertido en la mentora y maestra que siempre quise tener, y éste es el libro que anhelaba encontrar en la biblioteca cuando estaba buscando respuestas.

Ahora que ya sabes un poco más acerca de mi historia y de quién soy como psíquica y como maestra, vamos a hablar de lo que realmente significa para mí ser una psíquica, ya que hay muchos mitos y conceptos erróneos sobre el tema.

¿Qué son las habilidades psíquicas?

Las habilidades psíquicas evocan muchas imágenes distintas en las mentes de las personas. Es muy probable que hayas visto a los psíquicos representados en la televisión en el cine de una forma que nos parece real, pero en realidad forma parte de la variedad de Hollywood.

Las habilidades psíquicas, a pesar de la forma en que son representadas en los medios de comunicación, no tienen que ser un fenómeno extraño, poco natural, con el que el pobre psíquico tiene que cargar. No están destinadas a conectarte con todas las casas embrujadas en un radio de veinte millas o a atraer espíritus oscuros cuyo motivo es asustarte a las tres de la madrugada todos los días. Por lo general, cuando tenemos visiones, no solemos retorcernos de una forma extraña en el suelo como si estuviéramos teniendo un ataque y tampoco somos acosados por seres paranormales terroríficos dondequiera que vamos.

Los psíquicos no están aliados con el diablo (no más de lo que podría estarlo cualquier otra persona), y las habilidades psíquicas no son un don oscuro que deba ser utilizado para planes infernales e infames ideados por el líder de alguna secta.

Tener habilidades psíquicas es algo normal; de hecho, todo el mundo tiene estas habilidades en alguna medida. Son como las habilidades atléticas o musicales; todos tenemos alguna habilidad natural y, aunque es cierto que algunas personas pueden tener más talento que otras, aun así, es necesario estudiar y practicar para maximizar nuestro potencial.

Éste es un don que tiene la finalidad de guiarnos en la vida, de ayudarnos a descubrir nuestro propósito vital y desarrollarlo, y a servir a otras personas también. Nuestra conciencia psíquica nos conecta con nuestra propia sabiduría interior y tiene como objetivo ayudarnos a navegar por la naturaleza incierta de la vida en el planeta Tierra, y además nos lleva hacia una vida más profunda y satisfactoria. Nuestra intuición forma parte de nuestro instinto de supervivencia y es también una luz que nos guía, llevándonos más profundamente hacia nuestro propósito de vida.

Prácticamente puedo garantizar que en algún momento de tu vida has tenido una experiencia psíquica, especialmente si estás leyendo este libro. Lo cierto es que la percepción psíquica es algo tan común, ordinario y útil, que probablemente te ocurre diez veces al día. Y tu vida se beneficiará enormemente si prestas atención a estas habilidades y las desarrollas aún más.

Has tenido una experiencia psíquica si…

- no sólo has sabido que el teléfono estaba a punto de sonar, sino que además sabías quién te estaba llamando, antes de que sonara;
- has tenido un sueño que luego se hizo realidad (o lo soñaste despierto);
- te has dicho: «Ya sabía que eso iba a ocurrir», o «Eso me dio mala espina»;

- juzgas muy bien el carácter de las personas y te das cuenta cuando no están siendo sinceras;
- has oído una vocecita en tu cabeza que te decía que llevaras el paraguas o que tomaras otra ruta hacia tu casa y, cuando le has hecho caso, has evitado la lluvia o un atasco;
- has tenido la corazonada de que a un ser querido le estaba ocurriendo algo y que tenías que llamarlo o visitarlo;
- has estado en el lugar correcto en el momento adecuado para ayudar a un extraño;
- has sentido miedo en un lugar que estabas visitando y has percibido que algo malo había ocurrido ahí;
- has experimentado la presencia de un ser querido que ha fallecido antes de saber que esa persona había muerto.

Éstos son ejemplos de experiencias psíquicas muy normales de las que me hablaron mis alumnos justamente la semana pasada. Lo importante es que, en su mayoría, las experiencias psíquicas son totalmente normales y no son algo que uno deba temer, aunque en breve hablaremos de cómo soltar los miedos que puedas tener. Pero primero vamos a continuar definiendo algunos términos.

Definir la terminología psíquica

Éste es en realidad un tema de semántica personal, pero es importante que todos estemos de acuerdo en lo que respecta a estos términos psíquicos.

La *percepción psíquica* es un término muy amplio que utilizo para definir un conjunto mayor de habilidades. Las dos partes principales de la percepción psíquica son la intuición y las habilidades psíquicas.

La *intuición* es nuestro saber interno, nuestra guía interior. Cuando recibimos un mensaje intuitivo, básicamente estamos conectando con nuestra sabiduría interior. Éste es un don poderoso y muy útil que está al alcance de todos, y es un don que se hace más fuerte cuando le prestamos atención. En términos más metafísicos, diríamos que la intuición es información que te proporciona tu alma.

Mientras que la intuición es algo «interno», las *habilidades psíquicas* nos permiten conectar con fuentes de información que están fuera de nosotros. Esa fuente externa de información proviene de nuestros espíritus guías, que están trabajando para ayudarnos en nuestro camino de evolución personal y espiritual.

Los *espíritus guías* son unos seres no físicos benévolos que eligen asistirnos en nuestro periplo. En las lecturas que he realizado en los últimos treinta años (más de 15 000), nunca he encontrado a ninguna persona que no tuviera un equipo de espíritus guías. Su trabajo consiste en protegernos, guiarnos, animarnos, consolarnos y sanarnos. Podría tratarse de tu querida abuela que ya falleció y todavía cuida de ti, o podría ser un unos ángeles o espíritus de la Tierra que están a tu alrededor. La mayoría de las personas tenemos un equipo de estos seres trabajando para nosotros, y ellos nos ayudan tanto si somos conscientes de su presencia como si no los somos.

Si los espíritus guías son espíritus serviciales, cuando se trata de espíritus que no nos ayudan yo utilizo el término *entidades*. Éstas son relativamente escasas, pero en ocasiones nos encontramos con ellas (en el capítulo 5 aprenderemos a manejarlas eficazmente). A lo largo de este libro exploraremos todos los diferentes tipos de guías que existen, para que, cuando termines de leerlo, tengas una idea bastante clara de quiénes son tus espíritus guías.

A través de nuestros *sentidos psíquicos* recibimos la información intuitiva y psíquica. La mayoría de la gente tiene una gama de estos sentidos, los cuales también pueden crecer y desarrollarse con los conocimientos y las prácticas adecuados. Un sentido psíquico podría ser escuchar una vocecita dentro de tu cabeza que te proporciona una información útil, o tener un presentimiento o corazonada acerca de algo. La mayoría de los psíquicos también reciben información psíquica a través de sus cuerpos y existe el clásico psíquico visual que ve cosas, como una especie de pequeñas películas, con la visión interna.

Probablemente, ya tienes algunos de tus sentidos psíquicos abiertos, y es posible que ahí residan tus talentos naturales. Y, como dije antes, los sentidos psíquicos también pueden ser desarrollados y expandidos con la práctica. En el capítulo 3 profundizaremos en la comprensión de cuáles son nuestros sentidos psíquicos singulares.

A menudo llamo *sensitivos* a quienes tienen habilidades psíquicas fuertes, pero ése es un término que utilizo de forma indistinta con el término *psíquico*. Las personas pueden tener cualquier combinación de habilidades psíquicas, pero los sensitivos tienden un poco más hacia los dones psíquicos del sentir, los cuales exploraremos en el capítulo 3.

Es muy probable que, si estás leyendo esto, hayas tenido algún tipo de apertura psíquica. Esto ocurre de distintas maneras para las diferentes personas, y tu periplo y tu experiencia son, ciertamente, únicos. Y, sin embargo, hay algunas tendencias y patrones comunes que vale la pena comentar.

Aperturas psíquicas

Una *apertura psíquica* ocurre cuando nuestras habilidades psíquicas se activan y nuestros talentos se dan a conocer. En algunos casos, esto ocurre muy rápidamente, prácticamente de la noche a la mañana, y está relacionado con algún evento en nuestra vida, como la muerte de una persona cercana o una transformación personal importante. Otras personas se abren más lentamente, a lo largo de cierto período de tiempo. La apertura psíquica gradual es una forma suave y fácil de pasar por este proceso, y es similar a ir aumentando gradualmente la intensidad de las luces a lo largo del tiempo. En estos casos, tenemos la oportunidad de acostumbrarnos a nuestros dones psíquicos a medida que van emergiendo, y de integrarlos sobre la marcha. Es posible que notes que tus sueños son más frecuentes y vívidos que antes, o que tu intuición está activándose todo el tiempo y tu vida esté llena de sincronicidades, señales y presagios que confirman tu intuición.

Vivienne describió su apertura psíquica gradual como ser cada vez más consciente de un fluir interconectado de eventos y percepciones que la ayudaban a avanzar en su camino espiritual: «Tengo sensaciones intensas acerca de cosas, y también sé cosas. A medida que iba prestando más atención y actuando en base a esa percepción con mayor frecuencia, era como un hermoso bucle de retroalimentación, y mi vida se alineaba de una forma hermosa. Y cuanto más escuchaba, más intuitiva me volvía. Me sentía guiada hacia una vida de más alegría y significado. En un período de aproximadamente cinco años, mi vida había cambiado por completo. Ahora vivo desde mi corazón y mi instinto, y dejo que la intuición me guíe».

Vivienne es un ejemplo encantador de la forma como nuestras habilidades psíquicas pueden abrirse de una forma gradual y armoniosa. Otras personas tienen una apertura psíquica más repentina, que es más como si encendiéramos una luz. Eso puede traer consigo una gran iluminación, pero también algunos desafíos.

Aperturas psíquicas repentinas

El hecho de que tus habilidades psíquicas surjan de una forma repentina e intensa puede ser difícil y aterrador. La llamada *apertura psíquica repentina* es como una presa que rompe, y la inundación resultante de experiencias psíquicas puede ser sumamente desestabilizante.

Recientemente, trabajé con un joven llamado Kyle, quien había tenido una apertura psíquica repentina. En su infancia había sido un niño sensitivo, pero lo manejó bien hasta que fue a Tailandia para un programa de formación de profesores de yoga de seis meses de duración. «Pasé de ser un alumno universitario que estudiaba y salía de fiesta, a estar entre seis y ocho horas al día haciendo yoga y meditación. Dejé de beber alcohol, empecé a llevar una dieta vegetariana y, en unas pocas semanas, tuve un repentino e intenso despertar espiritual y psíquico», me dijo Kyle.

«Un día, estando sentado en mi esterilla de yoga, sentí que algo se expandía y se abría dentro de mi cabeza. Experimenté unas horas de éxtasis y dicha espiritual, sintiendo que era uno con el universo. Fue asombroso, pero también hizo que mis habilidades psíquicas se activaran con un estallido; tan rápidamente, que quemé mi sistema nervioso e hice estallar mis circuitos psíquicos. De repente, me sentí excesivamente abierto y expuesto, como si fuera un nervio en carne viva. Podía ver colores alrededor de todas las cosas y sabía más sobre las personas de lo que me hubiera gustado saber. Y no podía detenerlo. Estaba al borde de un colapso espiritual, mental y emocional».

Las habilidades psíquicas de Kyle se abrieron con tanta rapidez que no fue capaz de detenerlas o de integrar lo que estaba experimentando. Tenía visiones que no podía detener y temía estar volviéndose loco. Kyle reconoció que sus problemas no sanados empezaron a salir a la superficie, para que él los resolviera, y fue lo suficientemente inteligente como para volcarse en el trabajo y buscar la sanación que necesitaba. Después de trabajar con todas las prácticas para conectar con la Tierra y para centrarse (te las enseñaré en el capítulo 2), y de realizar su propio trabajo interior, fue capaz de integrar sus experiencias psíquicas de una forma sana.

La experiencia de Kyle fue extrema. Las señales de una apertura psíquica repentina pueden variar de persona a persona y dependen en gran medida de cuáles sean nuestras habilidades psíquicas. Generalmente ocurre que nuestras habilidades psíquicas se activan de una forma súbita, lo cual nos deja abrumados, confundidos acerca de lo que está ocurriendo, anhelando encontrar la manera de entender todo eso y, sobre todo, de desactivarlo cuando sea necesario.

Teisha, una de mis alumnas, comparó esta experiencia con un reflector que ilumina súbitamente una habitación oscura. Empezó a ver espíritus de personas muertas a su alrededor y podía oír conversaciones y un zumbido agudo en sus oídos. Sabía que le estaban hablando, pero no lograba oír los mensajes claramente, sino que era como un murmullo. Además, se sentía abrumada por las emociones de los demás, ya que sus habilidades empáticas se habían abierto completamente.

Las aperturas psíquicas repentinas pueden ocurrir como resultado de una práctica espiritual, como en el caso de Kyle, pero a menudo son consecuencia de una experiencia dramática, iniciática, que nos transforma. Éstos son algunos ejemplos de lo que puede precipitar una apertura psíquica repentina:

- largos períodos de tiempo dedicados a una práctica espiritual, como la meditación o el yoga;
- una experiencia de casi-muerte o una enfermedad grave que nos acerca a la muerte;
- la muerte de un ser querido o una pérdida fuerte, como una ruptura sentimental o un divorcio;

- un cambio repentino y extremo de las circunstancias, como una mudanza, una crisis o un desastre natural que, en ocasiones, también nos enfrenta a la muerte;
- drogas psicodélicas como la ayahuasca, el LSD, el DMT o las setas de psilocibina.

Estos eventos pueden abrirnos de golpe y crear una poderosa transformación en nuestra consciencia. Cualquier circunstancia que nos proporcione una experiencia directa y personal con la fuente divina puede abrir nuestros centros de energía psíquica y espiritual de una forma súbita que nos inunda con experiencias psíquicas.

Las aperturas psíquicas repentinas pueden dar un giro oscuro y aterrador cuando les ocurren a personas que tienen muchos traumas no procesados. Conocí a Becky después de que asistiera a un retiro de ayahuasca y experimentara una apertura psíquica repentina que casi hace que acabe ingresada en un hospital psiquiátrico. La ayahuasca es una sustancia psicodélica muy poderosa que puede producir experiencias hermosas con nosotros mismos y con la conciencia cósmica, pero en su caso hizo que se enfrentara a unos traumas muy profundos que había sufrido en su infancia y que no había examinado o sanado verdaderamente.

Cuando Becky combinó los traumas no sanados con la apertura psíquica repentina que le produjo la ayahuasca, sufrió un colapso emocional y mental severo, y fue incapaz de funcionar durante unas semanas. Los ángeles que habían aparecido para ayudarla a sanar le parecían demonios y, durante un breve período, Becky estuvo perdida en el dolor, la depresión y la ansiedad.

Becky fue capaz de conseguir la ayuda que necesitaba. Trabajó con sanadores, terapeutas, médicos y otros especialistas en salud mental experimentados que la ayudaron a empezar a reconocer y sanar los traumas de su niñez. Además, aprendió a moderar sus experiencias psíquicas de una forma saludable, pero ella decía que la apertura psíquica repentina producida por la ayahuasca era una experiencia desagradable y desestabilizadora. (Las plantas medicinales son muy seguras y son sanadoras cuando se utilizan con cuidado y en un entorno terapéutico). Aunque muchas personas son capaces de pasar por una apertura psíquica repentina y mantenerse estables, en su caso la apertura psíquica, sumada a su trauma, creó una turbulencia psíquica y emocional que le costó integrar.

Si estás pasando por algo así, no entres en pánico. Es una gran oportunidad para tu crecimiento personal y espiritual. Las prácticas de manejo de la energía que veremos en el capítulo 2 te ayudarán a conectarte y centrarte, y también a integrar las experiencias que estás teniendo, así como a manejar el flujo de experiencias psíquicas.

Es sumamente importante reconocer que te estás sintiendo desequilibrada y tomar medidas. En general, las aperturas psíquicas y espirituales nos llaman a la sanación, y ésta es una oportunidad extraordinaria si respondemos a esa llamada. Te insto encarecidamente a que busques sanación si tienes un trauma que todavía no has abordado. Nuestro trabajo de sanación tiene que ir de la mano de nuestro desarrollo espiritual y psíquico porque, de lo contrario, corremos el riesgo de experimentar un desequilibrio como el que sufrió Becky. Además, es muy importante que te ocupes de tu salud mental y emocional a lo largo del camino, y que sea tu prioridad.

No recomiendo el desarrollo psíquico a las personas que están pasando por una crisis de salud mental.

Si tu salud mental es inestable en estos momentos, por favor, tómate el tiempo necesario para conseguir ayuda y estabilizarla antes de continuar con tu desarrollo psíquico. Las prácticas de manejo de la energía que aprenderemos en el capítulo 2 podrían ser muy beneficiosas para ti, además de una práctica suave de meditación o yoga. Pero en lugar de profundizar en el trabajo de desarrollo psíquico, es mejor que concentres tu energía en trabajar con profesionales de la salud mental que pueden ayudarte a estabilizarte. Si tu apertura psíquica también hace que salga a la superficie un trauma del pasado, es sumamente importante que reconozcas esto y recibas ayuda. En cualquier caso, por favor, busca ayuda profesional, consigue que te mediquen si es que lo necesitas, y recibe también un trabajo de sanación y terapia.

Desarrollar nuestras habilidades psíquicas:
Lo que aprenderás en este libro

Ahora que ya tenemos una imagen general de lo que es realmente la percepción psíquica, vamos a hablar de lo que es necesario para desarrollar plenamente tus dones psíquicos. Llevo más de veinte años enseñando en programas de desarrollo psíquico y he encontrado un método para hacer que emerja lo mejor de tu percepción psíquica.

Necesitamos dos prácticas fundamentales para desarrollar plenamente nuestras habilidades: el conocimiento correcto y una oportunidad para ejercitar nuestras habilidades y recibir *feedback*. A medida que vayamos avanzando en el libro, iremos hablando de estas dos prácticas fundamentales, las cuales serán una combinación de conocimientos y ejercicios, reflexiones y meditaciones guiadas, que te proporcionarán la experiencia práctica que necesitas en conjunción con los conocimientos.

Revisemos rápidamente lo que vamos a aprender juntos en este libro. En el capítulo 1 estableceremos cuáles son las aptitudes básicas que necesitamos, incluyendo aprender a sintonizar y a confiar en nuestras percepciones psíquicas, y también a comunicar nuestras impresiones psíquicas de una forma ética y con integridad.

Una vez que hayamos establecido los cimientos, exploraremos cómo trabajar de una forma segura y prudente para desarrollar una autodefensa psíquica práctica. En el capítulo 3 exploraremos el mundo con nuestros sentidos psíquicos y te proporcionaré varias técnicas para identificar tus sentidos psíquicos y activarlos.

Una vez que nuestros sentidos psíquicos estén plenamente activados, empezaremos a desentrañar cómo los sueños, las señales y los presagios actúan como indicadores a lo largo del camino. Es necesario un poco de trabajo para aprender a descifrar los mensajes que están contenidos en estas experiencias psíquicas, pero una vez que logramos hacerlo, podemos acceder a una fuente muy rica en información psíquica que puede ayudar a guiarnos durante nuestro recorrido. El capítulo 4 está lleno de ejercicios prácticos y consejos para ayudarnos a acceder a esta información. Además, aprenderemos a utilizar herramientas de adivinación como cartas de oráculo, runas y el *I Ching*, para que nos ayuden a confirmar y ampliar nuestras percepciones psíquicas.

En el capítulo 5 trataremos el tema de cómo trabajan nuestros guías con nosotros y cuáles son las reglas del compromiso. Exploraremos las diferentes funciones que los guías pueden tener en nuestras vidas, ya sea como maestros, sanadores o guardianes. También descubriremos cómo trabajar con ellos, ya que la relación con nuestros guías debe ser cultivada. Haremos algunas meditaciones guiadas muy entretenidas que te proporcionarán la oportunidad de conocer a tus guías.

Luego, en el capítulo 6, compartiré contigo un mapa de los reinos psíquicos y luego, en el resto del libro (del capítulo 7 al 11), nos abriremos camino a través del mapa. Descompongo los mundos psíquicos tal como yo los experimento, en cuatro *reinos* distintos, y luego viajaremos juntos por ellos. Esto te proporcionará la oportunidad de experimentar cómo es trabajar con los diferentes tipos de guías, incluyendo estos:

- los habitantes del reino inferior, incluyendo los guías chamánicos y los animales de poder;
- el reino medio, con los espíritus de tus ancestros, tus almas gemelas y tu familia de almas (aquí hablaremos acerca de lo que ocurre cuando mueres y por qué algunas personas se quedan atascadas);
- también en el reino medio, espíritus como hadas, elementales y los otros habitantes del reino dévico;
- seres del reino superior, incluidos los ángeles, los maestros ascendidos y otros seres de conciencia pura.

Pasar por los diferentes reinos también nos ayuda a adquirir la habilidad psíquica del *discernimiento*, que es la capacidad de determinar con qué tipo de espíritu estás tratando. El discernimiento es una habilidad psíquica importante, y pasar por los diferentes ámbitos es una manera poderosa y divertida de aprender a discernir. Durante mi propio desarrollo psíquico, llegué a ver el proceso como algo muy similar a «tener calle». Cuanto más sabemos, más seguros estamos y menos miedo tenemos. Si tienes un buen sentido común y sabes lo que necesitas saber, puedes entrar en este mundo con seguridad. Es realmente útil tener un mapa si quieres saber moverte bien en la calle.

Aparte de saber lo que necesitas saber, el siguiente componente fundamental del desarrollo psíquico es la práctica. Las habilidades psíquicas son como los músculos, hay que ejercitarlas. Podemos saber todo lo que necesitamos saber, pero aun así tenemos que encontrar la manera de hacer trabajar ese músculo para fortalecerlo y mejorarlo. Si quieres estar en forma físicamente, tarde o temprano tienes que dejar los libros e ir al gimnasio, ¿no es así? Pues haremos el equivalente psíquico de eso con nuestros ejercicios psíquicos. Nuestro «entrenamiento» psíquico consistirá en una serie de meditaciones guiadas, en llevar un diario personal y en otras prácticas que puedes realizar a solas, o con un compañero o compañera que te ayude a hacer que tus habilidades psíquicas sean prácticas y aplicables a la vida diaria. (Puedes encontrar los audios de algunas meditaciones en la página web de este libro: www.newharbinger.com/50744. En la parte posterior del libro también encontrarás detalles).

Tener un diario psíquico

Te recomiendo que registres tus experiencias psíquicas en un diario, como parte de este trabajo práctico. Te animo a que consigas un diario dedicado únicamente a la exploración de tus habilidades psíquicas. A medida que vayamos avanzando por el material de este libro, te invitaré a utilizar tu diario para que escribas todas las impresiones psíquicas que tengas y que registres tus sueños, tus tiradas de cartas y cualquier señal y presagio que percibas. (No te preocupes, hablaremos de todo ello en los próximos capítulos).

Las percepciones psíquicas pueden tener una cualidad efímera y es posible que tengas una impresión muy intensa de algo y luego, unas horas más tarde, te olvides del tema. Si tienes una percepción un lunes y algo la confirma unos días más tarde, quizás ya te hayas olvidado del asunto, pero si lo registras en tu diario psíquico, lo recordarás y atarás cabos. Cualquier cosa a la que le prestemos atención y a la que le dediquemos tiempo y energía, se hace más fuerte y se desarrolla. Si haces esto, ¡te garantizo que te sorprenderá lo psíquico que ya eres!

Eliminar el miedo y la resistencia a nuestros dones

En ocasiones trabajo con estudiantes psíquicos que no tienen ningún miedo a sus dones. Son muy abiertos y están ansiosos por aprender con alegría y entusiasmo en sus corazones. Si estás en esa etapa, ¡estupendo! Podrás sumergirte en el tema sin ningún miedo o resistencia. Sin embargo, la mayor parte de mis alumnos trae consigo algún miedo acerca de sus propias habilidades psíquicas que deben trabajar.

Por lo general, existen dos tipos de personas que experimentan este tipo de desarrollo. En primer lugar, están las que tienen una apertura psíquica y se sienten abrumadas por tener experiencias que no pueden controlar o comprender. Necesitan aprender a modular y entender sus propias experiencias. Necesitan ayuda para «apagarlas». Y, en segundo lugar, están las personas que quieren abrir aún más sus habilidades psíquicas. Tienen momentos en los que estas habilidades están en su máxima expresión y estas personas tienen impresiones psíquicas, pero luego todo se vuelve a apagar. Sus experiencias son muy escurridizas y, por mucho que lo intentan, no parecen ser capaces de tener experiencias psíquicas con la profundidad que desean. Quieren «encender» todo.

Sin importar a cuál de los dos grupos pertenezcas, es posible que también tengas miedos que deban ser examinados. Quizás temas que, si te abres, veas cosas malas, o quizás, como eso te ocurrió en tu niñez, decidiste suprimir tus dones. O quizás estés recibiendo mensajes religiosos o culturales que dicen que no está bien ser psíquico y que esos dones provienen de fuentes oscuras. A muchas personas les han dicho que están locas por experimentar los mundos espirituales y, cuando empiezan a ver, oír y sentir cosas que otras personas no son capaces de percibir, temen tener una enfermedad mental. O quizás tienes miedo de no ser suficientemente psíquico y de que tus experiencias no sean suficientemente especiales o buenas.

Vamos a ver el caso de dos alumnos míos. Por un lado tenemos a Nina, que se siente abrumada por su apertura psíquica y está tratando de controlar sus experiencias y encontrar el interruptor para apagarlas. Y luego está Alexis, quien está frustrada porque no recibe suficientes percepciones psíquicas cuando quiere, y siente que los demás son más psíquicos que ella.

Nina fue una niña sumamente sensitiva y psíquica en su infancia y, de hecho, viene de un largo linaje de sanadores psíquicos. Muchos de los miembros de su familia, especialmente las mujeres, tenían visiones del futuro y podían predecir cuando alguien iba a morir o cuando iba a llegar un nuevo bebé.

«Mi familia es de México, así que también son muy católicos. A todos les parecía bien que yo tuviera experiencias psíquicas, aunque nadie las llamaba así. No era nada del otro mundo, simplemente todos nosotros sabíamos cosas, y una de mis tías era una sanadora local muy famosa, una curandera. Pero, además, yo fui a una escuela católica y las monjas no eran tan comprensivas», me dijo. Hubo un incidente en el que Nina fue castigada por hablar a las monjas de sus experiencias psíquicas, de manera que decidió suprimirlas. Y en esa época, la familia de Nina se mudó a una ciudad más grande, a un apartamento en el que había varios espíritus. A ella le resultaba más fácil mantener sus habilidades «bajo llave» y suprimirlas que sentir el sufrimiento de las personas a su alrededor y ver los espíritus de personas muertas que se paseaban por su barrio.

Cuando Nina estaba en la treintena, un problema de salud hizo que sus habilidades psíquicas se activaran por completo. Nina experimentó un aumento significativo de sus habilidades psíquicas y tomó la decisión de iniciar su formación. «Descubrí que estaban interfiriendo con mi vida, ya que se activaban sin previo aviso. En una ocasión, en una fiesta, recibí repentinamente una información psíquica abrumadora que no fui capaz de detener. También me ocurría que sabía demasiado sobre mis compañeros de trabajo, y mis habilidades psíquicas aparecían de repente en momentos inapropiados. Esto me parecía muy intrusivo y era demasiada información sobre todas las personas en mi vida», se quejó. Nina necesitaba aprender a apagar sus habilidades cuando estaba en público. Ella se benefició enormemente de las prácticas de manejo de la energía para limpiar su energía y establecer límites firmes para no sentirse inundada y abrumada por una información psíquica no deseada.

Alexis estaba teniendo problemas en el otro extremo del espectro. Dado que era ingeniera, tenía una forma lógica y práctica de ver las cosas y jamás se consideró una persona psíquica, en absoluto, pero siempre se sintió fascinada por el tema. Amaba los libros y las series de televisión en los que se hablaba de experiencias psíquicas y paranormales, y a veces creía saber y sentir cosas de naturaleza psíquica. Lo que temía era no ser suficientemente buena. Se comparaba con los demás y sentía que carecía de las habilidades que necesitaba. Además, desechaba sus propias impresiones psíquica, pues consideraba que no eran nada especial. Alexis se había resignado a no ser una psíquica, cuando la visita de un familiar que había fallecido recientemente le proporcionó una experiencia psíquica que no pudo negar.

Alexis estaba decidida a abrirse a sus habilidades psíquicas y utilizó las técnicas que veremos en este libro para reconocer que sus dones eran una realidad. Lo que ella necesitaba hacer era dejar de tener la expectativa de que iba a «ver» cosas. Se dio cuenta de que tenía una fuerte sensación de saber cosas y de que sus impresiones psíquicas eran más prácticas y más centradas que las de los psíquicos que veía en la televisión.

Alexis me dijo: «Despreciaba completamente mis habilidades psíquicas reales, de saber, sentir y percibir cosas, ya que nada de eso me parecía tan especial o sexi como los psíquicos que son capaces de ver cosas. Mis dones eran tan corrientes y, dado que los había estado experimentando a diario, durante toda mi vida, los descartaba. Realmente creía que todo el mundo sabía cosas. Ahora me doy cuenta de que mis habilidades psíquicas son muy fuertes, fiables y sumamente precisas. Y lo mejor es que son realmente útiles en mi vida diaria, de una forma muy práctica».

Para estar preparados para activar plenamente nuestros dones, es bueno que examinemos nuestros miedos y nuestras malas experiencias del pasado, y limpiar cualquier trauma que hayamos tenido por ser sensitivos. Fíjate si alguna de estas cosas resuena contigo:

- La gente piensa que estoy loco. A las personas que ven espíritus y oyen voces las ingresan en hospitales psiquiátricos, ¿no es así?
- Realmente me voy a volver loco, ya que la única diferencia entre ser psíquico y ser psicótico son algunas letras. Sólo quiero ser normal.
- Percibo cosas malas y aterradoras que no puedo controlar, y quizás incluso las atraiga. Simplemente no quiero saber esas cosas.

- No soy suficientemente especial para ser un psíquico. ¡Soy una persona común y corriente!
- La gente se burla de mí y no cree que esto sea real. Me van a avergonzar y humillar por mis dones.
- Las personas van a pensar que estos dones son maléficos y que provienen del diablo.

Son los miedos más comunes que suelo oír, pero es posible que tú tengas tus propios miedos que no aparecen en esta lista. Para poder examinar y soltar los miedos, hay un ejercicio de escribir en un diario, que es muy poderoso y te ayudará a entenderlos.

Ejercicio: Soltar el miedo

Para examinar y soltar tus miedos, te invito a que tengas en cuenta estas cosas y escribas acerca de ellas.

- ¿Qué es lo que más temes cuando piensas en activar tus habilidades psíquicas?
- ¿Has tenido alguna mala experiencia que haya contribuido a tu miedo?
- ¿Cuáles son las creencias (que aprendiste de tu familia y de tus otras comunidades) acerca de las personas con habilidades psíquicas?
- ¿Qué creencias tienen actualmente las personas que están en tu vida?
- ¿Qué necesitas para sentirte seguro cuando te abras psíquicamente?

Quiero tomarme unos minutos para honrar y reconocer tus miedos, pero también el hecho de que has dado los pasos necesarios para formarte al leer este libro. Para mí, el mejor antídoto contra el miedo ha sido el conocimiento. Cuanto más sé, más segura me siento en los mundos psíquicos. Las personas que parecen ser las más vulnerables son las que tienen muchísimo talento y muy poca formación. Cuanto más talento natural tengas, mayor será tu necesidad de recibir una formación. Volviendo a mi analogía de «tener calle», cuanto más sabio seas, más seguro estarás.

Rechazar tus mensajes psíquicos

A menudo nuestro miedo y nuestra resistencia pueden conducirnos a una profunda negación de nuestras habilidades psíquicas. Quizás incluso neguemos que son reales. Aparte del miedo, los principales motivos por los que las rechazamos y negamos es porque tal vez, simplemente, no queremos escuchar lo que nuestra orientación nos sugiere. En ocasiones podemos ser guiados acerca de cosas fáciles, diseñadas para hacernos la vida más placentera. «No olvides tu almuerzo» y «Tus llaves están en el otro bolso» son cosas útiles, fáciles de oír y que no van a crear una reacción emocional fuerte en ti. Pero, en ocasiones, la orientación no es tan fácil de asimilar. Tanto si llega de tu propia alma en forma de intuición como si proviene de tus guías, a veces los mensajes son importantes, nos dan miedo y nos cuesta oírlos. A nuestro ser personal no siempre le gustan los cambios; esa parte de nosotros prefiere la seguridad y la familiaridad de la zona de confort y el «demonio» con el que estás familiarizado. Con frecuencia, nuestros mensajes psíquicos sugieren que debemos salir de nuestra zona de confort y entrar en un nuevo territorio. El mensaje podría ser que ya es hora de dejar ese empleo que te quita la alegría de vivir y finalmente convertirte en el artista, en el sanador o en el jardinero que siempre quisiste ser. O quizás el mensaje sea que es hora de dejar una relación que ya no te sirve, o hacer las maletas y mudarte al otro extremo del país o del mundo.

Uno de mis alumnos es un muchacho llamado Nick. A medida que íbamos avanzando en mi programa de desarrollo psíquico, se fue dando cuenta de que gran parte de su depresión se debía a que estaba negando realmente quién era. Nick era un sensitivo, pero se estaba obligando a estudiar Derecho, porque ese era el sueño de su familia, aunque no el suyo. Durante meses recibió mensajes muy claros que le decían que debía dejar la Facultad de Derecho y hacer otra cosa, pero él se resistía y negaba ese mensaje, ya que eso realmente alteraría su vida y su relación con su familia.

«Cuanto más suprimía los mensajes y negaba mi propia orientación, más deprimido, ansioso y enfermo me sentía», me dijo. Necesitó mucho valor para tomarse en serio su orientación, pero entonces recibió un mensaje intenso que decía algo así: *Sabemos que esto es difícil y aterrador, pero estás en una encrucijada muy importante en tu vida.* Nick recibió por un instante la imagen de dos caminos que se abrían delante de él. En uno de ellos, había terminado la carrera de Derecho, pero estaba paralizado por la ansiedad, la depresión y la mala salud. En el otro, había dejado ir todo eso, y tuvo una visión en la que estaba sentado en una playa, viendo la puesta de Sol, y sintiendo una intensa alegría. Sus guías le dijeron también que el segundo camino sería difícil, pero que su intuición lo llevaría al lugar correcto en el momento adecuado.

«Me arriesgué, dejé la carrera de Derecho y decidí que trataría de encontrarme a mí mismo, así que salí de la costa este y me mudé a California». Tuvo que lidiar con una gran cantidad de drama doloroso a lo largo del camino, pero una vez que llegó a California, su amor de la infancia por el surf resurgió y, con el tiempo, acabó en Hawái enseñando en una escuela de surf. «Llegué a Hawái, y un día me di cuenta de que estaba sentado en la misma playa que había visto en mis visiones y en la que había sentido esa alegría. Llegar hasta ahí fue un camino largo y en ocasiones difícil, pero por nada del mundo volvería a mi antigua vida».

Si vamos a abrir tus habilidades psíquicas, también debemos estar preparados para oír lo que nuestra orientación nos dice. No te estoy recomendando que hagas todo lo que se te pase por la cabeza, lo que estoy diciendo es que tenemos que estar abiertos a escucharlo y considerarlo, sin negarlo automáticamente sólo porque nos resulta incómodo.

CONSEJO PSÍQUICO: *Declara que estás preparado*

Si estás preparado para dar el siguiente paso en la aceptación de tus habilidades psíquicas, escribe una declaración en tu diario que sea algo así: «Yo declaro que estoy preparado para recibir plena-

mente cualquier orientación psíquica y, para al menos, considerar-
la sin rechazarla y ni negarla». Recuerda que no siempre hay que
pasar a la acción, ya que es importante mantenernos equilibrados
mientras avanzamos en la vida, pero es bueno observar, prestar
atención y considerar la orientación psíquica.

Pasar de la negación a la aceptación

Ahora que ya hemos trabajado para eliminar la resistencia que puedas
tener a tus dones psíquicos, vamos a empezar a aceptarlos plena y
conscientemente. Espero que ya hayas eliminado tus miedos y te hayas
abierto al menos a escuchar los mensajes sin taparte los oídos y cerrar
los ojos, en el sentido psíquico. Dado que estás leyendo este libro, podemos tomar eso como una buena señal de que, al menos, estás com-
prometido con explorar esa posibilidad. Quiero dedicar un momento
a honrarte y reconocerte por eso, ya que no es fácil.

Según mi experiencia formando a cientos de personas en el domi-
nio de sus habilidades psíquicas, el hecho de permitirnos vivir de una
forma auténtica y plena, siendo quienes realmente somos, puede re-
presentar un gran alivio. Creo que tenemos estos dones por alguna
razón, y no para torturarnos. Forman parte de nuestro propósito de
vida. Cuando exploremos a fondo nuestros dones psíquicos, descubriremos cuáles son nuestros puntos fuertes y eso puede mostrarnos lo
que estamos destinados a hacer con esos dones. Las personas que en-
trenan sus habilidades psíquicas pueden descubrir un talento oculto
para ser médiums, o una conexión especial con los ángeles o los espíritus de la naturaleza a lo largo del camino.

Quizás ya tengas una idea bastante clara acerca de cuáles son tus
talentos psíquicos, pero es posible que también te sorprendas y descu-
bras alguna aptitud oculta e inesperada.

LAS MEJORES PRÁCTICAS PARA DESPERTAR
TUS HABILIDADES PSÍQUICAS

Éstos son algunos consejos y las mejores prácticas para ayudarte a sacar el mayor provecho del tiempo que pasaremos juntos mientras lees este libro. Estos consejos te ayudarán a optimizar tu entrenamiento y a abrir y maximizar tu percepción psíquica.

- No te compares con otros, especialmente con lo que ves en la televisión. No tengas expectativas acerca de lo que crees que debería estar ocurriendo y sintoniza con lo que realmente está pasando en el momento.
- Cambia la palabra «ver» por las palabras «percibir» o «experimentar», ya que eso hace que notemos todos nuestros sentidos psíquicos.
- Pasa más tiempo sintonizando. Si estamos ocupados todo el tiempo, no tenemos el espacio y el tiempo necesarios para ser receptivos. Las impresiones psíquicas necesitan un espacio vacío en nuestra consciencia para poder fluir hacia él.
- Haz los ejercicios de práctica. Las habilidades psíquicas son como músculos que se hacen más fuertes cuando las ejercitamos.
- Realiza tus prácticas diarias de manejo de la energía para mantenerte centrado, conectado, despejado y protegido mientras estás realizando tu aprendizaje.
- Practica tener límites saludables y una buena ética respecto a con quién hablas de tus percepciones psíquicas. En la mayoría de los casos, es mejor no hablar de ellas, a menos que alguien te pregunte de una forma directa.

¿Qué sigue?

Ahora que hemos despejado en este capítulo el camino para ti, en el siguiente estableceremos las bases de tus habilidades psíquicas y aprenderemos cómo una buena higiene psíquica puede mantenerte seguro y conectado mientras te vas abriendo. También veremos cómo hacer tiempo y espacio para estar receptivos a la información psíquica, así como aprender algunas técnicas tangibles y prácticas para saber cómo confiar en que lo que estás recibiendo es realmente una impresión psíquica.

CAPÍTULO 1

Desarrolla aptitudes básicas de percepción

La etapa inicial del desarrollo psíquico puede ser la más difícil para los estudiantes. Todas esas habilidades y talentos psíquicos naturales se están abriendo, pero todavía no tenemos la pericia y el entrenamiento necesarios para controlarlos. Necesitamos ayuda para atravesar esta fase irregular e inestable de nuestro desarrollo psíquico. Por lo tanto, vamos a establecer cuáles son las aptitudes básicas que todo psíquico necesita.

Estas aptitudes fundamentales son tan importantes que continúan siéndolo incluso para los psíquicos muy avanzados. Nosotros practicamos estas aptitudes básicas (al igual que los músicos tocan las escalas y hacen ejercicios de calentamiento) para poder continuar afinando estas habilidades esenciales. Estas aptitudes básicas incluyen aprender a sintonizar y a prestar atención a las impresiones psíquicas que recibimos.

En este capítulo, exploraremos cómo los estados de nuestras ondas cerebrales ayudan u obstaculizan a nuestras experiencias psíquicas y también aprenderemos algunas maneras de determinar y confiar en que estamos recibiendo percepciones psíquicas reales. Además, tenemos que aprender a diferenciar una percepción psíquica real de la estática mental y el parloteo de nuestros propios pensamientos.

Estoy emocionada de poder transmitirte estas aptitudes que te cambiarán la vida. Si te sientes abrumado, frustrado, estancado o quizás preocupado creyendo que estás loco, estas técnicas te pueden ayudar a lidiar con esos sentimientos negativos y a abrirte a tus habilidades psíquicas. Empecemos aprendiendo a ser suficientemente receptivos para poder sintonizar de verdad.

Aprender a sintonizar

Una de las primeras cosas que debemos hacer para activar nuestras habilidades psíquicas es crear tiempo y espacio para sintonizar. *Sintonizar* es una combinación de bajar la velocidad de nuestras ajetreadas mentes para poder ser más receptivos a las impresiones psíquicas, y aprender a detenernos y prestar atención a la impresión psíquica que estamos recibiendo.

Muchas personas reciben impresiones psíquicas todo el tiempo, durante todo el día, y básicamente las ignoran. A menos que estemos sintonizando, es posible que no las reconozcamos y que, por lo tanto, pasen por nuestra conciencia sin ser percibidas. En su mayoría, las impresiones psíquicas son sutiles y están conectadas a nuestros sentimientos, nuestros instintos viscerales y nuestras sensaciones físicas. Para poder captarlas en el acto, debemos sintonizar con lo que está ocurriendo en nuestro cuerpo, nuestro estado emocional y nuestra sensación interna de saber.

En el capítulo 4 hablaremos de las señales y los presagios, que son eventos y sincronicidades que ocurren en el mundo real y forman parte de nuestra orientación. Son guiños del universo que te indican que estás yendo en la dirección correcta, pero si no estás sintonizado, pasarás por alto el hecho de que la libélula que acaba de posarse en tu mano posiblemente tenga un significado importante y sea, potencialmente, una comunicación de tus guías.

Sintonizar es un hábito que debemos aprender, pero quizás también tengamos que desaprender primero el hábito de estar desconectados. Es muy fácil ir por la vida con los ojos vendados, sin ser conscientes de nuestra propia naturaleza intuitiva y estando inmersos en nuestras ajetreadas mentes. Pero para que nuestro desarrollo psíquico sea óptimo, tenemos que quitarnos las vendas. Debemos silenciar a la mente parlanchina y llevar la concentración a nuestros cuerpos, a nuestros sentimientos y a nuestro conocimiento visceral, pero también a lo que está ocurriendo en el mundo que nos rodea. Cuando sintonizamos, nos tomamos el tiempo para reducir la velocidad y volver a conectar con nosotros mismos, y para encontrar un estado del ser neutral, abierto y receptivo hacia el cual puedan fluir nuestras experiencias psíquicas. Como dicen los maestros zen, la taza debe estar vacía para que la sabiduría pueda fluir hacia ella.

Ejercicio: Meditación para sintonizar

Ésta es una forma sencilla y poderosa de sintonizar con tus impresiones psíquicas. Puedes descargarte una grabación de audio de esta meditación (en inglés) en www.newharbinger.com/50744

1. Siéntate en algún lugar tranquilo y cierra los ojos.
2. En la medida de tus posibilidades, aquieta tus sentimientos y tus pensamientos.
3. Hazte una pregunta específica, o pregunta algo más general como, por ejemplo, «¿Qué necesito saber en este momento?».
4. Mientras continúas respirando lentamente, presta atención a cualquier pensamiento, sentimiento, imagen y sensación en tu cuerpo.
5. Escribe en tu diario cualquier cosa que hayas percibido.

Tenemos que crear un espacio tranquilo en nuestro interior para poder sintonizar, y esta habilidad se volverá cada vez más fácil, más fuerte y más precisa a medida que la vayamos practicando con regularidad. Tengo muchas maneras distintas de hacerlo y varias técnicas que te ayudarán. Vamos a comenzar viendo cómo podemos aumentar drásticamente nuestra capacidad de sintonizar si entendemos mejor cómo nuestro cerebro procesa y recibe la información psíquica.

El hemisferio izquierdo vs. el hemisferio derecho del cerebro

La mayor parte de nuestra información psíquica es percibida por el hemisferio derecho del cerebro, que es intuitivo, emocional y creativo. Pero para entender esa información, que suele llegar en forma de símbolos, debemos llevar luego nuestra atención al hemisferio izquierdo, que es analítico y lógico. Ciertamente, como seres humanos en pleno funcionamiento, necesitamos acceder a ambos hemisferios del cerebro. Como estudiantes psíquicos, tenemos que entender con cuál de los dos hemisferios sintonizamos más de una forma natural, y cómo cambiar nuestro enfoque cuando necesitamos hacerlo.

El hemisferio izquierdo del cerebro es responsable de las funciones más lógicas y analíticas del cerebro como, por ejemplo, éstas:

- el lenguaje y pensar en palabras;
- el pensamiento lineal y secuencial;
- las matemáticas;
- la información lógica y fáctica;
- el análisis.

El hemisferio derecho del cerebro gestiona nuestras experiencias creativas, emocionales e intuitivas y es vital para ayudarnos a tener experiencias psíquicas. Esta parte de nuestro cerebro nos ayuda a procesar:

- la intuición;
- la creatividad y las artes;
- los estados emocionales;
- la imaginación;
- el pensamiento holístico.

Las habilidades psíquicas se manifiestan principalmente en el hemisferio derecho del cerebro, de manera que las personas que ya tienen un hemisferio derecho dominante tienen ventaja sobre las que tienen un hemisferio izquierdo dominante.

Sin embargo, un buen psíquico necesita que ambos hemisferios de su cerebro trabajen conjuntamente y en armonía. El hemisferio izquierdo es necesario para entender la información psíquica que experimentamos. Aquí es donde encontramos el significado de nuestras impresiones psíquicas, y el hemisferio izquierdo nos ayuda a comunicar estas experiencias a otras personas. También nos ayuda a practicar el discernimiento, y es el mejor detector de disparates que podremos encontrar jamás.

Si tenemos muy pocos procesos analíticos del hemisferio izquierdo, no podemos entender el significado de nuestras impresiones psíquicas; nos parecen galimatías incomprensibles. Por otro lado, un exceso de análisis por parte del hemisferio izquierdo hace que seamos excesivamente críticos, escépticos e incapaces de relajarnos con las experiencias psíquicas que predominan en el hemisferio derecho. El siguiente es un buen ejemplo de cómo estos dos tipos de personas (las que tienen un hemisferio derecho dominante y las que tienen un hemisferio izquierdo dominante) manejan las experiencias psíquicas.

En la época que la que hacía limpiezas energéticas de viviendas para la gente, entré en la casa de una pareja con niños pequeños en la que había muchos espíritus.

Ellery era un sensitivo, y sus dos hijos y él estaban teniendo todo tipo de experiencias psíquicas que no eran capaces de explicar. Las puertas se cerraban y se oían pasos en el ático. Ellery dijo que había sentido como si alguien tratara de empujarlo por las escaleras del sótano y, de hecho, había tenido una caída por las escaleras que lo había dejado asustado y lleno de moratones. Por otro lado, algunas de las experiencias eran dulces y graciosas. Objetos que habían desaparecido eran devueltos, algunas luces parpadeaban, y la radio se encendía sin ningún motivo. Ellery veía cosas por el rabillo del ojo y oía el murmullo de voces por las noches. Estaba teniendo unas experiencias psíquicas del hemisferio derecho que son típicas, pero le estaba costando entender lo que estaba experimentando.

Su esposa, Stephanie, era una científica que trabajaba en un laboratorio biomédico muy cerca de la casa y estaba continuamente buscando una explicación lógica para los fenómenos que estaban ocurriendo. Llamó a un electricista para que revisara el cableado y subió a ver si había algún animal atrapado en el ático. Cuando quedó claro que todo estaba bien, Stephanie se puso a buscar información sobre la casa y descubrió que había pertenecido a una pareja de ancianos y que ambos habían fallecido allí.

Cuando visité la casa, pude percibir a un anciano que todavía permanecía ahí y estaba tratando de hacer que los nuevos habitantes se sintieran bienvenidos. Tenía un comportamiento servicial y juguetón; le gustaba encender las luces y la radio, y devolver objetos perdidos. Su esposa estaba enfadada de que hubiera unos extraños viviendo en su casa, y por eso estaba molestando a los nuevos propietarios.

En este ejemplo, se puede ver cómo la percepción del hemisferio derecho de Ellery le proporcionaba las impresiones psíquicas que estaba teniendo y la orientación del hemisferio izquierdo de Stephanie ayudó a resolver el misterio de lo que estaba ocurriendo. Si eres una persona con un hemisferio izquierdo dominante, no te desesperes; a pesar de ello, puedes activar tu percepción psíquica. En tu caso, se trata de que te relajes, de que no fuerces las cosas o hagas demasiado esfuerzos, y de que aprendas a confiar más en tus sentimientos. Trata de no compararte con otras personas, de no ser excesivamente autocrítica y de no descartar tus experiencias porque piensas que «no tienen sentido».

Relajarte verdaderamente y permitir que tus percepciones se desplieguen de una forma orgánica será muy beneficioso para ti, y tendrás que aprender a guiarte por lo que sientes.

Las personas con un hemisferio izquierdo dominante cierran sus sentidos psíquicos cuando piensan demasiado las cosas o cuando empiezan a analizarlo todo demasiado pronto. Sin embargo, un poco de escepticismo sano y de sentido común también son herramientas muy útiles para los psíquicos. Las personas con un hemisferio izquierdo dominante suelen tener una gran afinidad por los sentidos psíquicos del saber y de la audición, los cuales exploraremos a fondo en el próximo capítulo.

Si eres una persona con un hemisferio derecho dominante, es posible que algunos de los ejercicios de este libro te resulten más fáciles. Sin embargo, también tendrás que buscar el equilibrio y dejar que entre en juego tu hemisferio izquierdo para poder interpretar tus experiencias psíquicas y lograr que tengan sentido y significado. Las personas con un hemisferio derecho dominante a menudo tienen experiencias psíquicas más visuales y una mayor conciencia de los sentimientos. Además, pueden ser empáticas.

A las personas con un hemisferio derecho dominante no les cuesta nada tomar decisiones intuitivas, pero en ocasiones necesitan equilibrar estas cosas con un plan lógico que tenga sentido desde un punto de vista práctico. He visto a personas muy intuitivas hacerse un flaco favor al tomar decisiones rápidas sin pensarlas bien. «Mis ángeles me hicieron hacerlo», fue lo que me dijo mi amiga cuando tomó una serie de decisiones arriesgadas e impulsivas, aunque intuitivas, que le crearon muchos problemas. Todas ellas estaban basadas en verdaderas experiencias intuitivas que había tenido, pero le hubiera resultado más beneficioso llevar esa intuición a su hemisferio izquierdo para formular un plan que tuviera sentido y que realmente funcionara en el mundo.

Nuestro objetivo es tener lo mejor de ambos mundos (el hemisferio derecho y el izquierdo). Queremos integrar nuestro yo intuitivo y nuestro yo lógico para que estén en armonía el uno con el otro y, de esa manera, puedan ayudarnos a conseguir nuestras metas en la vida.

Ejercicio: ¿Tienes un hemisferio derecho dominante, un hemisferio izquierdo dominante, o ambos?

Utiliza tu diario para explorar si tienes un hemisferio derecho o un hemisferio izquierdo dominante, considerando las siguientes preguntas:

- ¿Eres una persona lógica, analítica y quizás escéptica? Si es así, probablemente domina tu hemisferio izquierdo. ¿De qué manera esto ayuda y obstaculiza tu experiencia psíquica?
- ¿Eres una persona más bien creativa, intuitiva y emocional? Si es así, probablemente domina tu hemisferio derecho. ¿De qué manera esto ayuda y obstaculiza a tu experiencia psíquica?
- Si tienes un hemisferio dominante, ¿qué es lo que sientes que necesitas hacer para que haya un equilibrio?

A continuación, aprenderemos cómo los estados de nuestras ondas cerebrales pueden ayudarnos cuando necesitamos y deseamos sintonizar. En este caso, aprender a hacer conscientemente que nuestro cerebro entre en la onda cerebral Alfa es fundamental. Ahora, vamos a examinar cómo funciona esto.

Los estados de las ondas cerebrales

Ahora que estamos hablando del cerebro y la forma en que percibe los diferentes niveles de la realidad, es un buen momento para hablar de cómo los estados de nuestras ondas cerebrales impactan en nuestras percepciones psíquicas. Las ondas cerebrales son el resultado de la actividad eléctrica producida por nuestro cerebro. Estos patrones en forma de ondas son creados por distintos tipos de actividad neurológica que están asociados a diferentes tipos de conciencia. Cuando un grupo de neuronas envía una ráfaga de impulsos eléctricos a otro grupo de neuronas, crea un patrón similar a una onda. Esta actividad de las ondas cerebrales se mide en Hertz (Hz), una unidad de frecuencia igual a un ciclo por segundo. Tenemos cinco estados de ondas cerebrales por los que pasa nuestro cerebro en ciclos, dependiendo de lo que estemos haciendo.

ONDAS CEREBRALES HUMANAS

GAMMA
Percepción – Concentración máxima – Conciencia expandida

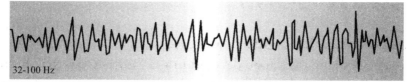

32-100 Hz

BETA
Estado de alerta – Concentración – Cognición – Aprendizaje

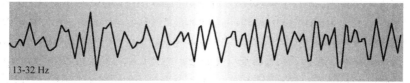

13-32 Hz

ALFA
Relajación – Visualización – Creatividad – Reflexión

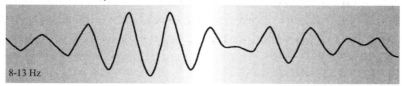

8-13 Hz

THETA
Meditación – Intuición – Memoria – Sueños

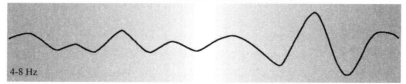

4-8 Hz

DELTA
Percepción desapegada – Sueño profundo, sanador

0.5-4 Hz

|—————————— 1 segundo ——————————|

Ondas Gamma. Gamma es la onda cerebral del máximo rendimiento, la cual ocurre cuando estamos en estados de conciencia de fluir profundo. Las diferentes partes de nuestro cerebro están altamente conectadas unas con otras en Gamma, tenemos un alto nivel de resolución de problemas y también podemos acceder a experiencias espirituales cumbre, de alto nivel. Estamos despiertos, alertas, y en una zona de resolución de problemas óptima y creativa. Las personas que meditan y pasan mucho tiempo realizando prácticas espirituales muestran estas ondas cerebrales con mayor regularidad que las que no lo hacen.

Ondas Beta. Beta es donde pasamos la mayor parte del tiempo cuando estamos despiertos. La onda cerebral Beta es donde mejor pensamos; estamos alertas e inmersos en la cognición. Estamos en Beta cuando estamos trabajando, aprendiendo y pensando de una forma racional y lógica.

Ondas Alfa. Alfa es un estado de trance ligero. Entramos fácilmente en este estado de consciencia cuando estamos realizando acciones repetitivas y mecánicas, como conducir, caminar, lavar platos o ducharnos. Además, cosas como las meditaciones guiadas y el soñar despiertos crea un patrón de ondas cerebrales Alfa. Aquí es donde somos altamente creativos e intuitivos. Alfa es donde queremos ir para obtener las mejores experiencias psíquicas e intuitivas.

Ondas Theta. En Theta, estamos profundamente relajados y en un estado de sanación intensa. Ciertas prácticas de meditación, como las meditaciones basadas en la respiración, en los mantras y en la concentración, pueden llevarnos ahí también. En la mayoría de los casos, cuando estamos en Theta estamos durmiendo, pero podemos llegar a ese estado cuando estamos recibiendo sesiones de sanación como, por ejemplo, de Reiki. Si alguna vez has recibido un masaje o una sesión de energía sanadora y has sentido esa maravillosa sensación de estar flotando sin estar dormido del todo, pero ciertamente en otra parte, eso es lo que se siente con las ondas Theta. No puedes hablar o pensar con claridad; es un estado de profunda relajación y contentamiento.

Ondas Delta. Delta es el estado de ondas cerebrales más lento, y es indicativo de que estamos profundamente dormidos, pero no soñamos. Cuando estás en Delta, no tienes ninguna conciencia de ti mismo: las luces están apagadas. Durante este tiempo de sueño profundo en el que no soñamos, nuestro cuerpo entra en un estado de descanso y recarga.

* * *

Durante el ciclo del sueño, pasamos por estas ondas cerebrales de una forma natural. Si queremos incrementar nuestras experiencias psíquicas, tenemos que aumentar el tiempo que estamos en las ondas cerebrales Alfa, realizando actividades como meditar. Cuando estamos en Alfa, nuestra percepción psíquica aumenta, nuestra mente lógica y nuestros pensamientos se aquietan, y estamos abiertos a recibir impresiones intuitivas y mensajes de nuestros guías, y a percibir las señales y los presagios que nos rodean.

Los psíquicos profesionales aprenden a entrar en el estado Alfa a voluntad, y eso forma parte de la manera en que logran encender y apagar a voluntad su percepción psíquica. Los psíquicos de la vieja escuela, como Edgar Cayce, trabajaban en un estado profundo de ondas Theta, lo cual se denominaba un *canal de trance*. Este tipo de psíquicos entraban en un trance tan profundo que, cuando salían de él, no recordaban lo que habían dicho. Actualmente hay menos canales de trance y la mayor parte de los psíquicos modernos ha aprendido a realizar la conexión sin dejar de estar conscientes de lo que está ocurriendo a su alrededor.

Cuando estoy trabajando, el estado Alfa me permite mantener una conversación y realizar un trabajo energético mientras estoy haciendo una lectura. Yo trabajo principalmente en el estado Alfa, aunque si voy a revisar una vida pasada o a hablar con alguien que ha fallecido, tengo que bajar al estado de ondas cerebrales Theta. En ese momento, necesito sentarme y cerrar los ojos durante unos instantes para recuperar la información.

Como comenté antes, cuando dormimos, nuestro cerebro pasa de una forma natural por estos estados de ondas cerebrales. Es normal pasar por Beta, Alfa, Theta y Delta y luego volver a empezar. Y cuando soñamos estamos en Gamma. Si duermes aproximadamente unas ocho horas, pasarás por este ciclo tres o cuatro veces. Muchas personas tienen sus experiencias psíquicas más perceptibles cuando se están quedando dormidas o cuando están despertando, ya que sus cerebros pasan de una forma natural por las ondas Alfa.

Rosemary experimentó esto cuando vio la figura de su padre al pie de su cama cuando estaba despertando una mañana. «Pude verlo claramente, y lo oí cuando dijo mi nombre en voz alta», me contó. «En cuanto me di la vuelta para encender la luz, desapareció». Lo que lo hizo desaparecer no fue la luz. Antes bien, en el acto de moverse para encenderla, Rosemary despertó lo suficiente como para pasar del estado de ondas cerebrales Alfa al estado Beta, pero con toda probabilidad su padre todavía estaría allí.

El estado de las ondas cerebrales Alfa

Vamos a examinar algunas de las formas de entrar en el estado de las ondas cerebrales Alfa cuando queremos sintonizar. Alfa es un estado de trance ligero, en el cual nuestro hemisferio izquierdo del cerebro está tranquilo y el hemisferio derecho está más activo. Alfa es un estado ligeramente meditativo y cuando entramos en él somos muy creativos y estamos conectados con nuestra intuición. Entramos en el estado Alfa de una forma natural cuando meditamos, cuando nos relajamos, cuando soñamos despiertos, o cuando realizamos tareas repetitivas. Éstas son algunas buenas maneras de entrar en el estado Alfa:

- todos los tipos de meditación, incluyendo las meditaciones guiadas;
- practicar yoga, taichí, caminar y otras formas de ejercicios repetitivos y ligeros en los que no tenemos que pensar demasiado;
- conducir un automóvil, especialmente hacia algún lugar donde ya has estado antes, como tu viaje diario al trabajo;
- lavar platos, cortar el césped, quitar malas hierbas del jardín o doblar la ropa lavada: cualquier cosa que haga que tengamos las manos y las partes pensantes de nuestra mente ocupadas;
- darte un baño o una ducha (¡muchos psíquicos reciben las impresiones más claras cuando están en la ducha!);

- los momentos de ensoñación, como cuando estamos viendo a alguien haciendo surf en la playa, o viendo las nubes pasar, o contemplando una fogata o simplemente viendo cómo crece la hierba.

Para incrementar tu percepción psíquica, toma nota de qué actividades te hacen entrar en un estado Alfa y conviértelas en una parte habitual de tu vida. Presta atención a lo que emerge de tu subconsciente mientras estás en el estado Alfa. A menudo, cuando estamos en Alfa, tenemos momentos de claridad que nos aportan soluciones a problemas, y también intuiciones e inspiración creativa.

Éste es un gran ejemplo de alguien que ha aprendido a cultivar y maximizar el tiempo que pasa en el estado de las ondas cerebrales Alfa. Sureya pasa aproximadamente una hora en el tren para ir a trabajar a Boston todos los días, y me contó que ése es el mejor momento para las actividades Alfa.

LA HISTORIA DE SUREYA: *Hay algo en el movimiento del tren y en el relajante ruido que hace que me relaje y entre en el estado Alfa. Todos los otros pasajeros están en silencio, porque siempre me subo al vagón silencioso. Traigo conmigo un poco de trabajo, pero principalmente pienso en cosas para las que necesito respuestas. Escribo preguntas, problemas y asuntos en mi diario, luego dejo que mi mente se ponga en blanco y miro por la ventana. Después de un rato, me empiezan a llegar a la mente ideas y percepciones intuitivas, y también las escribo. Me siento abierta y relajada, sin forzar las cosas, simplemente siendo receptiva y curiosa.*

CONSEJO PSÍQUICO: *Cultiva tus momentos Alfa*

¿Cuáles son tus momentos Alfa preferidos? Asegúrate de tenerlos con regularidad. Prueba esta técnica. Hazte una pregunta sobre algo que necesites entender, para ti o para otra persona. Escribe la pregunta en tu diario y luego ponte a hacer tu actividad Alfa favorita. Olvídate de la pregunta y simplemente deja que se «cocine» en tu mente subconsciente durante un rato. Sé consciente de cualquier impresión psíquica que te llegue: impresiones, sentimientos, sensaciones físicas, momentos de claridad que llegan al espacio vacío y receptivo que has creado. Anota en tu diario las impresiones que tengas para que no las olvides.

Ya hemos creado un tiempo para escuchar a nuestra orientación psíquica en el estado de las ondas cerebrales Alfa. Ahora vamos a descubrir algunas maneras de confiar en que las impresiones que estamos recibiendo son reales.

Aprender a confiar

¿Cómo podemos saber la diferencia entre una impresión psíquica real y las cosas locas que creamos en nuestra mente? Ésta es una pregunta difícil y desesperante, incluso para algunos psíquicos muy avanzados, y realmente puede significar un problema para las personas que recién están aprendiendo. Nuestras mentes pueden caer en la duda con mucha facilidad, haciendo que desconfiemos de impresiones psíquicas correctas y las descartemos.

Éstas son algunas buenas maneras de aprender a confiar en tus impresiones psíquicas.

La primera impresión suele ser la correcta, incluso si es rara

Normalmente, la primera impresión que tenemos es la verdadera percepción psíquica, ya que estas impresiones surgen sin esfuerzo en un espacio interior abierto y receptivo. Esto ocurre rápidamente y sin esfuerzo, prácticamente antes de que puedas pensar en nada. Y entonces entra la mente, discute, obstaculiza y caemos en la duda. Es necesario un poco de disciplina para aprender a prestar atención a la primera impresión que tengas, hacerlo te dará resultados poderosos y exactos.

Conocer gente por primera vez es un gran ejemplo de esto, y con el que todos podemos identificarnos. Estoy segura de que has tenido alguna experiencia en la que conociste a alguien e instantáneamente te dio una buena o una mala impresión. Ésa es nuestra orientación interior manifestándose, y todos sabemos lo que ocurre cuando no hacemos caso a esa información. Y, sin embargo, es asombroso con cuánta rapidez entra nuestra mente a discutir con nosotros y a convencernos de que rechacemos nuestro propio saber interior. Si quieres captar la verdadera impresión psíquica, practica a hacer caso de las impresiones puras y verdaderas que tienes antes de que tu mente entre en escena.

No tengas expectativas

Aprender a no tener expectativas acerca de lo que crees que va a ocurrir y sintonizar con lo que realmente está ocurriendo es lo que te traerá el éxito psíquico. Una vez más, nuestra mente tiende a intervenir y descartar información relevante si no satisface nuestras expectativas.

Deirdra, una de mis alumnas psíquicas, estaba realizando un ejercicio para conocer a sus animales de poder, y sintió que había un colibrí cerca de ella. Le encantan los colibríes, así que le resultó fácil creer y aceptar. Lo siguiente que percibió fue una serpiente, pero ella odia las serpientes. Esto fue lo que me dijo:

LA HISTORIA DE DEIRDRA: *Deseché esa impresión por completo. Pensé que era atemorizante y tonto tener a una serpiente como espíritu guía, así que le dije que se marchara y la ignoré. Esa serpiente apareció en algunas meditaciones y sueños más antes de que me relajara y me diera cuenta de que mi mente estaba rechazando una percepción real sólo porque no encajaba con mis ideas y mis expectativas. Esa serpiente me ha enseñado mucho acerca de cómo mantenerme conectada con la Tierra y me avisa cuando se acercan cambios. Me ha aportado mucha sabiduría a lo largo del tiempo, ¡así que finalmente escuché!*

La verdadera percepción psíquica suele ser algo fuera de nuestro marco mental normal y, cuando dejamos de lado nuestras expectativas, abrimos la mente para que vea las cosas dentro de un marco más amplio. A continuación, aprenderemos a reconocer y prestar atención a nuestro propio cuerpo para recibir confirmación acerca de una percepción psíquica.

Aprende la señal de verdad en el cuerpo

Todos los estudiantes psíquicos a los que he formado tienen una *señal de verdad* que sienten en su cuerpo. Ésa es la forma que tiene tu cuerpo de decirte que estás oyendo la verdad y teniendo una verdadera percepción psíquica. La señal de verdad es diferente para cada persona, pero una vez que has aprendido a reconocerla, puedes usarla para ayudarte a confirmar que estás teniendo una percepción psíquica real.

Es posible que sientas como escalofríos o que se te ponga la piel de gallina, o quizás sientas un cosquilleo por todo el cuerpo. Yo siento un subidón de energía que sube por mi columna vertebral: empieza en el coxis y llega hasta la coronilla de mi cabeza. En ocasiones siento una sensación de hormigueo en la coronilla también, y eso me alerta de que está ocurriendo algo, a lo que debo prestar atención. A mi amiga Belinda se le llenan los ojos de lágrimas cuando oye o dice la verdad. Ella las llama «lágrimas de verdad», porque ésa es la señal de verdad de su cuerpo.

Mientras realices los ejercicios de práctica de este libro, presta atención a cómo se siente tu cuerpo cuando aparece una impresión psíquica real. Lo sentirás en alguna parte del cuerpo. Luego, es posible que sientas la alerta de que estás teniendo una experiencia psíquica cuando sientas la señal de verdad. Esto le resulta un poco más fácil a las personas que están conectadas de una forma natural y ya tienen abierto el sentido psíquico del cuerpo, pero incluso las personas que habitualmente están desconectadas de sus cuerpos pueden cultivar esto. Éste es uno de los numerosos motivos por los cuales es tan importante estar conectado con tu cuerpo y por los que nuestras prácticas para conectar con la Tierra, que aprenderemos en el próximo capítulo, son tan importantes.

A continuación, veremos cómo diferenciar entre una impresión psíquica fuerte y nuestros propios miedos, ansiedades y otros estados emocionales. Obviamente, es importante conocer la diferencia.

Si tienes una reacción emocional fuerte, no es una impresión psíquica

¿Te estás preguntando cómo puedes diferenciar entre una verdadera impresión psíquica y tus propias emociones? La simple respuesta es ésta: si tienes una reacción emocional fuerte, entonces lo que estás experimentando no es una verdadera impresión psíquica. Las impresiones psíquicas reales tienen una energía curiosamente desapegada y carente de emociones, incluso si piensas que es algo sobre lo que deberías sentir una emoción.

Cuando tenía veintitantos años, hice un semestre de universidad en el extranjero y estuve viviendo en Francia. Una noche, soñé con mi abuela. En el sueño, estábamos sentadas en un café, charlando sobre cosas normales, cotidianas. Ella se veía radiante y feliz, y me dijo que había pasado a saludarme y despedirse, porque tenía que marcharse. Supe, en el sueño, que eso significaba que había fallecido, pero sólo sentía alegría por verla. Fue como saber algo y luego sentir la dulzura del momento, pero en el sueño no me sentía triste o emotiva. Desperté porque el teléfono de mi apartamento estaba sonando. Era mi madre, que me llamaba para decirme que mi abuela había fallecido, y entonces experimenté una avalancha de sentimientos.

Una de mis alumnas psíquicas, Martha, tiene cinco hijos. Es una madre cariñosa pero ansiosa, una persona empática con un gran corazón que se preocupa constantemente por sus hijos. En esta experiencia, ella aprendió a diferenciar entre su propia ansiedad y una verdadera percepción psíquica:

LA HISTORIA DE MARTHA: *Una noche, en pleno invierno, desperté súbitamente de un sueño profundo. Me levanté, me puse las botas y un abrigo, porque estaba nevando intensamente, y me subí a mi coche. Supe que uno de mis hijos adolescentes me necesitaba, de manera que conduje por las calles secundarias que hay cerca de mi casa. No sentía ninguna ansiedad, en absoluto; simplemente tenía una fuerte sensación de saber que algo estaba ocurriendo y una tirantez en el vientre. Vivimos en medio de la nada y no hay muy buena recepción para los teléfonos móviles. Conduje por la zona un poco al azar durante veinte minutos, siguiendo mi*

instinto, hasta que encontré a uno de mis hijos adolescentes. Esta-
ba en su coche, estacionado a un lado de la calle. Su automóvil
se había estropeado y se encontraba en una de las áreas donde
los teléfonos no tienen cobertura. Sé que puedo ser una madre
nerviosa, pero en esa ocasión no sentí ansiedad en ningún mo-
mento, sólo la serena sensación de que tenía que encontrar a mi
hijo. Y lo encontré.

Si estás sintiendo ansiedad, enfado, miedo, o cualquier otra emoción fuerte, puedes estar seguro de que se trata de tus propias preocupaciones y no de una impresión psíquica real. Cuando tenemos emociones fuertes perdemos nuestra conexión psíquica, y ése es el motivo por el cual es más fácil leer para otras personas. Incluso a los psíquicos profesionales les cuesta recibir una información psíquica exacta para sí mismos cuando están sintiendo emociones intensas. Éste es, en parte, el motivo por el cual es muy útil dominar el uso de las herramientas de adivinación, y aprenderemos a hacerlo en el capítulo 4.

Trabajar con el péndulo

Otra manera de aprender a confiar en nuestras impresiones psíquicas es usando un péndulo. Los péndulos son grandes herramientas para confirmar o negar una impresión psíquica. Un péndulo es una herramienta de adivinación que suele estar hecho de un cristal que acaba en punta y cuelga de una cadena o una cuerda. Pueden estar hechos de cualquier material como, por ejemplo, bronce, cobre o incluso plástico. Puedes comprar algunos muy bonitos y elaborados en las tiendas *new age*, y Etsy tiene unos muy hermosos. Pero no tienen por qué ser sofisticados; un péndulo puede ser tan simple como un imperdible colgado de un hilo. Cuando necesito uno y no tengo el mío a mano, simplemente utilizo cualquier collar que lleve puesto.

Escoger un péndulo puede ser divertido. Encuentra uno que realmente resuene contigo y usa tu intuición para ayudarte a elegirlo. Yo prefiero los más pesados y que están hechos de metales como cobre o bronce, pero a mucha gente le encantan los que están hechos de cristales o piedras preciosas. Si vas a escoger uno, en una tienda, pide que el péndulo sea el adecuado para ti.

Ésta es la mejor manera de trabajar con tu péndulo:

Limpia y armoniza tu péndulo. Una vez que hayas conseguido tu péndulo, tienes que limpiarlo de cualquier energía residual que pueda tener, especialmente si está hecho de cristal. Puedes usar humo de salvia, o ponerlo en un bol con sal, o dejarlo en el alféizar de la ventana para que le dé el Sol. Luego, armonízalo con tu propia energía; dado que el péndulo funciona con la vibración y la resonancia, es mejor si está limpio de toda energía, excepto la tuya. Llévalo en el bolsillo durante un día entero, para armonizarlo con tu propia energía.

Encuentra tu sí/no/no lo sé. El péndulo se utiliza con la finalidad de recibir con rapidez una respuesta de «sí», «no» o «no lo sé» a tus preguntas. Para determinar las respuestas de «sí», «no» y «no lo sé» de tu péndulo, sigue los siguientes pasos:

1. Apoya el codo sobre una mesa y sostén la cadena o la cuerda del péndulo entre los dedos índice y pulgar. No lo enrolles en tu dedo, sólo sostenlo. Algunas personas encuentran una mayor exactitud cuando usan la mano no dominante. A mí me gusta que la cadena sea corta, quizás de unos 12 o 15 centímetros. Si es más larga que eso, puedes poner el resto de la cadena sobre tu mano.
2. Pídele a tu péndulo que te muestre un «sí». Es posible que se balancee de un lado a otro, o que gire en círculos, o que se quede completamente quieto. Ésa es tu respuesta de «sí». Puedes probarlo haciendo una pregunta que sepas la respuesta. En mi caso, preguntaría: «¿Mi nombre es Lisa?».
3. Pídele a tu péndulo que te muestre un «no». Para mí un «sí» es un círculo, y un «no» es un movimiento de un lado a otro. Compruébalo con una pregunta cuya respuesta sepas que es un «no».
4. Ahora, pídele que te muestre el movimiento para el «no lo sé».
5. Para cualquiera de estas preguntas, es posible que no obtengas ningún movimiento o un movimiento caótico, en círculos, en el sentido de las agujas del reloj o en el sentido contrario, o de un lado a

otro. No hay un movimiento del péndulo que sea el correcto; sólo el que sea el correcto para ti. Idealmente, queremos un movimiento consistente y claro para el «sí», «no» y «no lo sé».

Muchas personas hacen esto cada vez que usan su péndulo, lo cual es absolutamente aceptable. El mío, sin embargo, ha sido consistente desde hace muchos años.

Observar cómo se balancea el péndulo te proporciona una respuesta inmediata de «sí», «no» o «no lo sé», lo cual es muy útil cuando queremos confirmar o negar una impresión psíquica. Supongamos, por ejemplo, que despiertas en medio de la noche y sientes la presencia de un espíritu cerca de ti. Tu primera impresión es que es tu tío Federico, que falleció recientemente, pero empiezas a dudar de ella. Puedes utilizar tu péndulo para obtener una confirmación instantánea de si es tu tío Federico o no. Es posible que tu péndulo te dé una clara respuesta de que lo es, y entonces sabes que tu primera impresión era correcta. O quizás no se trate de tu tío Federico. Entonces puedes usar una serie de preguntas para averiguar quién o qué estaba ahí.

Con el tiempo, usar el péndulo como confirmación realmente nos ayuda a desarrollar la seguridad de que estamos obteniendo impresiones psíquicas correctas.

¿Cómo y por qué funciona el péndulo?

Los péndulos funcionan de diferentes maneras. El péndulo «lee» la energía que está a su alrededor, primero percibiendo tu energía, para que tu propia orientación te llegue a través de él. En este caso, tu propio campo energético mueve el péndulo. También es fácil para nuestros guías hablarnos directamente a través de él. Los péndulos son excelentes para leer la energía de las personas, los lugares y las cosas, lo cual es una habilidad psíquica llamada *radiestesia*. Leer la energía de esta manera es, quizás, la mejor aplicación del péndulo, además de la más precisa y útil.

Recuerdo haber utilizado el péndulo en mi adolescencia como método de adivinación. Era mi favorito (junto a mi Bola Mágica 8). Le hacía unas preguntas bastante complejas y siempre me sentía tristemente decepcionada cuando las respuestas eran incorrectas. «¿Le gusto a la persona que me gusta, o le gusta otra persona?», «¿Esa persona es mi alma gemela?» y «¿Me van a invitar a la fiesta?». Si no me gustaba la respuesta, volvía a preguntar una y otra vez, hasta que el péndulo dejaba de funcionar. Prácticamente podía sentir a mis espíritus guías poniendo los ojos en blanco y recomendándome que simplemente viviera el momento.

Existe una razón por la cual esa estrategia no funciona. Los péndulos tienen limitaciones como herramientas de adivinación, ya que es imposible descomponer nuestras complejas experiencias humanas en ecuaciones binarias de sí/no. Es por eso por lo que añadimos la opción de «no lo sé», porque hay muchas cosas que no se pueden saber. Nuestras realidades son demasiado complejas como para poder descomponerlas en un simple sí o no, de manera que debemos añadir la posibilidad de que la pregunta que estás formulando no tenga respuesta en ese momento.

Pero para nuestros propósitos, vamos a hacer preguntas muy claras, preguntas que sean específicamente para obtener confirmación de tus impresiones psíquicas. Y el truco es hacer preguntas *muy* específicas que tengan una respuesta de sí/no. Ten cuidado de no hacer varias preguntas en una, como «¿Es mi tío Federico o es otra persona?». Las preguntas que tienen dos partes producirán resultados inexactos.

Ten cuidado de no empezar a depender demasiado del péndulo, o de cualquier otra herramienta de adivinación, para tomar decisiones sobre tu vida. He visto a personas descubrir esta herramienta y luego empezar a dejar las decisiones sobre sus vidas en manos del péndulo. Sabes que has ido demasiado lejos si le preguntas al péndulo si deberías ponerte la camisa azul o la roja, o si debes comer *pizza* o comida china para cenar. Tenemos que continuar siendo los capitanes de nuestras vidas, tomar nuestras propias decisiones y no dar nuestro poder a una herramienta de adivinación.

Ya hemos aprendido algunas técnicas realmente valiosas para confiar en nuestras impresiones psíquicas. Ahora, vamos a hablar de cómo y cuándo compartir la información psíquica que recibes.

La ética de compartir información psíquica

A medida que despertamos nuestras habilidades psíquicas, es absolutamente fundamental que aprendamos a compartir esa información de una forma ética y, más importante aún, que sepamos cuando *no* compartirla. Es nuestra responsabilidad comportarnos y hablar de una forma ética cuando tengamos información psíquica. Tristemente, muchos psíquicos no están formados en este aspecto crucial. He visto cómo el mal uso de información psíquica dañaba y destruía amistades, relaciones de pareja y vidas de personas. Esto podría ocurrirle a cualquiera de nosotros. Un día estás pasando el rato con una amiga, disfrutando del tiempo que pasáis juntos cuando, de la nada, te llega una enorme descarga de información psíquica sobre ella. Supongamos que tu amiga se está quejando de lo mal que está su matrimonio y, de repente, algo entra en tu conciencia. *Te vas a divorciar dentro de unos meses; las señales son claras. ¡Y es posible que tu pareja no se esté quedando a hacer horas extras en el trabajo por las noches!* Y eres consciente de las mentiras que están saliendo a la superficie y tienes una breve visión de ti sosteniendo la mano de tu amiga durante el juicio del divorcio.

Ahora bien, es posible que no sea necesario ser psíquico para verlo venir, pero lo importante es, ¿qué hago con esa información? La respuesta breve es no decir absolutamente nada, a menos que te pregunten directamente –y quizás ni siquiera en ese caso. ¿Qué ocurre si lo sueltas todo sin que te lo hayan preguntado? ¿Qué pasa si estás equivocado? Habrás dañado una amistad que quizás nunca pueda ser reparada.

Sinceramente, los mejores psíquicos del mundo sólo aciertan en un 80 % de los casos, así que debemos tener mucho cuidado con lo que decimos. No existe la precisión al 100 % en las lecturas psíquicas y hay muchos factores que intervienen en la información que recibimos. En ocasiones, como psíquicos, estamos leyendo los sentimientos, las esperanzas y los miedos de la persona, en lugar de la dura verdad. Y hay muchos factores que se combinan para crear nuestra realidad: todos tenemos libre albedrío, nuestro propio destino y karma, como todo el mundo.

Como psíquica, veo los momentos de elección delante de las personas, esos momentos en los que están en una encrucijada en sus vidas y tienen que decidir qué van a hacer. Pero nunca puedo ver realmente más allá de esos momentos de elección, ya que son decisiones legítimas que todo el mundo debe tomar y, por lo general, se toman en el momento.

Es posible que estés captando los sentimientos o los temores de tu amiga. Quizás seas capaz de sentir el poder de la encrucijada que se aproxima para la pareja, pero no tienes forma de saber qué va a pasar después, porque las personas deben elegir, y esas decisiones tienden a tomarse en el momento en que se están viviendo. Quizás no esté ocurriendo nada. Quizás vayan a terapia de pareja y solucionen sus problemas. Quizás sea una proyección y estés proyectando tus propios problemas de tu matrimonio en tu amiga. Y, ciertamente, debemos reconocer nuestra participación en todo ello. Es difícil ser neutral acerca de estas cosas y dejar de lado por completo nuestros propios deseos.

Después de todo, ¡se trata de tu mejor amiga! Tenemos nuestras propias opiniones, cosas que nos afectan, nuestros propios sentimientos, nuestra propia moral y nuestros propios deseos de un resultado específico. Simplemente es así. Y todo ello se mezcla con nuestras impresiones psíquicas e influye en todo. Por este motivo, es muy difícil leer para uno mismo y para las personas más cercanas a uno.

Además, debemos ser conscientes del poder de nuestras palabras, así que tenemos que ser cuidadosos y honrar que lo que decimos, especialmente si estamos teniendo una impresión psíquica, tiene el poder de impactar a las personas, para su propio bien o para hacerles daño. De hecho, pueden tener el poder de cambiar el desenlace de una situación sólo porque hablaste de tu percepción psíquica. Quizás hubieran podido resolver sus problemas, pero porque tú dijiste lo que dijiste su relación ha tomado un camino más difícil y oscuro, especialmente si estabas equivocado. Las personas que creen, la información psíquica pueden darle un peso adicional a lo que tú estás diciendo y pueden empezar a crear esa realidad en sus vidas si se lo han creído lo suficiente.

En ese caso, para mantener nuestros propios deseos al margen, podríamos decir algo así: «Presiento que se aproxima un cambio en tu relación», lo cual lo deja abierto a cualquiera de esas posibilidades, y es completamente distinto a decir algo como «Tu marido te está engañando y el divorcio es inminente».

Para resumirlo todo y asegurarnos de que estás utilizando tus habilidades psíquicas de una forma ética, sin causar ningún daño, éstas son las reglas psíquicas éticas que sigo:

- No comparto información a menos que me lo pidan –no suelto información psíquica sin el permiso expreso de la otra persona. Eso es una enorme invasión de su privacidad y no es ético.
- Si me preguntan y no estoy en el modo adecuado para trabajar, establezco un límite y digo que no. Si no estoy en el estado mental adecuado para trabajar, es posible que no tenga una impresión psíquica correcta. Decir que no también es algo que hago para mi propio bienestar, ya que no es bueno estar disponible y trabajando todo el tiempo.

- El poder de nuestras palabras es inmenso y tiene la posibilidad de sanar o dañar, y es nuestra responsabilidad ser cuidadosos con nuestras palabras.

La ética es crucial para nuestra vida y para el trabajo como psíquicos. Debido a ello, vamos a examinar estas pautas éticas con mayor detenimiento.

Nada de atropellos con fuga

Un «atropello con fuga» psíquico ocurre cuando sueltas información psíquica a una persona que no se lo espera, sin haberle pedido permiso antes. Las personas tienen derecho a su privacidad, y cuanto más nos abrimos a nuestros dones psíquicos, mayor es la responsabilidad que tenemos de honrar el libre albedrío de los demás. Tristemente, hay muchas personas que tienen habilidades psíquicas muy potentes y que no tienen ni idea de que se están comportando de una forma poco ética o que está haciendo daño a los demás.

Amanda, una madre joven en un pequeño pueblo rural, es una de mis alumnas psíquicas que tuvo un encuentro doloroso y humillante con una psíquica de «atropello con fuga». Un día fue a la peluquería, y la peluquera que la estaba atendiendo tenía muchas habilidades psíquicas naturales y ninguna formación sobre los límites y la ética.

LA HISTORIA DE AMANDA: *Ella soltó todos los detalles personales que estaba recibiendo acerca de mí y de mi familia, en voz muy alta, en una peluquería de un pueblo pequeño en la que había muchas personas. Lo peor fue que acertó en muchas cosas, pero yo no necesitaba que todos oyeran todos los detalles, como el hecho de que mi marido y yo estábamos yendo a una terapia de pareja y que uno de nuestros hijos estaba teniendo problemas emocionales y de comportamiento en el colegio. Ahora lo sabe todo el pueblo. Me sentí tan humillada que nunca más regresaré a esa peluquería, y nuestra amistad se ha terminado para siempre. Ella se sorprendió de que yo me enfadara. Realmente quería que le dijera que era una gran psíquica, pero no había pensado en el impacto que lo que me dijo iba a tener en mi familia y en mí.*

No compartas información psíquica sin preguntar primero. Y quizás ni siquiera entonces.

Vivo y respiro por la regla de «no compartas a menos que te lo pidan», que sigo a rajatabla. Sinceramente, si soltara todas las impresiones psíquicas que recibo sobre mis hijos, mis amigos y mi familia, no tendría ningún amigo. Dado que trabajo como psíquica profesional, les digo a todos mis amigos desde un primer momento cuál es mi política y les explico que no voy a compartir mis impresiones psíquicas con ellos, a menos que me lo pidan específicamente. Y adivina qué: Casi nunca me lo piden.

Ciertamente, la excepción a esto es cuando estoy trabajando y haciendo sesiones con clientes. A ellos les digo lo que estoy recibiendo, pero incluso entonces, continúo pidiéndoles permiso si me parece que vamos a profundizar y que eso podría desencadenar algo en ellos. «Tu madre está aquí. ¿Quieres hablar con ella?». No doy por sentado que la respuesta es afirmativa sin preguntar. «Estoy viendo una vida pasada y es bastante dura. ¿Quieres que te cuente lo que veo?». Esto da a mis clientes la oportunidad de elegir, cada vez, si están dispuestos a recibir lo que estoy viendo y si son capaces de hacerlo.

La idea de que una lectura psíquica de «atropello con fuga» es aceptable viene de ver a los psíquicos en televisión. En esos programas, el psíquico entra en una tienda y, aparentemente, da un mensaje a una persona, al azar. Esa persona está entusiasmada de recibir un mensaje de su ser querido y todos lloran de alegría. Recordemos que toda esa situación está montada y escenificada desde un inicio. Incluso si la lectura es real, esa persona no es cualquiera, sino que ha sido elegida para tener esa experiencia, lo ha practicado y ensayado, y ha firmado páginas de documentos de renuncia y permisos de antemano. La espontaneidad de todo ello es una ilusión.

He realizado numerosos trabajos de limpieza para personas que han sido atropelladas psíquicamente por malos psíquicos, o incluso por buenos psíquicos sin ningún entrenamiento ético. Por ejemplo, una de mis clientas fue a ver a un psíquico que le dijo que tenía cáncer, pero que los médicos jamás lo encontrarían. Esta persona se asustó tanto, incluso después de que los médicos le dijeran que tenía un perfecto estado de salud, que sentía una gran agitación emocional por la posibilidad de que el cáncer pudiera estar ahí todavía.

Mantén tus propios límites

La otra cara de la moneda de estas reglas éticas tiene que ver con la forma en que nos tratamos a nosotros mismos. Es importante mantener nuestros propios límites para que las personas no esperen que hagamos sesiones psíquicas en cualquier momento en el que ellas lo necesiten o lo deseen. Tienes que poder disfrutar de tus amistades y no ser una psíquica las 24 horas para tus amigos. Lo más inteligente es ser muy claro, desde un inicio, acerca de esto: los amigos son amigos y los clientes son clientes, y ése es mi límite. Por supuesto que hago excepciones para mis amigos si me lo piden y si yo siento que es lo adecuado. Me imagino que esto se aplica también a los abogados, los médicos y los terapeutas. No les pedimos información y servicios gratuitos a toda hora, ¿verdad? Al igual que nosotros, ellos deben aprender muy pronto cómo mantener unos límites profesionales claros.

CONSEJO PSÍQUICO: *Pide permiso para compartir*

En ocasiones nos topamos con una situación en la que realmente nos sentimos obligados a compartir nuestros mensajes psíquicos con la otra persona. Si eso te ocurre, entonces es crucial que pidas permiso para compartir antes de decir nada. Puede ser algo tan sencillo como decir: «Oye, no estoy seguro sobre qué opinas sobre este tipo de cosas, pero tengo un mensaje psíquico para ti y me preguntaba si estás abierto a oírlo». Y luego, si la persona te dice que no, respétalo.

Ahora que ya hemos hablado de la ética de cómo manejar la información psíquica que estamos recibiendo, pasemos a otro tema importante: encender y apagar tus habilidades psíquicas a voluntad. ¿Cómo lo hacemos?

Encender y apagar tus habilidades psíquicas

Una de las aptitudes básicas más importantes que todos necesitamos es entender cómo encender y apagar nuestras habilidades. Muchos estudiantes psíquicos se sienten frustrados porque se sienten inundados o abrumados por mensajes psíquicos que no necesitan o desean recibir en ese momento. Supongamos que estás en el mercado (¡sólo estoy aquí para comprar verduras!), pero te ves inundado por la información psíquica de todas las personas que hay a tu alrededor. Esto puede drenar tu energía y abrumarte con lo que yo llamo «estática psíquica». O quizás estás al otro lado de la valla y te sientes frustrado porque no estás recibiendo nada en una situación en la que realmente necesitas recibir información psíquica. Es fácil sentirse enojado cuando realmente necesitas y quieres recibir información psíquica, pero aparentemente no eres capaz de conectar a voluntad.

En una ocasión, me encontraba en un restaurante lleno de gente con una amiga que me dijo: «¡Debe ser genial poder saber cosas sobre todas estas personas!». Pero la verdad es que, a menos que seas capaz de apagar tus percepciones psíquicas a voluntad, es como tener, de forma grande y dolorosa, un constante EI (Exceso de Información). Y para muchos estudiantes psíquicos que acaban de despertar, sus habilidades parecen encenderse y apagarse al azar. Están a todo dar justamente cuando no lo deseas, y no las puedes encontrar cuando las quieres. Para mí, se trata de tener un buen límite energético y la fuerza de voluntad para llevar mi atención hacia otras cosas.

Imagina que estás sentado en un bar con alguien y la televisión justo detrás de ti está encendida. Puedes usar tu fuerza de voluntad para dirigir tu atención hacia la persona con la que estás hablando e ignorar lo que están emitiendo en la televisión. Apagar las impresiones psíquicas puede ser algo así.

Aquí encontrarás algunas otras maneras de practicar cómo encender y apagar tus habilidades psíquicas. Pruébalas, para ver si encajan contigo, fíjate cuáles funcionan para ti y, luego, practica, practica, practica, hasta que te resulten naturales:

Encenderlas

Si quieres abrirte aún más a tus habilidades psíquicas, tienes una serie de opciones. Te muestro algunas formas estupendas de aumentar tu capacidad de sintonizar:

- Haz una inhalación profunda hacia tu corazón o tu vientre y lleva la atención hacia adentro. Imagina que hay un lugar vacío y receptivo en tu interior, como una pizarra en blanco, y observa qué surge en ese espacio. Prueba hacer una pregunta antes de hacer este ejercicio, para ver si recibes una respuesta.
- Prueba la escritura automática, que es cuando escribes una pregunta y luego entras en un estado silencioso, receptivo y meditativo. Escribe las respuestas que obtengas sin pensar mucho en ellas.
- Enciende una vela blanca pequeña, como por ejemplo una vela de té, que signifique que estás abierto a recibir mensajes, y luego apágala, cuando hayas terminado. La luz de esa vela puede ser utilizada para cualquiera de las otras sugerencias que ofrezco aquí. Proporciona un límite claro acerca de cuándo estás abierto a recibir y cuándo no. Puedes utilizar cualquier otro pequeño ritual en lugar de una vela.
- Junta las manos a la altura de tu corazón y di: «Mis sentidos psíquicos están completamente abiertos ahora y estoy abierto/a a recibir orientación». Cuando hayas terminado y quieras cerrar la sesión di: «Mis sentidos psíquicos están cerrados ahora. Gracias por la orientación que he recibido».
- Cuando recibas una impresión psíquica, siéntete agradecido, y así recibirás cada vez más.

Asegúrate de anotar en tu diario psíquico todo lo que hayas recibido y de celebrar tus éxitos. En gran medida, para abrirte debes relajarte, permitirte sentir y percibir cosas, y luego prestar atención a lo que percibas. Recuerda que ser excesivamente analítico y crítico contigo mismo hará que te cierres rápidamente, así que trata de divertirte, relajarte y abrir tus sentimientos.

Apagarlas

Algunos de vosotros, sin embargo, buscaréis herramientas que os ayuden a apagar vuestra percepción psíquica y a establecer límites en torno a ella. Todos necesitamos una manera de desconectar nuestros sentidos psíquicos cuando queremos un poco de paz y tranquilidad. Los minirituales y las visualizaciones funcionan bien para crear límites respecto a cuándo queremos estar abiertos psíquicamente y cuándo no. Éstas son algunas maneras de hacerlo:

- Imagina que dentro de ti hay una radio o una televisión que puedes encender y apagar cuando lo necesites. Tiene un control de volumen y un interruptor de encendido/apagado. Si quieres apagarla del todo, utiliza el interruptor y hazlo. Esto lo aprendí cuando era pequeña y realmente funciona para mí, especialmente para apagar tanto los sentidos psíquicos visuales como los auditivos.
- Puedes imaginar el interruptor de una luz que se enciende y se apaga. O imagina que pones los carteles de «abierto» y «cerrado» como lo harías en una tienda para indicar que estás atendiendo o no.
- Si te sientes demasiado abierto energéticamente, imagina que estás cerrando tu campo de energía con una cremallera. Empieza con las manos abajo delante de tus caderas y súbelas por todo tu cuerpo, como si estuvieras cerrando algo con una cremallera. Esta herramienta es poderosa para los empáticos cuando están en público.
- Abre siempre con una apreciación positiva de tus dones y cierra con gratitud por la orientación que has recibido.

¿Qué sigue?

Espero que esto te haya proporcionado un buen comienzo para adquirir las aptitudes básicas que necesitas para sentirte seguro abriéndote a tus habilidades psíquicas. El siguiente paso es aprender a estar protegidos y seguros mientras continuamos abriéndonos. Vamos a profundizar en las prácticas que nos ayudarán a mantenernos centrados, conectados y protegidos mientras lo hacemos.

CAPÍTULO 2

Defiende tu lado psíquico

Cuando abrimos nuestras habilidades psíquicas, también es muy importante que aprendamos a manejar nuestra energía y a diferenciar la buena energía psíquica de la mala. De hecho, cuanto más nos abrimos, más importante es aprender a mantenernos energéticamente conectados con la Tierra, limpios y protegidos. Estas habilidades son algo que todos los psíquicos necesitan conocer y, para mí, esto ha marcado la diferencia entre sentirme como un nervio sensible que no puede salir de casa sin sentirse abrumada emocional, física y energéticamente, y sentirme segura de mí misma y fuerte en el mundo, sin importar lo que esté haciendo.

Cuando estaba estudiando en la universidad, tomé clases de karate y me gané mi cinturón negro unas cuantas veces. Me encantaban las artes marciales, porque no quería tener miedo de estar en el mundo. Tener una buena base de conocimientos y algo de calle puede ayudarnos, como estudiantes psíquicos, a ser capaces de abrir nuestras habilidades psíquicas de una forma segura, sin ser vulnerables. Todos necesitamos un poco de kung-fu espiritual para mantenernos a salvo ahí fuera.

La autodefensa psíquica tiene dos partes, y hablaremos de ambas en este capítulo. La primera parte consiste en aprender a manejar tu propia energía. Se trata de asegurarte de que tienes buenos límites, que sabes cómo limpiar la energía emocional o psíquica que puedas haber recogido de otras personas y cómo mantenerte conectada con la Tierra y centrada para poder estar presente en el momento. Yo reuní todo esto, en lo que denomino «prácticas de manejo de la energía», que son un conjunto de técnicas para psíquicos emergentes y especialmente para los empáticos.

La segunda parte de la autodefensa psíquica es aprender a protegernos de tres cosas: la energía intrusiva de otras personas, el impacto psíquico de los ambientes que ocupamos y el potencial contacto con seres espirituales que quizás no desean nuestro mayor bien.

Sé que cuando domines estas técnicas de manejo de la energía y autodefensa psíquica, serás capaz de abrirte cuando lo desees y además estarás protegido si tienes que estar ahí fuera en el mundo.

Prácticas de manejo de la energía

Empezaré definiendo lo que quiero decir cuando digo *energía*: me refiero, literalmente, a nuestra energía vital, nuestro *chi*. Desde que empecé a trabajar como terapeuta de medicina energética, hace ya más de veinte años, hablo de este tema en términos de nuestro *campo energético*. Es la parte de nosotros que es más que sólo nuestro cuerpo, nuestra mente y nuestras emociones. Como psíquicos, trabajaremos en centrarnos, conectar con la Tierra y limpiar la estática energética y psíquica que recogemos de otras personas. Además, necesitaremos técnicas para reemplazar la energía vital que hemos perdido, para que no nos sintamos drenados, y tenemos que fortalecer todo nuestro campo energético para estar más protegidos y tener mejores límites.

Nuestro campo energético está hecho de nuestra energía de fuerza vital y tiene diferentes partes. Tenemos unos centros energéticos llamados *chakras* y también líneas de energía llamadas *meridianos* que los practicantes de medicina china utilizan. Nosotros nos centraremos más en las capas de nuestro campo energético que llamamos el *aura* y, además, en la parte de nuestro campo energético que nos conecta con la Tierra, llamada la *cuerda de conexión*. Para nuestros propósitos, nos centraremos en las dos partes que más necesitamos para la protección psíquica: la cuerda de conexión y la capa límite del aura.

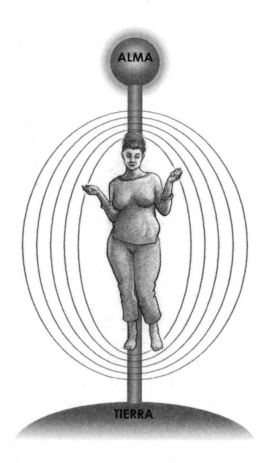

Centrarnos

Empezaremos con una de las prácticas de manejo de energía más fundamentales y poderosas: cómo centrarnos. A lo largo del día tendemos a dispersar nuestra energía y nuestra atención hacia el exterior y eso puede hacer que nos sintamos inquietos y desconectados. Tu *centro* es la parte de tu cuerpo en la que sientes que reside tu conciencia. Podría ser el centro de tu cuerpo, como tu vientre, pero en realidad se trata más de dónde sientes que se encuentra la ubicación de tu ser. Para algunas personas está en la cabeza, pero la mayoría de la gente siente que su centro está en el corazón, en el vientre o, en ocasiones, debajo del ombligo; es el lugar dentro de tu cuerpo en el que sientes que reside tu ser.

Centrarnos es una práctica que nos permite volver a traer a casa a todas esas partes dispersas de nosotros y volver a conectar con nosotros mismos. Cuando perdemos la conexión con nosotros mismos, podemos sentirnos perdidos, deprimidos y ansiosos. Dejamos de estar centrados cuando nuestra mente y nuestras emociones se quedan estancadas en alguna parte fuera de nosotros mismos. Por ejemplo, cuando llegas a casa, es posible que todavía estés pensando en el trabajo y sintiendo ansiedad por ello. Centrarnos es una forma poderosa y rápida de gestionar nuestra energía. A continuación, veremos cómo hacerlo.

Ejercicio: Encontrar tu centro

Centrarnos es algo que podemos hacer con unas pocas respiraciones, siempre que notemos que nos hemos desconectado de nosotros mismos. Podemos centrarnos en cualquier momento. (Puedes descargarte un audio en inglés de esta meditación en www.newharbinger.com/50744).

1. Empieza apoyando los pies en el suelo y respirando hondo. Cerrar los ojos también ayuda.
2. Conecta contigo y trata de encontrar la parte más esencial de ti. Recuerda alguna ocasión en la que te sentías alegre, en paz o que fluías al realizar alguna actividad que realmente amas.
3. Fíjate si puedes conectar ese sentimiento de dicha y de pasión con una parte de tu cuerpo. Podría ser tu corazón o alguna zona de tu vientre.
4. Sin pensarlo mucho, pon tus manos sobre esa área. Puede resultar útil decir «Estoy aquí» mientras lo haces.
5. A continuación, respira profundamente llevando el aire hacia tu centro. Mientras inspiras, imagina que estás llevándote de vuelta a ese lugar, que estás llevando todas esas partes dispersas de vuelta a tu centro.
6. Al espirar, imagina que el aire baja por tus piernas y sale por las plantas de tus pies, dejando ir todos los pensamientos y sentimientos que están listos para soltar.

7. Repite esto hasta que sientas que tu atención y tu energía vuelven a estar dentro de ti y sientas paz.

Practica esto siempre que te sientas disperso o desconectado de ti mismo. Centrarse es como un músculo que se va fortaleciendo con el tiempo. Al final, podrás centrarte rápidamente, en cualquier momento y en cualquier lugar, colocando tu mano sobre tu centro, respirando hacia esa parte de ti y diciendo «Estoy aquí».

Ahora que hemos aprendido a centrarnos, el siguiente paso en la gestión de la energía es aprender a conectar con la Tierra. Si centrarse es reconectarse con uno mismo, entonces la conexión es volver a conectarse con la Tierra. Debemos dar estos dos pasos esenciales, centrarse y conectarse a la Tierra, para poder abrir nuestras capacidades psíquicas de forma segura y responsable.

Conectar con la Tierra

Conectar con la Tierra implica estar completamente en nuestro cuerpo, con nuestra mente en el momento presente y conectando con la energía de la Tierra. Lo opuesto a estar conectado es estar desconectado, lo cual experimentamos con estar en las nubes y ser incapaz de concentrarnos en el momento presente. Por ejemplo, muchas personas sensibles aprenden el hábito de salir de sus cuerpos energéticamente, algo que los psicólogos llaman «disociar».

Los empáticos suelen desconectarse cuando tienen una sobrecarga empática y sus sentidos están abrumados por la estimulación sensorial. Al ser sensitivos, nuestros sistemas nerviosos se apagan debido a las luces, los sonidos y el caos de la energía de otras personas. Lugares como los grandes almacenes o las tiendas durante las fiestas queman los circuitos de nuestro sistema nervioso sensible y nos ponen en modo «lucha o huida». La parte de la «huida» es ese estado disociado.

Cuando entramos en modo huida y nos disociamos, es posible que tengamos una sensación de seguridad temporal e ilusoria, pero la disociación es un hábito que no es productivo. La verdad es que en realidad estás más seguro si estás completamente presente en tu cuerpo. Estar en tu cuerpo y tener la mente en el momento presente significa que puedes hallar tu poder y responder adecuadamente a cualquier situación en la que te encuentres. Esto es algo que aprendí muy rápido cuando estaba estudiando artes marciales: Si te distraes durante un combate de *sparring,* perderás rápidamente de una forma rápida y, en ocasiones, dolorosa.

Para ayudarnos a conectar con la Tierra rápida y eficazmente, vamos a practicar conectar con una parte de nuestra anatomía energética llamada la *cuerda de conexión.* Esta cuerda se extiende desde nuestro coxis hasta el interior de la Tierra y es esencial para mantenernos conectados a ella.

Muchos de nosotros, cuando entramos en el modo «lucha o huida», nos desconectamos de la cuerda de conexión y salimos de nuestro cuerpo. Como un perro que mete la cola entre las piernas, cuando tenemos miedo nos desconectamos de nuestra cuerda de conexión. Volver a conectar con ella es una manera fantástica de sentirnos inmediatamente más conectados. Cuando practicamos esto con regularidad, es posible que, con el tiempo, nos ayude a cambiar el hábito de desconectar.

Ejercicio: Volver a conectar con la cuerda de conexión

Para poder mantenernos conectados tenemos que estar conectados a la Tierra. Ésta es una meditación de respiración y visualización que puede ayudarnos a volver a conectar con la Tierra. (Para visualizar tu cuerda de conexión, utiliza cualquier imagen que funcione para ti, pero haz que la cuerda sea muy ancha, tan ancha como un plato o un bote de basura. Si quieres puedes imaginar que tu cuerda de conexión es la raíz principal de un gran árbol o una cadena pesada que tiene un ancla en un extremo. Puedes descargarte un audio de esta meditación en inglés en www. newharbinger.com/50744).

1. Puedes empezar sentado en una silla, con los pies apoyados en el suelo, o de pie.
2. Si estás sentado, presiona los pies contra el suelo.
3. Endereza la columna vertebral tanto como puedas. Encorvarse tiende a crear bloqueos en la columna central de energía, conocida como la *línea hará*, la cual recorre tu espina dorsal.
4. Inspira profundamente e imagina un gran rayo de luz entrando por la coronilla de tu cabeza y descendiendo por tu columna vertebral hasta el coxis.
5. Lleva tu energía y tu atención hasta tu coxis e imagina, finge o visualiza, a la cuerda de conexión descendiendo hacia el interior de la Tierra.
6. Mientras espiras, observa qué tan profundo puedes hacer que llegue tu cuerda. Visualízala moviéndose fácilmente a través de todas las capas del edificio en el que te encuentras y penetrando profundamente en la Tierra.
7. Es posible que te sientas más pesado, más sólido, e incluso que sientas un hormigueo de la energía en tus piernas mientras vuelves a conectar.

Haz este ejercicio en cualquier lugar cuando notes que te estás sintiendo fuera de contacto con la realidad, o desconectado o poco seguro.

Todos necesitamos tener muchas herramientas en nuestra caja de herramientas psíquica, así que más vale tener varias formas de conectar con la Tierra. Además de las meditaciones de conexión, es muy útil tener otras formas prácticas de conectar. Te sugiero que consideres algunas de las experiencias que aparecen en la lista que pondré a continuación y, luego, le añadas tus propias maneras de conectar con la Tierra. En tu diario psíquico, haz una lista de las que sabes que funcionan para ti y remítete a ella cuando necesites conectarte más. Yo las incorporo en mi vida con regularidad y, gracias a ellas, soy capaz de manejar todo el trabajo psíquico que realizo. Éstas son algunas cosas que puedes probar:

- Pasa tiempo en la naturaleza. Prueba caminar en el bosque, o en la playa, o en un parque de la ciudad. La jardinería también es un gran ejercicio para conectar con la Tierra.
- Sal fuera con los pies descalzos. Estar descalzos al menos unos minutos es muy bueno para conectar con la Tierra. Cuando hace demasiado frío para salir fuera con los pies descalzos, coloco los pies sobre una gran roca de río que tengo debajo de mi mesa de escritorio mientras estoy trabajando.
- Haz cosas normales, como tareas del hogar, lavar los platos y cuidar de ti y de tu entorno. Si realizas todas esas actividades consciente e intencionalmente, pueden ser muy buenas para conectar con la Tierra. Asegúrate de respirar mientras te estás conectando. Las respiraciones largas y lentas hacia el vientre pueden conectarte inmediatamente con la Tierra. Practica llevar tu respiración hasta el coxis y luego descendiendo por la cuerda de conexión. Contener la respiración impide que estés completamente conectado con la Tierra.
- A menudo, hacer ejercicio conscientemente y con alegría puede hacer que vuelvas a estar conectado con tu cuerpo. Puedes caminar, practicar yoga, levantar pesas o bailar; cualquier cosa que haga que tu cuerpo despierte.
- Lleva en tu bolsillo gemas, como cuarzo ahumado, hematites, obsidiana, granate o incluso imanes. Son fantásticas para mantenerte conectado a la Tierra.
- Come alimentos saludables, bebe mucha agua y duerme lo suficiente. Estos y otros aspectos del cuidado personal son buenos para mantenernos conectados a la Tierra. Cuando cuidamos de nuestro cuerpo, hacemos que habitar en él sea seguro y agradable.

Cuanto más abrimos nuestras habilidades psíquicas, más importante es equilibrar esa apertura mediante la conexión con la Tierra. A mí me encanta crear ese equilibrio en mi propia vida, haciendo las tareas del hogar, practicando la jardinería y cuidando de mi cuerpo y de mi entorno en casa. Después de haber hecho horas de lecturas físicas en mi consultorio, me resulta de gran ayuda llegar a casa y pasear a mi perro por el bosque o en la playa, quitar las malas hierbas del jardín, o incluso fregar el suelo de la cocina.

Mientras aprendemos el arte de permanecer conectados a la Tierra, vamos a ver la siguiente fase del mantenimiento de nuestra higiene psíquica. Esto incluye aprender a eliminar de nosotros mismos la energía que recogemos de otras personas y de los lugares que visitamos.

Limpieza

Limpiando es como eliminamos la energía no deseada de nuestro organismo. Estamos constantemente recogiendo energía de otras personas y otros lugares y, al ser sensitivos, tendemos a hacerlo de una forma que nos impacta negativamente.

Cuanto más sensitivo y empático eres, más problemático puede ser esto para ti. Los empáticos tendemos a tener un campo energético esponjoso, poroso. Esto quiere decir que la capa exterior, límite, de tu campo energético es porosa como una esponja. Las personas no empáticas tienen una capa límite más sólida, como la cáscara de un huevo, de manera que son un poco menos propensas a recoger la mugre energética.

Cuando abrimos nuestras habilidades psíquicas, nos volvemos más sensibles a esos residuos energéticos, los cuales están hecho, principalmente, de energía residual y residuos de traumas de alto impacto.

Energía residual. ¿Alguna vez has entrado a un lugar después de que unas personas hayan estado discutiendo ahí? Podemos sentir la ira, el odio, el resentimiento, la tristeza, la frustración y el dolor que han quedado atrapados en ese espacio. Esa energía residual está hecha de emociones, pensamientos y de energía psíquica y vital, y puede permanecer en nuestro entorno. La energía intensa o negativa suele ser la que se queda con nosotros. (Ver la sección que viene a continuación sobre la limpieza de espacios, para aprender a eliminar la energía negativa).

Residuos de traumas de alto impacto. Éstos son los residuos emocionales y energéticos de lugares en los que han ocurrido cosas malas: escenas de crímenes, campos de batalla, hospitales, juzgados, prisiones y cualquier otro lugar en el que ha ocurrido un trauma. Esos lugares llevan una huella de las emociones y la energía de ese trauma, y las personas sensitivas no sólo sienten todo eso, sino que además lo absorben.

Cuando nos movemos por el mundo y nos encontramos con esa energía residual, tenemos que eliminarla de nuestro cuerpo, de nuestras emociones y de nuestro campo energético. A continuación doy un ejemplo de cómo la limpieza energética puede impactar en una persona sensitiva:

Camila trabaja como terapeuta en una ajetreada escuela secundaria urbana. Recientemente, me contó cómo ha aplicado las técnicas de limpieza energética que aprendió de mí para poder seguir siendo funcional, como persona sensitiva que es, en un entorno desafiante. Me dijo que sabía que necesitaba una limpieza cuando comenzaba a sentirse cansada, a experimentar dispersión mental o cambios emocionales. Además, Camila aprendió a finalizar su día con otra limpieza rápida antes de acostarse.

LA HISTORIA DE CAMILA: *Una escuela secundaria en una gran ciudad es un lugar duro para una persona sensitiva como yo. Los estudiantes están estresados al máximo y todos están pasando por la pubertad, así que las emociones están desatadas y ellos todavía no han aprendido a gestionarlas. Como terapeuta, tengo que encargarme de todos los alumnos con problemas y de los asuntos disciplinarios, así que mi trabajo diario tiene mucha carga emocional. Y veo que todos los padres y los profesores también están absolutamente estresados, deprimidos y ansiosos. Es como nadar en una piscina tóxica de emociones y energía.*

Simplemente empiezo a sentirme rara. O estoy tan cansada que podría apoyar la cabeza sobre mi mesa de escritorio y quedarme dormida, o me siento enojada, triste o irritable sin ningún motivo. Si me ocurre eso, sé que he recogido algunas emociones y energía de mis alumnos o de mis colegas. Esto puede llegar de la nada, pero a menudo sé dónde y cuándo he recogido esa energía que no es mía, y sé que es el momento de hacerme una limpieza.

Me hago varias limpiezas durante el día. Comienzo con una me-
ditación en la mañana y también utilizo mi ducha matinal para
limpiarme. Cuando llega la hora de la comida, salgo a caminar
un poco. Realizo algunas de las respiraciones de limpieza mientras
estoy fuera, y como al aire libre, si el clima lo permite. Esto me
ayuda a seguir adelante durante el resto de la tarde. Después del
trabajo, me siento en mi coche y vuelvo a hacer algunas respira-
ciones de limpieza para no llevarme a casa toda esa basura ener-
gética.

Si ha sido un día realmente duro, es posible que me dé un baño
de sales antes de acostarme o quemo un poco de salvia para lim-
piarme, pero al menos compruebo cómo estoy y me aseguro de
estar realmente limpia antes de irme a la cama.

Estos rituales de limpieza han ayudado a Camila a seguir funcionando en un trabajo que ella ama. Le permiten hacer su trabajo sin
que ello afecte demasiado a su sistema nervioso.

Ejercicio: Ritual de limpieza energética

Éste es mi ritual preferido de limpieza rápida. Puedes utilizar esta
poderosa técnica de limpieza siempre que sientas que tienes una
sobrecarga energética. (Puedes descargar un audio de esta meditación en inglés en www.newharbinger.com/50744).

1. Empieza realizando las meditaciones para centrarte y conectar
   con la Tierra.
2. Mientras te acomodas, fíjate si hay algún lugar en tu organismo
   que se sienta tenso o restringido. Muchas personas retienen la
   energía que debe ser limpiada en sus corazones o en sus vien-
   tres, pero podría estar en cualquier parte. Fíjate si puedes percibir dónde está.
3. Mientras inspiras, utiliza la respiración para traer luz al lugar donde sientas que se encuentran los residuos energéticos en tu organismo.

4. Mientas espiras, imagina que la basura energética está saliendo por la cuerda de conexión y penetrando en la Tierra. Siempre hay que dar las gracias a la Tierra y pedirle que la basura sea transformada. (Piensa en el compost).
5. También puedes extraer energía de la Tierra, haciéndola subir, y luego hacer que la basura que pueda haber salga por la coronilla de tu cabeza, si eso te resulta más natural.

Haz esto cada vez que sientas que tu organismo está obstruido por los residuos energéticos.

La limpieza energética se realiza realmente para cambiar nuestro hábito de absorber la energía de los demás y de adherirnos a ella. Cuando practicamos la limpieza energética con regularidad, estamos desarrollando, con el tiempo, una mejor higiene psíquica. Es como cuando tienes que hacer una limpieza a fondo de tu casa. Si ha pasado mucho tiempo desde la última vez que lo hiciste, probablemente la casa estará muy sucia y tendrás que limpiar todas las cosas a conciencia. Pero si la limpias con regularidad, tendrás menos trabajo que hacer.

Otras maneras de limpiar la energía

Es muy útil también tener otras maneras de limpiar la energía además del ritual de limpieza energética descrito arriba. No siempre tenemos el tiempo y el espacio para hacer esa meditación y esa práctica de respiración, así que tener varias herramientas en nuestra caja de herramientas psíquica puede ser de gran ayuda cuando es necesario. A continuación, vamos a ver otras maneras de hacer una limpieza energética.

Agua. El agua es una de las mejores formas de limpieza. Cuando estés en la ducha, imagina que el agua se está llevando toda la energía residual que ya no necesitas. En ocasiones hago esto en una versión rápida, simplemente lavándome las manos y diciendo: «Con esta agua suelto la energía que ya no es mía». Prueba de darte un baño de sales, utilizando cualquier tipo de sal. A mi me gusta la sal marina o las sales de Epsom. También puedes utilizar un exfoliante a base de sal en la ducha. Mientras haces esto, declara tu intención de limpiar los residuos energéticos.

Sal. La sal es uno de los mejores purificadores que existen, pues absorbe la energía negativa de una forma natural. Además de utilizarla cuando te bañes, puedes poner un bol de sal debajo de tu cama para mantenerte limpio mientras duermes. Las lámparas de sal están hechas de grandes trozos de sal de los Himalayas que están colocados sobre una base de luz. Actualmente se pueden conseguir con mucha facilidad y son una forma muy efectiva de limpiar el ambiente. Además, son excelentes lámparas de noche para los niños sensitivos. A menudo me pregunto si la idea de echar sal por encima del hombro para alejar la mala suerte se debe a la cualidad purificadora de la sal.

Humo. Prueba de usar humos aromáticos como los de salvia, hierba dulce, palo santo o incienso. Utiliza una pluma para hacer que el humo flote hacia tu aura o tu entorno. Si estás en un lugar donde no puedes quemar nada, prueba de utilizar un espray de salvia.

Sonido. Las frecuencias de sonidos pueden disolver fácilmente la energía estancada. Prueba a cantar, a recitar o a rezar en voz alta. Escuchar música que nos anime puede limpiar nuestra energía. Si combinas esto con cantar o bailar con la música, la limpieza será mayor, ¡y la diversión también! Además, los tambores, las sonajas, las campanas y los diapasones son maravillosos instrumentos para añadir a tu caja de herramientas. Un diapasón pequeño de 528 Hz hace maravillas. Siempre que viajo llevo uno para hacer una limpieza de las habitaciones de los hoteles y los Airbnbs. Incluso puedes limpiar un espacio aplaudiendo muy fuerte y diciendo en voz alta tu intención de eliminar las energías viejas, estancadas. Quizás este fuera el motivo por el que nos decían que silbáramos cuando pasábamos por un cementerio.

Sudar. Provocar un buen sudor es también una excelente manera de limpiarte. Prueba una ducha de vapor, una sauna, una cabaña de sudar o incluso una clase de *hot yoga*. O haz algún ejercicio que te haga respirar y sudar.

Aceites esenciales. Existen aceites esenciales que hacen maravillas para la limpieza energética. Algunos de los mejores aceites para la limpieza incluyen los de citronela, ciprés, limón, incienso, eucalipto, pomelo, romero y menta. Pruébalos en un difusor para limpiar tu espacio, o pon un poco en tu baño de sales para añadir una fragancia maravillosa.

Agua corriente. Para tus ambientes, prueba el agua corriente. Las fuentes y las peceras con filtro limpian nuestros ambientes y no sólo tienden a limpiar la energía residual, sino que además mantienen alejados a los espíritus. Pruébalos en las habitaciones de los niños si tus hijos tienen visitas nocturnas no deseadas por parte de espíritus. Estar de pie en un puente sobre agua que corre hace maravillas, al igual que estar cerca de la orilla.

Limpieza del Círculo Dorado. Ésta es una variación rápida y poderosa del ritual de limpieza. Céntrate y conecta con la Tierra. A continuación, imagina un círculo dorado, como un aro de *hula-hop* suspendido por encima de tu cabeza. Visualiza que el círculo está lleno de luz dorada. Puedes comenzar el círculo ya sea en tus pies o en tu cabeza, e imagina (mientras tu cuerpo se mueve a través del círculo y se llena de luz) que está limpiando cualquier energía residual que pueda haber.

CONSEJO PSÍQUICO: *Tus mejores técnicas –*
Eliminar energías

Piensa en cosas que sabes que funcionan para ti cuando necesitas centrarte, conectar con la Tierra y limpiarte. Haz una lista de esas cosas en tu diario psíquico y encuentra la manera de incorporarlas a tu vida diaria. Así es como transformamos el hábito de la mala higiene psíquica en nuestros rituales diarios de cuidado personal.

Limpiar espacios

Mientras continuamos abriéndonos a nuestras habilidades psíquicas, podemos volvernos cada vez más sensibles a las energías presentes en los espacios físicos que ocupamos. Aprender a limpiar energéticamente tu vivienda, tu oficina, tu habitación de hotel, o cualquier lugar en el que te encuentres, es una habilidad que todos los empáticos y las personas psíquicamente sensibles deben tener.

Carlos se mudó recientemente a un piso en un desarrollo inmobiliario muy bonito en California. Poco después, me llamó para una consulta.

LA HISTORIA DE CARLOS: *No podía entender por qué ese piso estaba tan barato y por qué había estado vacío durante tanto tiempo. Estaba entusiasmado por haberlo podido comprar a tan buen precio. Poco después de entrar a vivir ahí, mis vecinos me dijeron que a la familia que había vivido ahí le habían ocurrido una serie de tragedias, incluyendo que miembros de la familia experimentaran pérdidas económicas debido a una enfermedad catastrófica, una depresión crónica, e incluso un suicidio. El piso, definitivamente, tiene una atmósfera triste y solitaria, y me he sentido incómodo viviendo allí.*

Dado que es un sensitivo, Carlos ha sintonizado con la energía residual de su nuevo piso y de todos los acontecimientos que tuvieron lugar antes de que él llegara. Había que desalojar a todas las energías residuales y probablemente también al espíritu de la persona que se había suicidado. Carlos utilizó la técnica de limpieza de espacios que ofreceré a continuación y logró que la vieja energía estancada saliera de su apartamento.

Ejercicio: Protocolo de limpieza de espacios sin fallos

Ésta es una forma poderosa y fácil de desalojar energías y espíritus. Puedes utilizarla en cualquier lugar, y te recomiendo que añadas estas herramientas a tu kit de viaje para que puedas limpiar habitaciones de hoteles y Airbnbs también.

1. Empieza centrándote y conectando con la Tierra.

2. Abre todas las puertas y ventanas para dejar que la luz y el aire entren, y elimina cualquier desorden. El desorden tiende a acumularse ahí donde hay energía estancada, de manera que ordenar el espacio antes de empezar es muy útil. También es de gran ayuda limpiar bien tu espacio.

3. Si puedes quemar algo, utiliza salvia y mézclala con cáscaras blancas finas de ajo en una pequeña sartén de hierro fundido y con un poco de sal. También funciona muy bien un palito o un atado de salvia. Busca salvia artemisia y no la salvia que se utiliza para cocinar.

4. Si no puedes quemar algo, entonces, en una botella rociadora llena de agua añade sal y un poco de aceite esencial de salvia y mézclalo bien. También puedes usar aceite esencial de menta, pomelo o limón. Yo le añado también un poco de agua bendita. Si prefieres no utilizar salvia, puedes hacer esta misma técnica con una campana o un diapasón en lugar de salvia.

5. Empieza en la puerta de entrada, dentro, con el humo de la salvia, o el espray, o tocando tu campana mientras te mueves en el sentido de las agujas del reloj a través del espacio. Los lugares en los que hay desorden suelen necesitar una limpieza adicional. Presta mucha atención a los espacios detrás de las puertas cerradas y debajo de sillas y mesas. Haz los armarios y definitivamente los sótanos y áticos. ¡Por algo los fantasmas están siempre en los armarios, los sótanos y los áticos!

6. Mientras te vas moviendo por el espacio, si quieres puedes rezar, o decir en voz alta que reclamas ese espacio como tuyo (incluso si sólo vas a estar ahí una noche): «Elimino toda la negatividad de este espacio e invito a que entren la energía del amor, la salud, la prosperidad y la alegría». También puedes invocar a tus guías, a tus ángeles y/o seres divinos para que te asistan: «En el nombre de Jesús –o Buda/Alá/arcángel Miguel–, convoco al amor y expulso a la negatividad. Invito a todos los espíritus a que retornen a lo divino ahora».

7. Una vez que has recorrido todo el espacio con tu salvia, tu espray o tu campana, encuentra el centro energético del espa-

cio. Si va a ser un hogar de largo plazo para ti, deja caer la cuerda de conexión y reclama el espacio como tuyo.

En los lugares donde vas a estar temporalmente, como una habitación de hotel, puedes hacer una versión abreviada de esto. Yo he
hecho esto con cualquier cosa que tuviera a mano, y si no tienes
nada, entonces puedes caminar por el espacio rezando y dando
palmadas con la intención de hacer que entre la buena energía y
salga la mala.

Si, después de hacer esto, sientes que tu espacio todavía necesita
ayuda, quizá sea el momento de llamar a un profesional. Puedes hacer
que tu casa sea bendecida por un clérigo (por ejemplo, un sacerdote,
un ministro, un rabino o un imán). La mayoría de las tradiciones religiosas tienen ceremonias para bendecir las casas y funcionan de mara-
villa. También hay expertos en *feng shui* y psíquicos profesionales que
se especializan en desalojar a los espíritus que están atascados.

Esto era lo que Carlos necesitaba hacer para limpiar su espacio por
completo. Me dijo: «Probé hacerlo con salvia, y definitivamente elimi-
nó la tristeza que había en el apartamento, pero necesitaba más ayuda
para desalojar a los espíritus que estaban ahí». Carlos optó por hacer
que bendijeran su casa, e hizo venir a un pastor para que lo hiciera y
desalojara a cualquier espíritu díscolo que pudiera haber. Desde entonces, su piso ha sido un refugio tranquilo y alegre para él.

A continuación, vamos a pasar a la última etapa de la higiene psíquica. Ahora aprenderemos a protegernos y blindarnos.

Protección psíquica

Ahora que ya hemos aprendido a centrarnos, a conectar con la Tierra
y a limpiarnos, la última etapa de la higiene psíquica es la autoprotec-
ción. Podemos resumir esto diciendo que la protección psíquica se
trata de aprender a establecer límites. Para muchos sensitivos ésta es
una habilidad difícil, pero la buena noticia es que una vez que apren-

demos a establecer un límite, funciona en todas las situaciones en las que podríamos encontrarnos. Una vez que hemos aprendido el arte de poner límites, podemos movernos libremente por el mundo, sintiéndonos seguros, confiados y protegidos. Para profundizar en este tema recomiendo mi libro *Energy Healing for Empaths: How to Protect Yourself from Energy Vampires, Honor Your Boundaries, and Build Healthier Relationships.*[1] Todo el libro está dedicado a aprender diferentes maneras de establecer límites.

La capa límite

Para los estudiantes de desarrollo psíquico, el límite más importante es el que está ubicado en el borde exterior de nuestro campo energético, es la frontera entre nosotros y el mundo. Es el equivalente energético de tu piel, que te protege del mundo exterior. Tu piel impide que entren en tu cuerpo toxinas, gérmenes y otras cosas dañinas, pero también permite que penetren cosas que necesitamos. La capa límite de tu aura hace lo mismo en un nivel energético.

Cuanto más empático y sensitivo eres, más probable es que ese límite sea poroso y esponjoso, creando una delineación poco firme entre las otras personas, el mundo y tú. Afortunadamente, esta parte de nuestra anatomía energética responde muy bien a nuestras intenciones y visualizaciones, de manera que una de las formas más fáciles y eficientes de fortalecerla es practicando una meditación de respiración y visualización. Ésta es la técnica de protección psíquica que más utilizo.

> ### *Ejercicio:* Crear una burbuja de protección

Esto puedes hacerlo con unas pocas respiraciones, en cualquier momento y en cualquier lugar, cuando sientas la necesidad de protección psíquica. En mi caso, lo utilizo cuando tengo que ir a un lugar muy concurrido, o en cualquier sitio donde haya mucha gente y una energía caótica. También lo he hecho en situaciones so-

---

1. Lisa Campion, *Energy Healing for Empaths,* Revel Press, 2021.

ciales espinosas y cuando hay una energía agresiva y hostil en el ambiente. (Puedes descargarte el audio de esta meditación en inglés en www.newharbinger.com/50744).

1. Empieza con una o dos respiraciones para centrarte.
2. Conecta con la cuerda de conexión con la Tierra y trata de sentir cómo la energía fluye descendiendo por tu columna y, luego, desde tu coxis hasta tus pies.
3. Mientras inspiras, trae la energía con fuerza hacia tu centro. Es maravilloso si puedes atraerla desde la Tierra y desde la fuente divina al mismo tiempo.
4. Almacena esa energía en tu centro y, cuando exhales, haz que esta luz pase a través de tu cuerpo y a través de todas las capas de tu campo energético, llegando hasta la capa límite y más allá.
5. Imagina que la capa límite es de un material fuerte. Utiliza cualquier imagen que te venga a la mente: un balón de goma, una bola de cristal, una bola de bolos, o incluso una muralla.
6. Visualízala, siéntela, percíbela, o simplemente ten el conocimiento de que estás dentro de esa burbuja. El mundo está en el otro lado y nada puede atravesar este límite sin tu permiso.
7. Establece la intención de que sólo la energía favorable puede atravesar esa capa límite y que la energía que no te beneficia se queda en el otro lado. Nada puede atravesar este límite sin tu permiso.

Hacer esto con regularidad y a lo largo del tiempo fortalecerá permanentemente tu capa límite, de la misma manera que ir al gimnasio con regularidad hace que tengas un físico más fuerte.

Cuando tenemos un límite energético fuerte, eso suele ser suficiente para ayudarnos a sentir que podemos empezar a establecer límites de otras maneras. Tener buenos límites significa saber cuándo y cómo decir no, y esto funciona igual de bien con las personas que con los espíritus.

Al ser sensitivos, a menudo sentimos que no tenemos derecho a decir «no» a los demás y que tenemos que estar a disposición de todo el mundo. Tú tienes derecho a decir «no» ante cualquier petición o exigencia que cualquier persona te haga. Si alguien te pide algo y no estás seguro de cómo te sientes al respecto, haz unas cuantas respiraciones para centrarte y observa si puedes sentir que lo que te están pidiendo es adecuado para ti o no.

Cuando alguien me pide algo, casi nunca respondo en el momento. He aprendido a decirles a las personas que tengo que ver mi agenda y que les responderé al día siguiente. Luego me centro y conecto con la Tierra, y entonces veo dentro de mí si la respuesta será un «sí» o un «no».

Aprender algunas maneras de decir «no» de una forma muy educada te ayudará a tener buenos límites. Si eres firme, educado y coherente, con el tiempo las personas (y también los espíritus) aprenderán a respetar tus límites. Yo ofrezco un «no, gracias» sin dar demasiadas explicaciones y me mantengo firme.

Cuando tus límites sean más fuertes y más claros, puedes fortalecer aún más tu campo energético (y, por lo tanto, también tus límites) teniendo un estilo de vida limpio y saludable. Tener un estilo de vida poco saludable debilita la capa límite de nuestro campo energético y nos hace más vulnerables a las energías intrusivas.

Éstos son algunos ejemplos de lo que quiero decir –por cierto, no son personas reales, sino una amalgama de varias personas que he conocido a lo largo de los años. Utilizo estos ejemplos ficticios sólo para ilustrar lo que quiero comunicarte y mostrarte cuánto pueden impactar los estilos de vida en la autodefensa psíquica.

Tanner es un ejemplo de cómo vivir una vida saludable y ayudar a su autodefensa psíquica. Él es instructor de yoga y practica todos los días. Está dedicado a su práctica y, además, no sólo medita cuando está en la esterilla. Tanner disfruta de una dieta limpia, con alimentos integrales y se mantiene alejado de las sustancias químicas y de los alimentos muy procesados, los cuales tienden a impactar en todo tu organismo y a debilitarlo, pero especialmente a debilitar la capa límite de tu campo energético. Pasea a su perro en el bosque todos los días y se siente rejuvenecido cuando respira aire fresco y entra en comunión con la naturaleza. Tanner utiliza ese tiempo para limpiar conscientemente su campo energético y soltar toda la energía residual que ha recogido.

Tanner ha tenido problemas y traumas en su vida, pero ha dedicado mucho tiempo y energía a lidiar con su pasado. Ha aprendido a manejar sus emociones a diario, a medida que van apareciendo. Lleva un diario personal, recibe terapia cuando lo necesita y se concentra en encontrar formas productivas de expresar sus sentimientos. Sus prácticas de yoga y meditación le han ayudado a abrir sus habilidades psíquicas con mucha rapidez, pero él se siente feliz y entusiasmado por ello: «Establezco la firme intención de comunicarme únicamente con mis ángeles y los guías de más alto nivel que están a mi disposición. He aprendido a decir "no" a las energías de vibración más baja, tanto si se trata de alimentos, de cosas de otras personas o de espíritus de baja vibración. Y sé que la finalidad de mis dones psíquicos es ayudar a otras personas». Tanner me dijo que se siente sereno y feliz respecto a su apertura psíquica y tiene experiencias positivas que lo animan y lo guían en su propia vida y le ayudan a estar al servicio de los demás.

Por otro lado, tenemos a Mika, quien ha tenido problemas de depresión y ansiedad durante la mayor parte de su vida. Él es una persona empática, pero todavía no ha descubierto cómo manejar su energía, así que se siente a merced de sus estados emocionales. Al igual que Tanner, también ha tenido traumas en su infancia, pero todavía no los ha abordado, y esos traumas no sanados y esas emociones no procesadas hacen que aumenten su ansiedad y su depresión.

Mika adquirió algunos malos hábitos que todavía no ha logrado erradicar. Come mal: principalmente comida rápida llena de sustancias químicas y alimentos industriales, y admite pasar mucho rato en el sofá. No hace ejercicio y no pasa tiempo en la naturaleza, pero sí mira mucha televisión. Le encantan los programas sobre temas paranormales y está fascinado con el lado oscuro de estos; escoge programas acerca de demonios, posesiones y casas embrujadas en las que ocurren cosas extremas y violentas.

Mika admite haber usado un tablero de *ouija* en muchas ocasiones y que también ha realizado sesiones de espiritismo para hablar con los muertos. Su apartamento está plagado de fantasmas, ya que ocasionalmente realiza las sesiones de espiritismo en su casa y ha abierto accidentalmente un portal al lado malicioso del más allá. Espíritus del mundo astral y del mundo terrenal se pasean con regularidad, atraídos por los límites poco firmes de Mika y por su confusión interior no procesada.

Recientemente, Mika ha empezado a trabajar con un equipo de cazadores de fantasmas que realiza investigaciones paranormales. Desafortunadamente, en su mayor parte son *amateurs* que no practican buenas técnicas de autodefensa psíquica antes de investigar. Mika cree que trajo consigo a su vivienda a una entidad de una visita que realizó a un hospital psiquiátrico abandonado, donde también llevó la *ouija* durante la Luna llena. Y en Halloween.

Tristemente, he trabajado con muchas personas que están en una situación muy similar a la de Mika, pero lo importante a recalcar aquí es que podemos abrirnos sin peligro si utilizamos el sentido común, tenemos buenos límites y llevamos una vida limpia y saludable. O podemos ser como Mika y atraer a lo más oscuro y sufrir las consecuencias. No seas como él.

Fundamentos de la protección psíquica

Ahora vamos a examinar los fundamentos de la protección psíquica que te ayudarán a mantenerte alejado del lado oscuro. La buena autodefensa psíquica no es complicada si usamos el sentido común. Es muy parecido a tener calle. No debemos hacer lo que no nos ayuda y no es bueno, y debemos mantenernos alejados de los comportamientos arriesgados.

Haz lo siguiente:

- Vive una vida saludable, cuidándote. Si comes y duermes bien, y haces mucho ejercicio, hace que tu vibración se mantenga alta.
- Aprende a manejar tus emociones a diario cuando surgen y, si es necesario, sana cualquier trauma que puedas tener del pasado.
- Practica los rituales básicos de conexión con la Tierra, limpieza y protección todos los días.
- Trabaja en tus límites y aprende cuándo y dónde debes decir «no».
- Comprométete con una práctica espiritual como yoga o meditación. Tu práctica espiritual te protegerá y te fortalecerá.

Por favor, no hagas esto:

- No realices actividades de alto riesgo psíquico, como la *ouija* u otros tableros de semejante estilo, o sesiones de espiritismo, o levitación de mesas u otras actividades que invoquen a los espíritus de los muertos, a menos que estés adecuadamente entrenado para hacerlo.
- Cazar fantasmas es una actividad psíquica de alto riesgo. Puede hacerse sin peligro, pero realmente tienes que saber lo que estás haciendo. Recibe la formación adecuada y no vayas solo.
- No busques demasiado lejos en la oscuridad y no te busques problemas. No conjures demonios y no realices rituales de magia negra o de sangre.
- El consumo excesivo y adictivo de drogas u alcohol destruye tu campo energético. Además, atrae entidades, y puede hacer que seas atractivo/a para las energías más oscuras. Definitivamente, no mezcles el consumo excesivo de drogas y alcohol con las actividades psíquicas o paranormales.

Si sigues estas reglas de sentido común, estarás bien. Realmente tenemos que buscar problemas para encontrarlos. Declara la intención de permanecer en la luz y elige mantenerte alejado del lado oscuro de las cosas.

¿Qué sigue?

Espero que ahora ya tengas una idea de las técnicas básicas que todos los psíquicos necesitamos conocer para realmente manejar nuestra apertura psíquica con gracia y confianza en lugar de hacerlo con miedo. Sé que cuando practiques estas técnicas tendrás un control cada vez mayor de tus dones, de manera que los tendrás al alcance de tu mano cuando los necesites. Lo que haremos a continuación es entender qué son los sentidos psíquicos y cómo maximizarlos.

CAPÍTULO 3

Abre tus sentidos psíquicos

Nuestros sentidos psíquicos son canales abiertos a través de los cuales recibimos información intuitiva y psíquica. Cuando nuestros sentidos psíquicos están abiertos, recibimos nuestras impresiones psíquicas con facilidad y sabemos cómo integrarlas y comprender su significado. Estos sentidos mejoran e intensifican nuestros sentidos físicos, aportando otra capa de significado a nuestras vidas. Cuando hemos dominado la apertura de nuestros sentidos psíquicos, experimentamos impresiones psíquicas de una forma fluida, sin miedo. Esto incluso puede ayudarnos a vivir con más alegría en el mundo, ya que vivimos siguiendo nuestra orientación psíquica.

Para entender lo que son los sentidos, vamos a utilizar un término que es antiguo pero muy bueno. Me encanta el término PES (Percepción ExtraSensorial). La idea detrás de la PES es que las personas que son psíquicas tienen más acceso que las demás a su percepción sensorial.

Nuestro cerebro recibe información sensorial. En cualquier momento dado, estamos experimentando nuestro entorno inmediato a través de los cinco sentidos. Aprendemos desde una edad muy temprana a filtrar la información sensorial, dejando fuera lo que no es relevante para lo que estamos haciendo en el momento.

Mientras lees este libro, tu mente se está concentrando en el texto y tú estás filtrando y dejando de lado subconscientemente las experiencias sensoriales que no son relevantes para esta tarea. No estás concentrado en cómo sientes la tela de tu ropa sobre tu piel, el sabor que hay en tu boca o las sensaciones físicas de tu sistema digestivo. Quizás también estás dejando fuera el ruido de fondo y haciendo a un lado tus reacciones emocionales mientras te concentras.

Para poder concentrarnos, ponemos nuestra atención en algo, como si lo ilumináramos con un foco. La teoría de la PES es que los psíquicos amplían los lentes de sus sentidos y, por lo tanto, procesan la información sensorial más que otras personas. Creo que esto es verdad, pero también pienso que nuestros sensores son más sensibles que los de los demás y que estamos captando formas de energía que no están al alcance de otras personas. Quizás, al ser psíquicos, pactamos energías y frecuencias más sutiles, a las que otras personas todavía no han aprendido a prestar atención. Y, sin embargo, hay una distinción entre nuestros sentidos físicos y nuestros sentidos psíquicos.

Los sentidos psíquicos

Cuando tenemos una experiencia psíquica, lo más probable es que sea con nuestros sentidos psíquicos y no con los físicos. Nuestros *sentidos psíquicos* son una extensión de nuestros sentidos físicos hacia el otro mundo, de manera que percibimos cosas como la energía, diferentes estados del tiempo (como el pasado y el futuro) y la presencia de seres espirituales. Éstos son los *claris*, como algunas personas los llaman. Por ejemplo, si eres *clarividente*, tienes el sentido psíquico visual. Es posible que haya ocasiones en las que realmente veas cosas con tus ojos físicos, pero la mayor parte de tus percepciones clarividentes serán como ver cosas con vista interior, algo similar a soñar despierto o visualizar algo.

Cuando era una niña, a veces veía cosas con mis ojos físicos. Esto significa que había ocasiones en las que no era capaz de diferenciar entre el espíritu de una persona y una persona viva. Los espíritus me parecían sólidos, como si pudiera estirar el brazo y tocarlos. Sinceramente, odiaba esa experiencia, y cuando era joven tomé la decisión consciente de apagar esa parte de mis dones. Ése es uno de los dones psíquicos más difíciles de tener, y hay ocasiones en las que eso todavía me ocurre. He tenido muchas conversaciones con personas que sólo yo podía ver. Si estaba con amigos cuando esto ocurría, ellos se ponían un poco nerviosos y se alejaban de mí lentamente.

No hace mucho tiempo, entré en mi oficina a una hora temprana, lo hice en la mañana de un lunes, y encontré a un anciano sentado en la silla de mis clientes con una sonrisa en los labios. Me asusté y empecé a pensar en cómo podía haber entrado ese hombre. ¿Me había olvidado de cerrar la puerta con llave?

«Perdone, señor, ¿le puedo ayudar en algo?», le pregunté. Él asintió con la cabeza, me guiñó el ojo y luego, lentamente, se desvaneció, al estilo del gato de Cheshire. Oí su voz en mi cabeza cuando se disculpó por haberme asustado. Estaba esperando a que llegara mi cliente de las nueve de la mañana, pues tenía algunos mensajes y algunos asuntos no resueltos que aclarar con él. Para mí, tenía una apariencia tan real que no me di cuenta de que era un espíritu hasta que se desvaneció. Éste es un ejemplo de tener una experiencia psíquica con tus ojos físicos en lugar de con tus ojos psíquicos.

Todavía no disfruto de la experiencia de ver espíritus con mis ojos físicos y prefiero ver cosas con mis *ojos psíquicos*. Cuando era pequeña, los llamaba mis ojos de la imaginación. Cuando usamos nuestros sentidos psíquicos, es algo parecido a la experiencia que tiene lugar en nuestra cabeza, y las visiones tienen lugar en la pantalla que está dentro de la mente. Quizás te parezca que estás imaginándolo o soñando despierto, porque las visiones son como pequeñas películas que se proyectan en la pantalla de tus ojos psíquicos, no de los ojos físicos.

En todos los años que llevo realizando lecturas psíquicas para la gente, me he dado cuenta de que veo el mundo físico con mi ojo derecho y el psíquico con el ojo izquierdo. Esto me resulta interesante, ya que el ojo izquierdo está conectado al hemisferio derecho del cerebro, que es la parte más psíquica de mi cerebro. Puedo usar un ojo para ver lo que está ocurriendo psíquicamente mientras que con el otro estoy viendo a mi cliente. Me ha tomado varios años dominar esta forma de ver binocular, pero a mí me funciona.

Existen muchos sentidos psíquicos aparte del sentido visual. Vamos a examinarlos brevemente.

El sentido corporal. Las impresiones psíquicas son experimentadas como sensaciones físicas, como escalofríos, piel de gallina, hormigueos o un estómago feliz (o nervioso). Lo sentimos todo en nuestro cuerpo.

Clarisentencia – El sentido del sentir. Sentimos nuestras impresiones psíquicas como una combinación de emociones y sensaciones: «Tengo una buena sensación respecto a esto». Sentimos las cosas.

Clariconciencia – El sentido del saber. Éste es nuestro conocimiento interno. A menudo se siente como algo instintivo y puede pasar por alto el conocimiento de la mente: «No sé cómo lo sé; simplemente lo sé».

Clariolfato y clarigusto – Los sentidos del olfato y el gusto. Olemos y sentimos el sabor de cosas que no están físicamente presentes. Dado que este sentido psíquico está más conectado a nuestra memoria, suele aparecer cuando algún ser querido fallecido está cerca de nosotros. Por ejemplo, podríamos oler el humo de la pipa que solía fumar nuestro abuelo. O podríamos sentir el sabor de un plato especial que un familiar muy querido preparaba en ocasiones especiales. Mi amiga Jody siempre sabe que su madre está cerca cuando siente el sabor del pastel de crema de coco que ella solía prepararle para sus cumpleaños.

Clariaudiencia – El sentido auditivo. Podemos oír fenómenos psíquicos como si hubiera una voz dentro de nuestra cabeza. En ocasiones oímos cosas en el exterior también.

Clarividencia – El sentido visual. Experimentarás tus impresiones psíquicas de una forma visual. Es posible que sean colores y energía alrededor de las personas o las cosas, o como películas que se están proyectando en la pantalla de tu mente.

Algunas personas tienen algunos de estos sentidos, que son muy fuertes, pero otras tienen toda la colección. No importa cuáles tengas abiertos actualmente; puedes abrirlos todos practicando los ejercicios que se ofrecen en este libro. Vamos a examinar cada uno de ellos en profundidad.

El sentido corporal

Nuestros cuerpos son muy sabios y nos proporcionan un sentido psíquico muy poderoso (y muy infravalorado). En ocasiones llamado el sentido *somático* o *cinestésico*, tu cuerpo está sintonizado para mantenerte a salvo y siempre sabe lo que realmente está ocurriendo. De la misma manera en que cuando das volteretas en una piscina, tu cuerpo siempre sabe dónde es arriba y dónde es abajo, es difícil engañar a este avezado sentido psíquico. Tristemente, muchas personas ignoran los mensajes de sus cuerpos, normalmente para su detrimento. Éste es uno de los motivos por los cuales recomiendo encarecidamente que los estudiantes psíquicos aprendan a permanecer conectados a la Tierra, ya que, si no estás realmente presente en tu cuerpo y prestándole atención, te perderás esta rica fuente de información psíquica.

Este sentido corporal me recuerda al juego de caliente/frío que solíamos jugar de niños. Cuando nos acercamos a algo que es beneficioso para nosotros, nuestro cuerpo responderá con sensaciones físicas placenteras. Por el contrario, cuando estamos cerca de cosas que no son lo que más nos conviene o que son peligrosas, el cuerpo hará sonar las alarmas. Para poder escuchar al sentido psíquico de tu cuerpo, tienes que acercarte a las sensaciones que son placenteras y alejarte de las que no lo son. De la misma manera en que el timón de un barco te ayuda a navegar por el agua, este sentido psíquico corporal te ayudará a dirigirte hacia lo seguro en el mundo. Y seamos claros: este sentido corporal está muy orientado a tu supervivencia física y tu seguridad, y siempre te dará un mensaje si te encuentras en una situación peligrosa, siempre y cuando prestes atención.

De la misma manera en que el cuerpo de todas las personas es diferente, cada uno de nosotros experimenta el sentido psíquico corporal de una manera distinta. Presta atención a cómo sientes tu corazón, tu vientre y tu piel, y cómo cambia tu respiración. Cuando prestamos atención a nuestros cuerpos, encontramos este sentido psíquico. Busca este tipo de sensaciones psíquicas:

- Quizás tu corazón sienta una calidez feliz, expandida, o una fría tensión.

- Es posible que notes movimientos agradables en tu vientre cuando estés cerca de alguien con quien realmente resuenas o quizás tengas el estómago revuelto cuando la persona no sea para ti.
- Cuando nuestro cuerpo está relajado y seguro, ralentizamos la respiración de una forma natural y empezamos a respirar con el vientre. En una situación poco segura, nuestra respiración es superficial y rápida, y respiramos con el pecho.

Nuestra piel es un órgano altamente sensible, que siempre está sintonizado con nuestro entorno inmediato, de manera que debemos tomarnos en serio cuando se nos pone la piel de gallina por la emoción o cuando nuestra piel se eriza.

Aunque estas sensaciones también pueden tener una causa puramente fisiológica, necesitas un poco de práctica y atención para notar cómo tu cuerpo te proporciona información psíquica adicional. Muchos psíquicos tienen una sensación física muy particular que les hace saber que están recibiendo una impresión psíquica correcta.

Cuando encuesté a mi clase de desarrollo psíquico, mis alumnos me dijeron que tenían sensaciones intensas en sus cuerpos cuando sus guías estaban cerca y cuando recibían una impresión psíquica. Uno sentía un hormigueo en todo el cuerpo, otro sentía que se le ponía la piel de gallina. Yo tiendo a sentir una fuerte sensación, algo que se mueve, en la coronilla de mi cabeza, como si una mosca estuviera caminando entre mi pelo. Otra persona llora cuando recibe una impresión psíquica fuerte que sabe que es correcta, incluso cuando no está triste; ella llama a esto «lágrimas de verdad». Ésta es la señal de verdad del cuerpo de la que hablamos en el capítulo anterior.

Jeremías es el hijo de una de mis amigas más cercanas. Él es un sensitivo y, además, es bailarín profesional y atleta. Jeremías ha aprendido a confiar en la sabiduría de su cuerpo para saber en quién puede confiar y en quién no. Cuando habló conmigo, también señaló que el sentido psíquico de su cuerpo le ayuda a orientarse a través de los ambientes físicos y a saber cuándo sus guías están cerca.

LA HISTORIA DE JEREMÍAS: *Esto lo utilizo siempre en mis citas. Mi cuerpo sabe inmediatamente si la persona con la que he quedado va a estar en sintonía conmigo o no, y no siempre está relacionado con la atracción sexual. Presto mucha atención a si quiero inclinarme hacia adelante y tocar a la otra persona o no, si puedo relajar completamente mi vientre cuando estoy con alguien y si me resulta fácil quedarme dormido en presencia de la otra persona.*

Si hay algún peligro cerca de mí, siento un nudo frío en el estómago y se me seca la boca. Vivo en la ciudad de Nueva York y, dado que bailo en Broadway, tengo que tomar el metro para volver a casa muy tarde por la noche. Tengo que mantener la cabeza fría, pero he aprendido a prestar atención a esa sensación en el estómago, porque siempre se enfría cuando hay algún peligro presente. Desde que empecé a prestarle atención a eso, he evitado problemas en mi vida. La otra noche, tuve esa sensación de frío en el estómago y de tener la boca seca mientras esperaba a que llegara el tren y decidí tomar un taxi para ir a casa. A la mañana siguiente, en las noticias dijeron que había habido una serie de robos a mano armada y de asaltos en esa línea de metro.

Jeremías es un ejemplo inspirador de alguien que saca el jugo a su poderoso sentido psíquico corporal. Al ser un atleta, es muy consciente de su cuerpo.

Existen muchas otras maneras en las que las percepciones psíquicas pueden manifestarse en nuestro cuerpo. Hay personas que han relatado que han sentido que un ser querido las visitaba desde el más allá, acariciándoles la mejilla o dándoles un abrazo. Una de mis colegas siente una sensación de calidez en la parte posterior de su corazón cuando hay ángeles a su alrededor. Claramente, si prestamos atención a lo que nuestro cuerpo percibe, podemos recibir una gran cantidad de información práctica y fiable.

PSICOMETRÍA PSÍQUICA

La *psicometría psíquica* es la habilidad de ser capaces de recibir impresiones psíquicas simplemente tocando objetos. Ésta es una forma fascinante del sentido psíquico corporal. Conozco psíquicos que leen objetos como fotografías, anillos de compromiso, relojes y gafas. Cualquier cosa que una persona lleve en su cuerpo durante un largo período de tiempo recoge la energía de esa persona, y alguien que practique la psicometría es capaz de leer esa energía.

Mi amiga Lydia es una psíquica poderosa que tiene ese don, y se sintió atraída a trabajar con antigüedades y joyas antiguas. A menudo, ella es capaz de captar información psíquica sobre las personas a las que pertenecieron esos objetos. Lydia dice que los objetos como relojes, anillos y gafas contienen la impronta más fuerte de la energía de una persona, ya que son cosas que se usan cada día, a veces durante años. Ella puede saber a quién perteneció el objeto y percibir una gran cantidad de información acerca de cómo vivió y murió esa persona sólo sosteniéndolo en su mano.

Aquí expongo algunas formas adicionales de abrir completamente nuestro sentido psíquico corporal:

- Cuida bien de tu cuerpo comiendo adecuadamente. Muchas personas dicen experimentar un incremento de sus habilidades psíquicas cuando siguen una dieta limpia rica en alimentos frescos e integrales.
- Duerme y descansa bien. Asegúrate de atender cualquier problema de salud que tengas visitando a un médico.
- Cuando medites, presta atención a las sensaciones en tu cuerpo.
- Prueba alguna práctica de meditación con base física como, por ejemplo, yoga, taichí, artes marciales o danza, para incrementar tu conciencia del cuerpo.
- Reduce el consumo de sustancias diseñadas para insensibilizarte, como los analgésicos, los relajantes musculares y el consumo excesivo de alcohol o drogas.

- Pasa tiempo en la naturaleza, con los pies descalzos en el suelo, y practica cualquier técnica de conexión con la Tierra que sepas que funciona para ti.
- Presta atención a las señales psíquicas de tu cuerpo y presta atención con regularidad a tu vientre y a tu respiración.

Tu cuerpo tiene una hermosa variedad de habilidades psíquicas que pueden ayudarte a mantenerte a salvo en el mundo. Tu cuerpo jamás miente y siempre sabe lo que es real y lo que es verdad para ti. Recibirás grandes recompensas en tu desarrollo psíquico si reconoces el valor de este sentido psíquico corporal.

A continuación, vamos a examinar el sentido psíquico que está más relacionado con este sentido corporal. A menudo están conectados y muchas personas que tienen el sentido psíquico corporal también tienen este sentido del sentimiento.

Clarisentencia – El sentido de sentir

Nuestras emociones son una fuente poderosa de información, tanto psíquica como intuitiva: ése es el don de la clarisentencia. La famosa autora y sanadora Anodea Judith dice en su libro *Wheels of Life: A User's Guide to the Chakra System*:[2] «La clarisentencia es la capacidad de percibir las emociones de otras personas, lo cual también se denomina empatía. Esta percepción no siempre se convierte en información reconocida por las propiedades cognitivas del cerebro. Es experimentada más bien como un sentimiento sutil, como si estuviéramos experimentando el sentimiento nosotros mismos».

Es importante honrar nuestros sentimientos como una poderosa habilidad psíquica. Nuestras emociones nos conectan con el lado derecho de nuestro cerebro, de donde provienen nuestras impresiones psíquicas. Nuestros sentimientos están conectados a nuestra alma, y creo que nuestra alma nos habla a través de nuestros sentimientos y no

---

2. Anodea Judith, *Wheels of Life,* Llewellyn, 1987.

tanto a través de nuestros pensamientos. Por supuesto que necesitamos a la mente y sus pensamientos, pero muchas personas se han llegado a identificar con el Yo pensante y muy poco con sus emociones.

«Pienso, luego existo» es sólo una parte de la ecuación, y uno de los mayores desafíos que tienen los psíquicos en ciernes es aprender a dejar de centrar la atención en los pensamientos y empezar a centrarla en los sentimientos. Tristemente, a muchos de nosotros nos han enseñado a ignorar y minimizar nuestros sentimientos y a dejarlos de lado, como si fueran inconvenientes señales de debilidad, en lugar de aprovechar ese poderoso sentido psíquico. Si has tenido algunas de estas experiencias es posible que tengas un fuerte sentido psíquico de sentimiento:

- Eres una persona altamente emocional y consciente de sus sentimientos a lo largo del día.
- Sueles decir, *Tengo una buena/mala sensación acerca de…*
- Te identificas como una persona empática y puedes sintonizar fácilmente con las experiencias físicas y emocionales de los demás.
- Cuando tienes una experiencia psíquica, la sientes. Esto podría ser una combinación de sensaciones y emociones.
- Sientes la presencia de espíritus a tu alrededor y, probablemente, también sabes lo que ellos están sintiendo.
- Sientes y percibes también las energías, ya sea de las personas o de los ambientes en los que te encuentras.

Sentimientos del alma vs. sentimientos reactivos

Una de las cosas más importantes que podemos hacer como personas clarisintientes es comprender profundamente nuestros propios sentimientos. Nuestros sentimientos son una mezcla de nuestros estados emocionales combinados con sensaciones en el cuerpo a las que nuestros sentimientos están conectados. Para nuestros propósitos de desarrollo psíquico, suelo hacer una distinción entre dos tipos de sentimientos distintos: los sentimientos del alma y los sentimientos reactivos.

Los *sentimientos del alma* emergen al momento, en respuesta a la situación en la que nos encontramos. Si observas a los niños muy pequeños, verás que experimentan sus sentimientos del alma a lo largo de todo el día. Cuando sienten algo, lo expresan inmediatamente, en el momento, sin preocuparse por ello o convencerse de que no deberían sentirlo. Cuando están tristes, lloran; cuando están felices, ríen; y cuando están enfadados, ¡nos enteramos todos!

A medida que vamos creciendo, aprendemos a desconectarnos de nuestras emociones cuando surgen, a guardárnoslas y enterrarlas. Para poder beneficiarnos de la orientación intuitiva y psíquica que nos ofrecen nuestras emociones, debemos permitir sentir nuestros sentimientos del alma. Al final de esta sección hablaremos de cómo hacerlo.

En contraste con nuestros sentimientos del alma, tenemos los *sentimientos reactivos*. Estas emociones suelen provenir del pasado, de traumas que no hemos sanado. Se apoderan de nosotros, nos sacan del presente y nos hacen reaccionar en base a algo del pasado. La ansiedad es un gran ejemplo de una emoción reactiva, mientras que el miedo es una emoción del alma.

El miedo es una respuesta adecuada a un peligro real y puede salvarte la vida activando tu respuesta de lucha/huida. Por otro lado, cuando sentimos ansiedad, anticipamos que algo malo va a ocurrir, o podría ocurrir en el futuro, aunque no esté ocurriendo en el presente.

Mientras que los sentimientos del alma tienen una cierta dulzura, las emociones reactivas hacen que nos sintamos mal. Además de la ansiedad, también pueden incluir sentimientos como celos, rabia, insensibilidad, dolor y odio. Las emociones reactivas se filtran a través de los traumas no resueltos. Te están guiando para que sanes el trauma, pero no forman parte de tus sentidos psíquicos.

Un sentimiento reactivo se asemeja a una respuesta automática, un momento emocional breve, basado en nuestros impulsos e instintos. Por ejemplo, podrías tener el impulso de ponerte furioso y tener una reacción violenta cuando alguien te cierra el paso cuando estás conduciendo. Los sentimientos reactivos son activados por nuestro sistema nervioso y por nuestro mecanismo de «lucha o huida», son impulsados por las hormonas y tienen una naturaleza química, como la descarga de adrenalina que inunda nuestro organismo cuando alguien nos cierra el paso cuando estamos conduciendo. Tu sistema nervioso automático reacciona a un peligro potencial e indica a tus glándulas suprarrenales que viertan cortisol y adrenalina en tu torrente sanguíneo para que puedas luchar o huir y lidiar con el peligro. En ese aturdimiento producido por la adrenalina el que hace tener el impulso de reaccionar y golpear a alguien, o incluso sentir el deseo momentáneo de matarlo.

Una vez que la adrenalina desaparece de tu organismo, unos veinte minutos más tarde, ese impulso desaparece y vuelves a ser la persona amante de la paz que jamás haría daño o mataría a alguien. Si te sientes provocado, agresivo, hostil o ansioso, es que tienes una emoción reactiva. El sentimiento que te invade es una mezcla de hormonas, reacciones del sistema nervioso y traumas no sanados del pasado. Acabas sintiéndote fuera de tu equilibrio, porque no eres tú mismo, hasta que el aturdimiento químico desaparece y vuelves a sentirte tú.

Los sentimientos del alma, aunque pueden ser intensos, tienden a durar sólo unos pocos minutos, y provienen de un lugar profundo de nuestro interior. Surgen de nuestra alma, y su propósito es guiarnos para que vivamos una vida más auténtica. Incluso los sentimientos duros del alma, como una pena profunda, tienen una cierta dulzura y autenticidad. Estamos tristes porque hemos amado profundamente. Los sentimientos del alma son inspiradores y hacen que queramos expresarlos de una forma creativa. Los poetas, los compositores y los artistas capturan esos sentimientos del alma en sus obras de arte.

Un ejemplo de lo que acabo de explicar y con el que todos podemos sentirnos identificados, es la diferencia entre el verdadero sentimiento de amor versus la experiencia reactiva de un enamoramiento instantáneo. El sentimiento del alma del amor es duradero, mientras que el enamoramiento instantáneo y el deseo no duran y contienen una gran cantidad de excitación del sistema nervioso y de deseo impulsado por las hormonas.

Los sentimientos de tu alma forman parte de tus sentidos psíquicos, pero tus sentimientos reactivos no. De manera que, cuando abrimos este sentido psíquico, es necesario que los diferenciemos. En pocas palabras, si te provocan y reaccionas, no es una impresión psíquica. Sin embargo, nuestros sentimientos del alma nos proporcionan un *feedback* psíquico continuo.

Ahora, vamos a añadir una capa más. Si uno de tus sentidos psíquicos principales son tus sentimientos, entonces es muy probable que seas una persona empática. Esto quiere decir que también tenemos que lidiar con los estados emocionales de los demás.

El don psíquico de la persona empática

Los *empáticos* son las esponjas psíquicas del mundo, y ser empático es tener un don psíquico único. Los empáticos absorbemos, de forma literal, las sensaciones, emociones, pensamientos y energías de los demás. Esa energía recorre nuestro propio organismo de una forma que hace que sintamos como si la energía de las otras personas fuera nuestra.

En nuestros días buenos, somos sanadores, asistentes y cuidadores naturales. Utilizamos este sentido psíquico para ayudarnos a entender cómo les va a otras personas, incluso cuando no pueden comunicárnoslo directamente. Lo sabemos porque sentimos su experiencia como si fuera nuestra. En nuestros días malos somos un desastre emocional, estamos inundados por la porquería energética y emocional de los demás, y somos incapaces de distinguir entre nuestra propia experiencia y la de otra persona.

La empatía es el don del sanador, y la mayoría de los empáticos con los que he trabajado son así porque su propósito de vida es sanador o ayudar a las personas de alguna manera. ¡Es un don muy bonito! Los empáticos necesitan ayuda para aprender a manejar su energía para que puedan sentirse cómodos en el mundo.

¿SOY UNA PERSONA EMPÁTICA?

¿Te estás preguntando si podrías ser una persona empática? Éstas son algunas experiencias que son comunes en todos los empáticos:

- Sientes lo que otras personas sienten como si fueran tus propios sentimientos. Esto puede incluir también sensaciones físicas y pensamientos.
- Eres una persona profundamente emotiva y la gente te dice que eres demasiado sensible.
- Estás muy sintonizada con tu entorno. En algunos lugares te sientes bien y en otros no tan bien.

- Eres una persona introvertida y las grandes multitudes pueden hacerte sentir incómoda. Te resulta más fácil ver a las personas de una en una.
- Si hay mucho ruido, muchas luces u otras formas de estimulación, tu sistema nervioso se ve inundado, así que después de estar en una tienda grande te sientes débil.
- Te agradan los animales, las plantas y los niños pequeños.
- Sientes la presencia de espíritus a tu alrededor y probablemente sabes lo que esos espíritus están sintiendo.

Ser una persona empática ciertamente tiene sus retos, pero es una habilidad psíquica muy poderosa que puede ser sumamente beneficiosa cuando aprendemos a controlar la intensidad de nuestros propios sentimientos y a filtrar la estática del mundo y de los sentimientos de los demás.

Ahora veremos cómo ser empático es realmente un don psíquico. Recientemente estuve trabajando con una persona empática llamada Kristie. Vino a mi consultorio porque quería recibir unas sesiones de sanación después de haber leído mi libro *Energy Healing for Empaths*. Quería aprender a manejar la sobrecarga psíquica que estaba experimentando como estudiante universitaria. Kristie estaba teniendo una experiencia empática de manual y, además, se encontraba en un entorno duro. Estaba estudiando en una universidad muy grande y vivía en una residencia de estudiantes llena de gente en un campus muy concurrido, en el que había mucho drama y emociones a flor de piel. Ella me explicó que también era consejera y sanadora oficiosa en su grupo de amigos.

LA HISTORIA DE KRISTIE: *Pensé que la universidad me iba a encantar, pero estando ahí me puse mal emocionalmente, me sentía ansiosa y deprimida. A veces tengo migrañas o dolores de estómago que son tan intensos que no puedo asistir a clases. Todos me dicen que soy demasiado sensible y que tengo que ser más fuerte, pero simplemente acabo sintiendo los problemas de todo el mun-*

do. Mis amigos acuden a mí cuando tienen problemas y acabo ocupándome de todos.

Además, en mi residencia universitaria hay bastantes espíritus y puedo sentir sus presencias. No veo nada, pero los siento. Presiento que están ahí y sé cómo se están sintiendo esos espíritus. Hay una sala a la que nadie entra porque dicen que hay un fantasma triste que vive ahí.

En la historia de Kristie se pueden ver muchos de los dones psíquicos característicos de los empáticos. Mientras trabajábamos juntas, ella descubrió que sus habilidades como persona empática eran parte de sus dones psíquicos. Una vez que hubo aprendido a manejar mejor su energía utilizando los ejercicios de conexión con la Tierra, limpieza y protección, la vida en la residencia de estudiantes se le hizo más fácil y sus problemas de salud (la depresión y la ansiedad) mejoraron. Descubrió que las técnicas para apagar las habilidades psíquicas le resultaban especialmente útiles y utilizó el protocolo de limpieza de espacios para desterrar los espíritus de su residencia de estudiantes y eliminar la energía residual. También pudo ver que estos dones en realidad eran parte de su propósito de vida de ser una sanadora y estudió para ser terapeuta.

Los empáticos tienen tres aptitudes psíquicas muy potentes: empatía física, empatía emocional y, en ocasiones, telepatía. A continuación, vamos a examinar cada una de estas aptitudes:

Empatía física. Cuando sentimos en nuestro cuerpo lo que otra persona está sintiendo en su cuerpo, estamos experimentando la empatía física. Podría ser algo tan simple como estar sentado junto a alguien que tiene dolor de cabeza y, repentinamente, empezar a sentir que nos duele la cabeza. Esto también puede ocurrir con personas a las que somos cercanas emocionalmente, a pesar de no estar físicamente presentes con nosotros. La empatía física es una fuente magnífica de información psíquica, diseñada para ayudarnos a entender cómo se está sintiendo otra persona en su cuerpo, incluso si no es capaz de expresarlo.

Empatía emocional. Los empáticos sentimos las emociones de los demás como si fueran nuestras. Esto es más profundo que simplemente percibir cómo se está sintiendo alguien. Los empáticos, literalmente, absorbemos la energía emocional de los demás y esa energía circula por nuestro organismo. Sentimos lo que la otra persona está sintiendo como si ese sentimiento fuera nuestro. Este don psíquico puede ayudarnos a evaluar el estado emocional de otras personas.

Telepatía/lectura del pensamiento. Muchos empáticos pueden leer los pensamientos de los demás, lo cual puede ser una experiencia desconcertante. En mi caso, era como oír los pensamientos de alguien, como si los hubiera dicho en voz alta. Cuando era más joven, solía preguntar a las personas si habían dicho algo, cuando en realidad simplemente estaba oyendo sus pensamientos, como si los hubiesen dicho en voz alta. Hablaremos de esto en mayor profundidad cuando entremos en el tema de las habilidades psíquicas auditivas en la siguiente sección.

Existe una fuerte conexión entre ser clarisintiente y ser empático. La diferencia podría ser que los clarisintientes tienen las mismas habilidades que los empáticos, pero más avanzadas, al punto de tener grandes percepciones psíquicas en base a lo que están sintiendo.

CONSEJO PSÍQUICO: *¿Esto es mío?*

Si eres una persona empática, una de las aptitudes más importantes que debes aprender es a distinguir tus emociones, energía, sensaciones corporales y pensamientos, de los de los demás. Cuando sientas algo, pregúntate, «¿Esto es mío?». Con la práctica, pronto serás capaz de distinguir lo que es tuyo de lo que no lo es, ya que sentirás, sabrás o percibirás, lo que es tuyo o lo que no lo es. Puedes usar tu péndulo para verificarlo si no estás seguro, o prueba escribir sobre ello en tu diario. Si no es tuyo, déjalo ir utilizando las prácticas de conectar con la Tierra y de limpieza que aprendiste en el capítulo 2.

El sentido psíquico del sentir es poderoso y muy útil. Suele ser el sentido psíquico principal para los empáticos. Si eres un empático, tus emociones son tu superpoder pues te proporcionan la capacidad de leer los estados emocionales de otras personas. Te insto a que no ignores este sentido psíquico por creer que es menos importante que cualquiera de los otros.

Mi amiga Amy es una de las sanadoras más poderosas que conozco. Esto es lo que dijo sobre cuánto le costó darse cuenta de cuán psíquica era en realidad.

LA HISTORIA DE AMY: *Nunca me consideré una psíquica. Y, para ser sincera, ni siquiera pensaba que era una psíquica cuando empecé a trabajar como sanadora energética. Siempre me sentí mal secretamente respecto a esa parte de mí, porque no suelo ver cosas como lo hace la mayoría de psíquicos y sanadores. Nunca olvidaré el momento, hace muchos años, cuando me enteré de que simplemente proceso el mundo de una manera distinta a los demás y que mi capacidad de sentir todo muy profundamente me permite percibir, sentir y saber cosas de las que otras personas ni siquiera son conscientes –y así es como recibo la información psíquica.*

Durante la mayor parte de mi vida, todo esto hizo que me sintiera como si estuviera loca. Hizo falta mucho trabajo interior para aceptar esa parte de mí, ya que, debido a ella, había sufrido el rechazo de muchas personas durante mucho tiempo. Como consecuencia de ello, yo rechazaba esas partes de mí misma. Pude ver que realmente era una psíquica y que toda esa sensibilidad era un don que tenía como finalidad ayudar a los demás. Entonces me di cuenta de que mi capacidad de sentir las cosas profundamente no era la maldición que yo había creído que era, sino que en realidad era mi mayor don espiritual. Mi vida finalmente empezó a tener sentido cuando por primera vez todo encajó.

Para sacar provecho de este sentido psíquico, tenemos que volver a entrenarnos, para prestar atención a nuestros estados emocionales y valorarlos. Si quieres expandir este sentido psíquico, comprométete con la práctica diaria de monitorear y expresar tus sentimientos, de manera que siempre estés prestando atención a cómo te sientes.

Consejos para la práctica de la clarisentencia

Para poder diferenciar los sentimientos verdaderos, o del alma, de los sentimientos reactivos, tenemos que prestar mucha atención a nuestros propios sentimientos con regularidad. Hacer un seguimiento de nuestros sentimientos a diario puede ayudarnos a aprender a distinguir los verdaderos sentimientos del alma de los impulsivos sentimientos reactivos. Cuando hacemos esto, podemos ver qué mensajes nos están enviando nuestros sentimientos verdaderos.

- Llevar un diario y practicar la meditación son maneras fáciles y efectivas de prestar atención a tus sentimientos y ordenarlos.
- Prueba modalidades de sanación como el Reiki o el EFT («técnica de libertad emocional», en sus siglas en inglés). Puedes practicar Reiki contigo mismo para ayudar a procesar tus sentimientos.
- Si tienes muchos sentimientos reactivos debido a algún trauma emocional, acude a una terapia y haz un trabajo de sanación de traumas con un profesional.
- Si eres una persona empática, practica los ejercicios diarios de manejo de la energía para conectar con la Tierra, limpiarte y protegerte.

Ahora que ya hemos explorado a fondo el sentido psíquico del sentir o la clarisentencia, vamos a pasar al sentido psíquico de saber, también conocido como clariconciencia.

Clariconciencia – El sentido de saber

Si alguna vez te has dicho: «No sé por qué lo sé, ¡simplemente lo sé!», entonces tienes este sentido psíquico. Si es así, felicitaciones, ya que es un sentido psíquico muy exacto, útil, y altamente fiable. Es algo que sentimos en nuestras entrañas, un conocimiento interior que en ocasiones desafía a nuestro conocimiento mental. Antiguamente se le llamaba «intuición materna», y muchos de nosotros sabíamos que no podíamos engañar a nuestras madres, que parecían tener algún conocimiento psíquico, como el Oráculo de Delfos. Nuestras madres sabían cuándo habíamos mentido sobre el lavado de los dientes, cuando nos saltábamos los ensayos de la banda para fumar en el bosque con nuestros amigos, o cuando dejábamos que el perro se comiera nuestros deberes a propósito.

El sentido psíquico del saber surge de nuestras entrañas y muchas personas dicen sentir unas sensaciones fuertes en el vientre cuando reciben mensajes psíquicos a través de este canal. Una gran parte de este sentido psíquico se basa en una especie de evaluación de amenazas. Muchas personas, especialmente si tienen un poco de espíritu guerrero, tienen unas antenas energéticas que salen de su plexo solar, como una especie de sonar psíquico. Así es como ellos (y nosotros) «leen la habitación» y a todas las personas que hay en ella. Este sentido psíquico de saber está buscando personas peligrosas y tiende a categorizar a las personas como buenas, malas y neutrales en los diez segundos posteriores a conocerlas.

Es muy interesante que actualmente los médicos estén diciendo que el intestino es el «segundo cerebro», porque los estudios sugieren que nuestra intuición tiene una presencia real y medible en nuestros intestinos. El intestino está revestido con una red de millones de neuronas en un sistema llamado el «sistema nervioso entérico». El intestino tiene más neuronas que la columna vertebral, y este estudio nos ayuda a entender por qué realmente pensamos con el intestino.

Éstas son las otras características de ser clariconsciente:

- Sientes las cosas en tus entrañas, al estilo de «Simplemente lo sé».
- Es posible que sepas cosas y no estés muy seguro de por qué o cómo las sabes. Una de mis amigas podía ganar a todo el mundo jugando al *Trivial*, y a menudo no sabía cómo era que sabía las cosas.
- Eres excelente juzgando el carácter de las personas y sabes cuándo están mintiendo o no están siendo auténticas.
- Puedes escanear una habitación subconscientemente, en busca de peligros o para saber quién necesita ayuda.
- Tu información psíquica suele venir en forma de corazonadas o impulsos.

- Eres una persona práctica y tienes un gran sentido común.
- Eres muy bueno resolviendo problemas y lo haces de una forma práctica, en la que las respuestas simplemente te vienen a la mente cuando ves cómo encajan las cosas.
- Tienes una forma de pensar estratégica y lógica, casi como un jugador de ajedrez, y puedes prever muchas cosas.
- Sabes cosas mucho antes de que ocurran y, por lo tanto, es sumamente difícil sorprenderte.

Si descubres que tienes un don natural para esto, entonces felicitaciones. La clariconciencia es un sentido psíquico muy sólido, práctico y fiable.

Tu instinto vs. tu mente

Para la mayoría de la gente que tiene una fuerte clariconciencia, lo más difícil es la continua discusión entre la mente y el instinto. Ambas tienen una cierta lógica, pero pueden ver las cosas de formas completamente distintas y estar en sintonía con diferentes maneras de experimentar el mundo. Tu mente experimenta el mundo de una forma que se basa en tus creencias, tu condicionamiento social y tus ideologías, mientras que tu instinto puede pasar por alto todo eso y tener un juicio muy directo e inmediato.

Por ejemplo, tu mente podría creer que las «personas buenas» intentan que todo el mundo les caiga bien, así que no vas a hacer evaluaciones rápidas acerca de las personas o situaciones. Sin embargo, es posible que tu instinto haga un juicio rápido acerca de una persona que acabas de conocer, ya que ése es uno de los poderes de las personas clariconscientes. Esto puede significar que nuestra mente y nuestro instinto discutan frecuentemente acerca de lo que en realidad está ocurriendo.

Éste es un ejemplo de lo que suele suceder en este conflicto de instinto vs. mente cuando conoces a una persona:

Tu mente: Es una persona agradable. Me alegro de haberla conocido.
Tu instinto: ¿En serio? No me fío de ella. De hecho, me da mala espina. Tiene una energía extraña y desagradable. Hay algo en ella que no me gusta.

Tu mente: ¿Qué pasa contigo? A todo el mundo le cae bien. Vamos a darle una oportunidad.

Tu instinto: De acuerdo, pero cuando todo vaya mal, te diré: «Te lo dije…».

Todos hemos tenido esta conversación interior y sabemos lo que ocurre cuando no confiamos en nuestro instinto. Nuestra mente no es muy psíquica y nuestra parte analítica no es capaz de captar todas las pistas sutiles que le permiten a nuestro instinto conocer la verdad.

Consejos para la práctica de la claricogniciencia

Lo primero que podemos hacer para abrir nuestro sentido psíquico de saber es prestar atención cuando sentimos esa sensación.

Aquí dejo otros consejos:

- Anota tus impresiones en tu diario, para no olvidarlas. Es posible que sepas que algo va a suceder un lunes y luego, a menos que lo anotes en alguna parte, lo olvides por completo. Cuando ocurra unos días más tarde, puedes ponerte una medalla psíquica por haber sabido que iba a ocurrir. Registrar tus impresiones en tu diario te entrena para prestar atención y recordar tu saber interior.
- Aprende a confiar en tu instinto, recordando que si lo que estás sintiendo es ansiedad, la sensación va a ser desagradable, como ocurre con todos los sentimientos reactivos. Una verdadera percepción intuitiva es neutral, incluso cuando es acerca de algo intenso.
- Al prestar atención a tu saber interior, pronto aprenderás a conocer la diferencia entre tu mente y tu instinto.
- Actúa en base a tu saber interior, al menos la mayor parte del tiempo. Saber algo y luego no actuar en consecuencia es una manera segura de hacer que esta habilidad psíquica deje de funcionar. Esto no significa que tengas que llevar a cabo todo lo que recibas, pero en la mayoría de los casos es una buena manera de demostrar con tus acciones que confías en tus impresiones.
- Presta atención a tu sentido de integridad. Tu brújula moral está estrechamente conectada con tu conocimiento instintivo. Tu instinto te dirá si te has alejado de tu propia integridad y hará sonar las

alarmas constantemente para ayudarte a observar y alinearte con tu integridad. Si actúas continuamente en contra de tu propia integridad, tu saber interior dejará de funcionar.

La intuición: el cuerpo, el sentimiento y el saber se unen

Nuestra intuición está compuesta de estos tres sentidos psíquicos (el sentido corporal, el sentido del sentir y el sentido del saber) cuando se juntan. El sentido del saber es como el cerebro de nuestro intestino, y organiza el sentido psíquico corporal y nuestro sentido del sentir convirtiéndolos en un saber similar a un láser. Dado que constituyen la columna vertebral de nuestra intuición, muchas personas tienen estos tres sentidos psíquicos. Si entras en esa categoría, entonces es realmente importante que te fijes cuándo estos tres sentidos psíquicos están de acuerdo. Es una señal inequívoca de que tu intuición está activa. En esos casos, puedes estar seguro de que tus percepciones intuitivas son correctas. Si todavía no tienes un conjunto de sentidos plenamente activado, es fácil desarrollarlos.

CONSEJO PSÍQUICO: *Respira para activar tu intuición*

Para sintonizar con tu saber instintivo, relaja tu diafragma y ralentiza tu respiración. Cuando tensamos el diafragma y respiramos de una forma superficial desde la parte superior del pecho, tendemos a desconectar de nuestra intuición y nuestro saber profundo. Así es como respiramos cuando nos sentimos emocionalmente reactivos. Prueba de realizar algunas respiraciones para centrarte, relajar tu vientre y dejar que tu respiración se haga más profunda y descienda hasta la parte inferior del vientre. Luego, sintoniza con lo que tu instinto te está diciendo.

A continuación, vamos a explorar dos de los sentidos psíquicos más extraños, el del olfato y el del gusto. Quizás nunca hayas oído hablar del clariolfato y el clarigusto, pero es importante que sepas que existen y cómo se manifiestan.

Clariolfato y clarigusto: los sentidos del olfato y el gusto

Estas habilidades son un poco menos comunes que las otras de las que hemos estado hablando, pero son fascinantes y vale la pena comentarlas. Se trata de la habilidad de percibir olores (*clariolfato*) y sabores (*clarigusto*) que no tienen un origen físico, sino que emanan del mundo espiritual. Podrías experimentar, por ejemplo, el aroma de un perfume, de unas flores o del humo de un cigarrillo.

Conectamos con estos sentidos psíquicos del olfato y el gusto porque suelen estar conectados a nuestros sentidos psíquicos. Una de mis clientas, por ejemplo, tenía una fuerte conexión con su abuela, a quien le encantaba cocinar para su familia, y cada vez que el espíritu de su querida abuela estaba cerca, ella podía oler y saborear las galletas italianas llamadas *pizzelles*.

En mi caso, sentí el olor de humo de madera y el sabor de las cenizas en una casa nueva que había sido construida sobre una casa que se había quemado cincuenta años atrás. Fue como si la impronta psíquica del fuego aún estuviera ahí, y el olor y el sabor eran parte de esa impronta.

Nuestro sentido del olfato está estrechamente relacionado con nuestra memoria, y en ocasiones los olores pueden hacernos retroceder en el tiempo como ninguna otra cosa podría hacerlo. El espíritu de mi abuela no me visita mucho, pero cuando lo hace, siempre sé que está ahí, porque puedo oler el interior de su bolso. Huele a lavanda, a chicle de menta, a dinero y al perfume que solía usar. No hay ningún otro olor como ese, y cada vez que lo huelo, me lleva de vuelta a tiempos pasados. Sé que es ella por ese olor.

Este sentido psíquico suelen tenerlo las personas con habilidades, como los médiums. Los médiums son psíquicos que se especializan en comunicarse con personas que han fallecido. Muchos médiums dicen saber que un espíritu está cerca de ellos porque, repentinamente, pueden oler y saborear algo, y ésta puede ser una señal poderosa e inequívoca para las personas vivas de que su ser querido fallecido realmente está presente.

Mi amiga Rosario es una médium poderosa y popular. Ella me contó lo siguiente sobre una sesión que hizo recientemente:

LA HISTORIA DE ROSARIO: *Recientemente hice una sesión como médium para una familia numerosa que había perdido a su padre. Había sido el patriarca de un clan muy grande y había muerto repentinamente, sin dejar testamento. Entre los miembros de su familia había una gran tensión y aproximadamente diez de ellos acudieron a mi consultorio.*

Había una disputa por el dinero y unas propiedades, y sobre cómo debían ser honrados sus restos. Todos estaban discutiendo cuando, de repente, todos pudimos sentir un olor muy fuerte a humo de puro, a whisky y a colonia Old Spice. Fue algo tan claro, tan penetrante, que todos dejaron de hablar a la vez. Era papá, no cabía ninguna duda, y tenía unos mensajes muy directos que transmitir, en español, una lengua que afortunadamente hablo bastante bien.

Esa fue una señal tan clara de que él estaba presente que acabó con la discordia y silenció a los escépticos, que a partir de ese momento no tuvieron ninguna duda de que se trataba realmente de él. El olor era tan denso que tuvimos que abrir una ventana, y permaneció ahí durante un rato después de que la familia se hubiera marchado. Eso hizo que la sesión fuera mucho más fácil para mí, ya que todos empezaron a prestar atención a los deseos del patriarca, y yo sentí que estaba complacido con el resultado.

En ocasiones nuestros espíritus guías nos hacen saber que están cerca a través de olores. Se dice que algunos santos como la Virgen María y Santa Teresa de Lisieux se anuncian con la fragancia de rosas. Y los místicos a lo largo de los siglos han relatado que los ángeles, los santos y otros seres realizados traen consigo en sus visitas un perfume hermoso e indescriptible llamado el *olor de santidad*. También hay algunas entidades negativas que anuncian su presencia con olores como humedad, suciedad y putrefacción, es el clásico olor a cementerio, e incluso olores más desagradables.

Algunos psíquicos dicen ser capaces de oler las energías también. Éste es un tipo de *sinestesia* en la que nuestros sentidos se combinan. Con la sinestesia, las personas pueden, por ejemplo, oír o incluso oler colores. Conozco sanadores que pueden oler el cáncer en una persona. Estudios científicos recientes han documentado que los perros pueden oler fácilmente el cáncer porque realmente tiene un aroma distintivo. Como psíquico, también puedes decir algo como que «hueles a rata» o que algo «huele mal» cuando estás captando una energía con este sentido psíquico.

Si has tenido experiencias como las que enumeraré a continuación, bien podrías tener los sentidos psíquicos del gusto y el olfato:

- Tienes un sentido del gusto y del olfato muy sensible.
- Hueles o sientes el sabor de algo que no está ahí, especialmente durante la visita del espíritu de un ser querido.
- Esta combinación de olor/sabor evoca un fuerte recuerdo que te ayuda a identificar a un espíritu.
- Tienes habilidades latentes como médium y puedes conectar con los espíritus de los muertos.
- Puedes oler cuando se avecina un problema o cuando el viento sopla a tu favor.

Me encanta esta pareja de sentidos, y te animo a que le prestes atención mientras avanzamos a través de los ejercicios de este libro para ver si tú también la posees. Estoy convencida de que cualquier percepción psíquica que tengamos crecerá y será más exacta si le prestamos atención y con la práctica persistente, así que tratemos de impulsar estos dos encantadores sentidos psíquicos.

A continuación, veremos el sentido de la audición.

Clariaudiencia – El sentido auditivo

La clariaudiencia es la capacidad de oír información psíquica. Aunque a veces esto ocurre con nuestros oídos físicos, lo más probable es que ocurra con nuestros oídos psíquicos. El sentido psíquico auditivo es muy común y además es sumamente útil cuando aprendemos a dominarlo. Puede despertar un cierto temor en las personas que lo tienen, ya que en el pasado oír voces en tu cabeza podía hacer que acabaras en un hospital psiquiátrico. Las personas que son clariaudientes son estudiantes auditivos, tienen una audición aguda y a menudo se sienten muy atraídos por la música. ¡Los clariaudientes son excelentes psíquicos telefónicos!

Tienes el don de la clariaudiencia si…

- tienes un sentido de la audición muy agudo y una mente lógica;
- te encanta la música, ya sea escucharla o tocar algún instrumento;
- te expresas fácilmente hablando y sabes escuchar;
- eres consciente de tu voz interior y sueles hablar contigo mismo en tu cabeza;
- en ocasiones dices algo genial que no es propio de ti;
- oyes pasos u otros ruidos cuando no hay nadie cerca;
- oyes un pitido o un zumbido en tus oídos;
- realmente puedes conectar con las personas hablándoles, incluso por teléfono.

La voz interior vs. la clariaudiencia

La parte más difícil de esta habilidad psíquica es aprender a diferenciar tu propia voz interior de las voces de tus guías. Puesto que yo siempre he sido consciente de mi voz interior, me asombré al enterarme de que no todo el mundo tiene una. Escuchar a tu voz interior y hablar con ella es como tener una conversación constante contigo mismo en tu cabeza. Para mí, la voz interior es la que habla en círculos y tiene un guion bastante predecible.

La mía suena un poco así: «Veamos, si acabo este capítulo al final de la tarde tendré tiempo para ir a cenar a mi restaurante favorito. Espera… ¿abren los lunes? No me acuerdo. Pero seguramente mi hermana lo sabe. ¿Debería enviarle un mensaje de texto o simplemente lo averiguo en Internet?». A veces es algo así de banal. Y en ocasiones es algo profundo y perspicaz. Tanto si es banal como si es perspicaz, esa voz interior es bastante constante.

Cuando era joven y estaba estudiando con una de mis primeras maestras psíquicas, ella nos hizo hacer un ejercicio para ver si podíamos monitorear este monólogo interior. El ejercicio requería que nos detuviéramos y observáramos la voz interior a lo largo del día. Llevamos un registro de nuestras conversaciones interiores en un diario durante una o dos semanas. Durante este tiempo, empecé a notar que a veces la voz en mi cabeza tenía una cualidad distinta. Tomé conciencia del patrón que tenía en mis conversaciones interiores, que era un bucle y era bastante circular, como una corriente serpenteante de conciencia. Por otro lado, la otra voz, la voz de mi guía, era fuerte, directiva e iba bastante al grano. Cuando esa voz aparece, corta mi parloteo interior; de hecho, es bastante mandona. Mis guías suelen cortar mi propia palabrería interior con un mensaje muy importante para mí:

«Presta atención ahora; está ocurriendo algo importante».

«No hables, sólo escucha».

O, en una ocasión, cuando estaba discutiendo con mi pareja:

«Él tiene razón. Trágate tu orgullo e intenta ver su punto de vista».

Supe que ésa no era mi voz, ¡porque yo creía tener la razón! Con el tiempo he llegado a confiar plenamente en esta otra voz. Incluso si a veces la verdad me duele, aprecio que me recuerden estas cosas y me hagan ver una perspectiva distinta. A menudo, la voz de nuestros guías tiene una cualidad sonora distinta a la nuestra. Puede ser más profunda, más fuerte, más suave y melódica que la nuestra, así que literalmente suena distinta a nuestra propia voz interior. Uno de mis alumnos tiene un guía que le habla en rimas y otra tiene un guía con un fuerte acento irlandés que ella no es capaz de replicar.

Canalizar

Algunos psíquicos son *canalizadores* –tienen la capacidad de transmitir, hablando o escribiendo, mensajes que provienen directamente de sus guías. Si eres un canalizador, ésa es una parte importante de tu propósito de vida y normalmente se trata de un acuerdo entre tus guías y tú. Este tipo de psíquicos siempre tienen a la clariaudiencia como una de sus habilidades psíquicas más fuertes. Esther Hicks, Edgar Cayce, Paul Selig, Lee Harris y muchos otros psíquicos famosos dicen ser un instrumento a través del cual los seres espirituales hablan con el propósito de transmitir información al público o a clientes individuales. Esto se puede relacionar con la idea de la musa que muchos escritores, poetas y músicos dicen que es su fuente de inspiración e impulsa su creatividad.

Jaslene es una dulce terapeuta de Reiki a la cual conocí en una de mis clases de esta técnica. Tiene un corazón amoroso y compasivo, y es una terapeuta de Reiki muy exitosa que, además, se ofrece como voluntaria para dar sesiones en residencias de ancianos y hospitales, y siempre que la veo tiene un gran ángel azul detrás de ella. Jaslene me dijo que su ángel se comunica con ella mediante sus sentidos psíquicos del sentir y de la audición.

LA HISTORIA DE JASLENE: *Simplemente tengo la sensación de que debo ir a alguna parte, y no sé por qué. El otro día me encontraba en el hospital y sentí que debía ir a la cafetería y pedir una taza de té. En realidad no me apetecía, pero me dejé llevar.*

Cuando me encontraba ahí, vi a una chica joven llorando en la cola para pagar. No tenía suficiente dinero para su almuerzo, así que yo lo hice por ella y hablamos un rato. Resultó que su madre había fallecido recientemente y se sentía perdida, como si quizás no valiera la pena seguir viviendo. Charlamos un poco y luego sentí un hormigueo en la garganta y en el corazón. Cuando siento eso, sé que el ángel quiere decir algo a través de mí, así que dije algunas cosas que la chica necesitaba oír. Sé que ése fue mi ángel dirigiéndome, para que fuera a donde debía estar y dijera lo que debía decir.

Jaslene es una inspiración. Es un ejemplo de lo que puede ocurrir cuando confiamos en nuestra orientación y permitimos que el don de la clariaudiencia trabaje a través de nosotros.

CONSEJO PSÍQUICO: *Escritura automática*

Ésta es una manera estupenda de desarrollar el don de la clariaudiencia. Para hacerlo, puedes escribir a mano o en tu ordenador. Empieza haciendo una meditación para conectar con la Tierra, limpiarte y protegerte. También puedes convocar a guías específicos, si sabes con quién deseas conectar. Escribe una pregunta y luego escribe la respuesta, sin pensar demasiado en ella. Si te relajas y te dejas llevar, ésta es una gran manera de desarrollar tu clariaudiencia, ya que pronto empezarás a oír las voces de tus guías.

A continuación, veremos la clarividencia, el sentido psíquico visual. Tener este sentido psíquico es difícil porque existen muchos mitos en torno a él, debido a lo que vemos en los medios de comunicación acerca de los psíquicos. Pongámonos manos a la obra y descubramos la verdad sobre este sentido psíquico.

Clarividencia: el sentido visual

La *clarividencia* es la capacidad de ver y visualizar los mundos no ordinarios y no físicos. Los clarividentes lo perciben visualmente, por lo general viendo cosas con la visión interior, psíquica, pero en ocasiones también ven cosas con sus ojos físicos. Para la mayoría de los psíquicos visuales es como ver una película en sus mentes. Esto puede ocurrir en cualquier momento, incluso cuando están meditando o soñando despiertos. Muchos clarividentes ven por el rabillo del ojo. Nuestra visión periférica es la que está más consciente psíquicamente. Cuando vemos las cosas de una forma directa, es más probable que estemos en una onda cerebral Beta, de manera que la información va hacia nuestra mente cognitiva. En contraste, somos más capaces de ver los mundos no ordinarios cuando utilizamos la visión periférica. Es posible que veamos seres espirituales, energía alrededor de personas y lugares, así como el pasado y el futuro. Tenemos la habilidad de verlo todo, lo bueno y lo malo, y ver cosas hace que sea mucho más real.

Ésta es una habilidad psíquica fascinante y, en ocasiones, desafiante. Aquí te dejo algunas maneras de saber si la tienes:

- Tienes una poderosa imaginación y la capacidad de visualizar fácilmente.
- Tienes sueños vívidos y te resulta fácil recordarlos. Es posible que incluso tengas sueños lúcidos, que es cuando somos conscientes de que estamos soñando mientras estamos dormidos.
- En ocasiones ves algo por el rabillo del ojo y, cuando te giras para mirarlo directamente, ya no está ahí.
- Ves energías y colores alrededor de las personas o incluso de los objetos. Pueden ser estallidos y destellos de luz, parches de color o una distorsión resplandeciente similar a la del calor.
- La información psíquica te llega en forma de destellos de una visión o como una película en tu mente.
- Cuando los espíritus están cerca de ti, los ves en tu mente o incluso como si fueran físicos.
- Tienes un profundo amor por las artes visuales.

Los psíquicos visuales suelen recibir su información en sueños. En el capítulo 4 hablaremos sobre cómo trabajar con nuestros sueños.

La visión psíquica es una espada de doble filo. Aunque es uno de los sentidos psíquicos más infrecuentes, los medios de comunicación nos dicen que es el *único* tipo de experiencia psíquica que existe. Esto hace que muchas personas altamente psíquicas desechen sus propios dones porque no son psíquicos visuales. Por algún motivo, la clarividencia se ha convertido en sinónimo de ser psíquico.

Y, sin embargo, la mayoría de la gente que tiene un don visual poderoso lucha contra él, porque no es fácil tenerlo. Mis clases de desarrollo psíquico están llenas de personas que están buscando la manera de apagarlo, igual que hacía yo cuando era más joven.

Ver la verdad

Ser clarividente es algo más que tener visiones psíquicas. Una gran parte de este don es la habilidad de ver lo que es real, de ver la verdad. Permíteme definir lo que quiero decir cuando utilizo el término «real». Cuando nuestro tercer ojo está abierto, se supone que debe captar la realidad, ver lo que realmente está en el mundo, y observarlo sin inventar cosas, o viendo las cosas a través de los filtros de nuestra mente.

Lo que la mayoría de la gente hace es tomar las historias que están en su cabeza y luego proyectarlas en el mundo. Como resultado de ello, están percibiendo una versión de la realidad basada en sus propias creencias, ideas y juicios, la mayoría de los cuales surgen de su programación inconsciente. Ven el mundo a través de una serie de filtros que deciden cómo será su experiencia y, sin embargo, piensan que es «real». Por ejemplo, es posible que creas que te han dicho quiénes son los «buenos» y los «malos» en base a características de esas personas, como, por ejemplo, cómo viven, qué aspecto tienen y cuánto dinero ganan.

Las personas clarividentes tienden a ver más allá de la superficie y a observar los niveles más profundos de la realidad, como, por ejemplo, el corazón y el alma de una persona, por encima de su apariencia.

Los verdaderos clarividentes ven el mundo con muchos menos filtros. Es algo semejante al cuento de «El traje nuevo del emperador»: sólo hay una persona en la muchedumbre capaz de ver y reconocer la realidad de que el emperador está desnudo. Ve la realidad, pero todos creen que está loca. Ésta es la parte realmente difícil de ser clarividente. En una sala en la que hay cien personas, podrías ser la única que ve la verdad, de manera que es una experiencia muy solitaria. Los verdaderos clarividentes dicen cosas así cuando ven los embustes en la oficina o en sus propias familias: «¿Cómo es posible que yo sea la única persona que se está dando cuenta de esto?».

Con frecuencia, esta persona es rechazada o desacreditada por los demás, y esto puede ser difícil si decides decir las verdades que estás viendo. Los clarividentes tienden a hacer que algunas personas se sientan incómodas porque pueden ver a través de las fachadas que proyectan. A menudo pienso en Dorothy de *El mago de Oz*, quien es un excelente ejemplo de una clarividente. Ella es capaz de ver la verdad de quiénes son todos en realidad, especialmente cuando, en la película, llega el momento de «¡No mires al hombre que está detrás de la cortina!». Los clarividentes siempre ven al hombre que hay detrás de la cortina.

Si tienes este aspecto de la habilidad psíquica visual, es importante que aprendas discernimiento. Utilizar tu intuición puede ayudarte a decidir cuándo, dónde y cómo decir tu verdad.

Lo importante aquí es que la clarividencia tiene dos aspectos. Uno es la habilidad de ver visiones, espíritus y energía como nuestro sentido psíquico principal. Y la otra es la capacidad de ver la verdad, no tanto desde el punto de vista de una visión psíquica, sino ver la verdad dentro de las ilusiones que muchas personas presentan. Y, aunque éste es un sentido psíquico poderoso, no siempre es el más fácil.

Ahora vamos a hablar de lo que realmente es el tercer ojo, y luego aprenderemos a abrirlo aún más.

El tercer ojo y la glándula pineal

La habilidad psíquica visual suele ser llamada *el tercer ojo*, un nombre bastante acertado. Este concepto del tercer ojo está asociado a tu glándula pineal, la cual es una pequeña glándula endocrina que tiene la forma de una almendra y está ubicada en el centro de tu cerebro, detrás de tu frente. Esta glándula produce melatonina y ayuda a regular el ciclo del sueño. Además, produce DMT, la cual es responsable de algunas de nuestras experiencias espirituales cumbre, incluyendo las visiones psíquicas. Curiosamente, la glándula pineal también está llena de nervios ópticos, de manera que realmente es como otro ojo.

CONSEJOS PARA ABRIR LA GLÁNDULA PINEAL

Hay muchas cosas que se pueden hacer para abrir y activar la glándula pineal. Éstas son algunas de ellas:

- La meditación es la mejor. Trata de llevar tu respiración desde la base de la columna vertebral hasta el centro de tu frente.
- Pasa tiempo al Sol sin gafas de Sol; la luz solar es una potente fuerza activadora de la glándula pineal. (Pero, por favor, no mi-

---

res directamente al Sol, porque puedes dañarte la vista). Minimiza tu exposición a sustancias químicas como el cloro, el flúor y el bromo, las cuales cierran la glándula pineal. El flúor es un ingrediente habitual en la pasta de dientes, y se puede encontrar estas tres sustancias químicas en el agua del grifo.

- El sándalo es magnífico para abrir esta glándula. El incienso o el aceite esencial de sándalo aplicado en la frente puede abrir la glándula, o también puedes probar quemar incienso de sándalo cuando medites.
- Los cristales como la amatista y la sodalita también ayudan. Dormir con un cristal de amatista debajo de la almohada puede ayudarte a recordar tus sueños y a tener más sueños psíquicos. También puede contemplar un cristal de amatista o sostenerlo en la mano cuando medites, para ayudarte a abrir tu visión psíquica.

Los místicos saben desde hace mucho tiempo que estimular esta glándula a través de la meditación y las prácticas espirituales nos abre a tener más experiencias psíquicas y espirituales, de manera que esta parte de nuestro cerebro ha sido llamado «el asiento del alma». Cuando abrimos y activamos la glándula pineal, podemos aumentar nuestra visión psíquica.

Muchos psíquicos visuales se quejan de que se sienten abrumados y excesivamente estimulados por este sentido psíquico. No se trata tanto de tratar de abrirlo como de cerrarlo cuando ya has tenido suficiente. Debemos ser cuidadosos acerca de a qué estimulación visual nos sometemos. Las películas de terror o las series de televisión en las que hay una violencia excesiva pueden cerrar nuestros circuitos, así que, por favor, si tienes este sentido psíquico, sé cuidadoso con lo que consumes visualmente. Podrías considerar ponerte en una dieta estricta de medios de comunicación. Pasar tiempo en la naturaleza o en un museo contemplando la belleza puede ser un magnífico antídoto para todas esas cosas terribles que acabamos viendo en el mundo.

CONSEJO PSÍQUICO: *Limpia tu tercer ojo*

Si tu sentido psíquico visual está excesivamente abierto y necesitas cerrarlo, prueba de poner tu mano sobre tu frente y respirar profundamente. Espira cualquier imagen a la que te estés aferrando y hazla descender por la cuerda de conexión. Envía energía desde la palma de tu mano hasta tu tercer ojo para calmarlo y aliviarlo. Di para ti que está bien cerrar temporalmente tu visión psíquica para poder relajarte. Dite: «Ahora cálmate, despéjate y relájate...».

A continuación, vamos a ver las especialidades de la mediumnidad y la precognición. No son exactamente sentidos psíquicos, pero son unos dones psíquicos potentes que pueden experimentarse a través de cualquiera de nuestros sentidos psíquicos.

La habilidad psíquica de la mediumnidad

Los *médiums* son psíquicos que se especializan en comunicarse con los espíritus de las personas que han fallecido. Estas percepciones pueden llegar a través de cualquiera de tus canales psíquicos abiertos, de manera que algunas personas pueden ver a los muertos, oírlos, sentirlos, presentirlos o simplemente saber que están ahí. Algunas personas utilizan las palabras «psíquico» y «médium» indistintamente, pero la mediumnidad es realmente una parte del término «psíquico», que es más amplio. Conozco a muchos psíquicos que no son médiums y también a algunos médiums que no tienen ninguna otra habilidad psíquica.

Visitar a un médium es una experiencia increíblemente sanadora para las personas que han perdido a un ser querido. Los médiums pueden ayudarnos a hacer un cierre al transmitir mensajes entre los vivos y los muertos, y luego ayudan a las almas de los que se han marchado a hacer su transición hacia el otro lado, lo cual no siempre es fácil. En ocasiones, estas almas se quedan estancadas y no pueden pasar al otro lado, y eso es lo que llamaríamos «fantasmas». Los médiums también ayudan a los vivos a procesar su pérdida. En algunas ocasiones este don es algo con lo que naces, y en otras llega como resultado de un trauma, como, por ejemplo, una contusión o una experiencia cercana a la muerte.

Todo esto requiere de un entrenamiento especializado, pero es un don que vale la pena cultivar si te sientes llamado a hacerlo. Es un don hermoso y necesario y, si lo tienes, quiero que dediques unos minutos a honrarte y darte las gracias por el trabajo que estás haciendo en el mundo. Es muy posible que tengas el don de la mediumnidad si...

- percibes a tu alrededor la presencia de personas que han fallecido;
- sientes que eres un imán para los fantasmas, que atraes espíritus dondequiera que vayas;
- presientes que alguien va a morir antes de que ocurra;
- te atrae trabajar con las personas en el momento de su nacimiento o de su muerte.

En el capítulo 9 hablaremos de este tema tan fascinante. Entre otras cosas, exploraremos lo que ocurre cuando uno muere, por qué algunas personas se quedan atascadas y cómo ayudar a alguien a pasar al otro lado.

Precognición: Percibir el futuro

La *precognición*, también conocida como *previsión*, es la capacidad de presentir el futuro y, al igual que la mediumnidad, podemos percibir esto a través de cualquiera de nuestros canales abiertos. Éste es uno de los dones más comunes y muchas personas dicen tener el conocimiento previo de un evento.

La mejor analogía que tengo para esto es imaginar que somos como una araña en el centro de una telaraña. Esa telaraña se extiende a nuestro alrededor, incluyendo el pasado y el futuro. Cuando algo importante está a punto de ocurrir, le hace cosquillas al borde exterior de la telaraña y lo sentimos antes de que ocurra. Y es el motivo por el cual en ocasiones las personas llaman a este don el «sentido de la araña».

Si me permites hacer una analogía con *La guerra de las galaxias,* diría que ciertos eventos crean un tipo de perturbación en la fuerza. La muerte o el nacimiento inminentes de una persona de nuestro círculo es una de las experiencias de precognición más comunes. La *visita del lecho de muerte* es la experiencia psíquica más reportada. Esto es cuando alguien que ha fallecido muy recientemente hace una visita a sus seres queridos para despedirse. Es posible que lo veamos en sueños, pero también puede ser que simplemente lo sepamos, o que despertemos en medio de la noche y percibamos a nuestro ser querido en nuestra habitación y luego nos enteremos que ha fallecido.

CONSEJO PSÍQUICO: *Percibir y experimentar vs. «ver»*

De ahora en adelante quiero invitarte a que cambies tu vocabulario. Aléjate de la idea de «ver» cosas, y abraza la idea de «percibir» o «experimentar» fenómenos psíquicos. A medida que vayamos avanzando por los ejercicios en este libro, es posible que percibas muchísimas cosas y las deseches si no las estás viendo. En ocasiones, los alumnos de mi clase de desarrollo psíquico dicen: «¡No vi nada!», pero si les pregunto: «Bueno, ¿qué experimentaste?», repentinamente tiene mucho que contar. Las palabras «percibir» y «experimentar» nos abren para que examinemos nuestros diferentes sentidos psíquicos.

Delirios vs. experiencias psíquicas

¿Cómo podemos saber la diferencia entre una verdadera impresión psíquica y un delirio? Siempre digo que sólo hay unas pocas letras que diferencian «psíquico» de «psicótico», y puede ser una distinción muy difícil de hacer. Las personas altamente psíquicas que tienen traumas no sanados y/o problemas de salud mental pueden experimentar impresiones psíquicas a través del lente de sus problemas de salud mental, lo cual distorsiona las impresiones psíquicas y las convierte en delirios.

Podemos pensar que nuestras experiencias psíquicas llegan a través de nuestro tercer ojo. Cuando ese lente está roto a causa de un problema de salud mental o por un trauma no sanado, es posible que veamos a nuestros ángeles como demonios o proyectemos nuestro trauma al mundo en forma de una psicosis.

Es importante que nos demos cuenta de que, si oímos voces y vemos cosas, es posible que se trate de una impresión psíquica, pero también podría ser señal de que hay una enfermedad mental. La gran diferencia está en cuánta angustia te provocan esos mensajes y cuánto control tienes sobre ellos.

Si las voces o las visiones son intrusivas, te crean más ansiedad de la que eres capaz de manejar, o te están diciendo que hagas daño a otras personas o a ti mismo, entonces es importante que busques ayuda de un psiquiatra o un médico, o que acudas para recibir una evaluación psiquiátrica.

Las personas que tienen fuertes habilidades psíquicas también tienen la capacidad de controlar sus experiencias psíquicas y moderar sus experiencias con sus espíritus guías. Las personas que están padeciendo una enfermedad mental no son capaces de controlar estas experiencias y pueden caer en el lado oscuro con mucha rapidez.

En ocasiones, las personas en tu vida que dudan de tus dones, o les temen, tratan de decirte que estás delirando cuando en realidad no lo estás. Y a veces te hacen ver que tus experiencias no son normales, ni siquiera para un psíquico. Si sientes que tus experiencias psíquicas están fuera de control, es hora de que busques una segunda opinión de alguien con experiencia y que sea de confianza.

El desarrollo psíquico no está recomendado para las personas que están teniendo problemas de salud mental. Si no estás seguro del estado de tu salud mental, concéntrate en conseguir la ayuda y el apoyo de un experto, y trabaja en las bases del manejo de tu energía antes de continuar con tu desarrollo psíquico.

¿Qué sigue?

Espero que ya tengas una idea sólida de lo que son tus sentidos psíquicos y de cómo desarrollarlos más. A continuación, descubriremos cómo usar los sueños, las señales y los presagios, para ayudarte a ejercitar tus músculos psíquicos y recibir una mayor confirmación de tus impresiones psíquicas.

CAPÍTULO 4

Obtén información de los sueños, las señales y los presagios

Podemos mejorar considerablemente nuestras habilidades psíquicas y divertirnos mucho utilizando herramientas de adivinación, como cartas del oráculo, así como aprendiendo a interpretar nuestros sueños. Nuestro mundo está lleno de señales y presagios que pueden ayudarnos a confirmar nuestros mensajes psíquicos, una vez que hemos aprendido a obtener información psíquica de estas fuentes tan ricas. No obstante, todo esto comienza con nuestra capacidad de entender su simbolismo.

Aprender el lenguaje de los símbolos

Una de las aptitudes más difíciles de alcanzar para los estudiantes psíquicos es la capacidad de descifrar los mensajes psíquicos que reciben. En algunas ocasiones la información psíquica es clara como el agua y en otras llega en el lenguaje críptico de los símbolos y las metáforas. Aunque la mitad de nuestra mente está capacitada para el pensamiento lógico y lineal, las descargas de información psíquica llegan a la otra mitad de la mente, el hemisferio derecho del cerebro, que domina el pensamiento simbólico. Aprender a entender el lenguaje de los símbolos es fundamental, ya que todos los estudiantes psíquicos tendrán la experiencia de recibir un mensaje claro, pero también necesitan ser capaces de descifrar lo que realmente significa.

Cuando era una psíquica joven y novata, tuve una experiencia con una clienta que cambió la forma en que hacía mis lecturas. Me encontraba trabajando en una feria psíquica, haciendo sesiones breves como parte de mi formación como psíquica. Mi clienta era una mujer joven que no tenía ninguna pregunta concreta, sino que simplemente quería saber qué podía captar yo por mi cuenta, y me dijo algo así como «Sólo dime lo que necesito oír hoy».

Ella permaneció sentada en una silla mientras yo me colocaba detrás de ella y apoyaba mis manos sobre sus hombros. Me abrí en ese estado vacío, receptivo y percibí algo que no puede comprender: un cuenco lleno de mandarinas. Fue una percepción sumamente vívida: podía oler las mandarinas y ver su cáscara picada. También podía olerlas —era como si todos mis sentidos estuvieran inundados con la experiencia de las mandarinas. Podía ver la mesa en la que se encontraba el bol de madera que contenía las mandarinas. Sentí el Sol sobre mi piel, pues era un día cálido de verano. Pero también me sentí insoportablemente triste.

Pensé para mí: «¿Qué diablos significa esto? ¿Un bol con mandarinas? No puedo decir esto en voz alta, es una locura. ¿Qué puede significar?». Y, brevemente, me sumergí en la duda, cuestionando lo que estaba viendo, pero la profesora nos había estado animando a que dijéramos lo que percibíamos, sin juzgarlo ni interpretarlo, así que me arriesgué y se lo dije a mi clienta. Incluí todos los detalles y, para mi gran sorpresa, ella se puso a llorar.

«Tenía diez años cuando mi madre murió», me dijo. «Estaba sentada en la mesa de la cocina de mi abuela cuando mi padre entró y me dijo que había fallecido. Había un bol de madera lleno de mandarinas sobre la mesa de la cocina, y recuerdo que tenía una en la mano y la estaba comiendo. Ese recuerdo se me quedó en la mente, el olor y el sabor de las mandarinas mientras los rayos del Sol caían sobre la mesa. Hasta el día de hoy, no puedo ver, ni oler, ni saborear una mandarina sin pensar en ese momento; está grabado en mi memoria».

Las mandarinas no significaban nada para mí como psíquica, pero lo significaban todo para mi clienta. Para ella era la prueba de que su madre estaba con nosotras, porque no era algo que ninguna otra persona pudiera saber. Y fue mucho más allá de «Tu madre está aquí y te ama», que es la típica frase que te dicen en las ferias de psíquicos. Muchos de los mensajes de su madre llegaron después de las mandarinas, pero las mandarinas y mi percepción de ese día eran lo que ella necesitaba oír para saber que su madre estaba presente.

Como psíquicos, necesitamos aprender un nuevo lenguaje: el lenguaje de los símbolos. Quizás recuerdes que en el capítulo 1 dijimos que la mayor parte de la información psíquica que entra por el hemisferio derecho del cerebro, que es la parte más creativa, intuitiva y simbólica, llega en forma de simbolismo, ya que es el lenguaje del hemisferio derecho del cerebro. El lado derecho del cerebro es todo símbolos, imágenes y metáforas, mientras que el lado izquierdo recibe información estructurada, lógica y lineal. Por lo tanto, una habilidad sumamente importante que los psíquicos deben aprender es a interpretar estos mensajes simbólicos. Afortunadamente, ésta es una habilidad que puede ser aprendida, y de eso hablaremos en este capítulo. Tanto si estamos leyendo las cartas del Tarot, como si estamos aprendiendo a encontrar mensajes psíquicos en nuestros sueños, o captando el significado de la gran cantidad de señales y presagios que nos rodean, tenemos que reconocer y luego interpretar el significado simbólico de esos mensajes psíquicos. Para poder hacerlo, es necesario que alejemos nuestra atención de la forma lineal, lógica y literal en la que el hemisferio izquierdo del cerebro trabaja. En el mundo del hemisferio izquierdo, un puro es un puro, pero el hemisferio derecho experimenta el puro como una metáfora, un símbolo de otra cosa. Lo que eso pueda ser dependerá de las asociaciones colectivas y personales que apliquemos a ese puro. Cada uno de nosotros tiene acceso tanto a la biblioteca de símbolos colectiva como a su biblioteca de símbolos personal. A continuación, vamos a aprender un poco más sobre ellas.

La biblioteca de símbolos colectiva

Carl Jung inició la charla sobre la *biblioteca de símbolos colectiva*, la cual forma parte de la conciencia colectiva, la psique humana arquetípica que todos compartimos. En su trabajo seminal, *El hombre y sus símbolos,*[3] Jung explica que la psique humana conecta con estos símbolos como un colectivo y que encontramos significados simbólicos similares en toda la humanidad. Entonces, tanto si eres un chamán de una tribu del Amazonas, como si eres una ama de casa en Nueva Jersey, EE. UU., conectáis con estos símbolos de la misma manera.

Débora es una de mis alumnas psíquicas y estaba estudiando la interpretación de los sueños como parte de nuestras clases de desarrollo psíquico. Éste es un sueño que tuvo, seguido de la interpretación que le dio después de haber estudiado los símbolos universales en dicho sueño:

LA HISTORIA DE DÉBORA: *Tuve un sueño en el que mi casa se inundaba, sobre todo el sótano. Yo estaba abriéndome camino a través del agua, que estaba llena de cosas, como serpientes y ratas, y les tenía mucho miedo y me daban asco. Pero estaba decidida a recuperar mis libros y, una vez que los hube recogido, salí del sótano justo antes de que la casa se incendiara y se derrumbara. Cuando estudié los símbolos universales, aprendí que las casas representan la psique, el yo interior, así que la casa era mi propio ser. Y el sótano representaba el subconsciente de la psique. El agua simboliza nuestras emociones más profundas y últimamente me he sentido inundada por ellas. Había cosas en el «agua» emocional que me daban miedo y asco, como serpientes y ratas. En esa época, yo estaba haciendo una terapia intensa para superar unos traumas de mi infancia y estaba examinando algunas emociones duras. Los libros representaban el conocimiento que estaba adquiriendo sobre mí misma, y yo estaba dispuesta a abrirme paso a través de los sentimientos duros y aterradores para aprender más sobre mí misma. Y el fuego al final representaba la transformación total y el cambio. La antigua Débora se estaba quemando, y eso formaba parte de una transformación interior completa y una pequeña prueba de fuego.*

---

3. Carl Jung, *Man and His Symbols,* New York, Dell Publishing, 1968.

Débora utilizó la biblioteca de símbolos colectiva, universal, para interpretar este sueño para su beneficio. Se pueden encontrar libros sobre estos símbolos universales para buscar los significados de sueños, visiones y otra información simbólica que recibimos como parte de nuestros mensajes psíquicos. Por ejemplo, en el *Diccionario de símbolos*[4] de Juan Eduardo Cirlot puedes buscar el significado de los símbolos que ves en tus mensajes psíquicos y en tus sueños. Libros como éste (y hay muchos) pueden ser herramientas muy útiles, nos pueden ayudar a aprender esta biblioteca de símbolos colectiva, pero también tenemos nuestra propia biblioteca de símbolos personal.

La biblioteca de símbolos personal

Nuestra *biblioteca de símbolos personal* es una amalgama de nuestras referencias lingüísticas, familiares, sociales y culturales, y se crea a partir de libros que hemos leído y películas que hemos visto, así como de las historias, los mitos y las fábulas que formaron parte de nuestra infancia. El desafío de la biblioteca de símbolos personal es averiguar lo que un determinado símbolo significa *para ti*.

Tengo un amigo psíquico que es músico y él recibe descargas psíquicas en forma de canciones que tienen muchos significados y emociones para él. A mí me encantan las películas y, en ocasiones, cuando mis guías están tratando de explicarme una situación compleja, se me viene a la mente una escena de una película y sé que es relevante para la situación de ese momento. La mejor manera de acceder a tu biblioteca de símbolos personal es preguntarte: «¿Qué significa esto para mí?».

Si regresamos al sueño de Débora, es posible que ella se haya preguntado qué significaban esos símbolos para ella. En la biblioteca de símbolos colectiva, los libros representan el conocimiento, pero ¿Débora ama los libros o los odia? Quizás los ama y sí significan el conocimiento, y los libros son muy valiosos para ella. O quizás representaban unos deberes horribles que detestaba. Si ella hubiese amado las serpientes y las ratas (a algunas personas les encantan, ¿no?), las

---

4. Juan Eduardo Cirlot, *Diccionario de símbolos,* Editorial Siruela, Madrid, 2023.

hubiera interpretado como aliadas que venían a ayudarla, en lugar de verlas como las emociones aterradoras y desagradables a través de las cuales se estaba abriendo paso. Como regla general, nuestra biblioteca de símbolos personal tiene más peso que la colectiva, especialmente si tiene un significado profundo para nosotros.

Ahora bien, recuerda que cuando recibimos información psíquica sobre otra persona estamos interactuando con su biblioteca de símbolos personal. Cuando esto ocurre, la clave es no interpretarlos, sino pedirle a la otra persona que imagine qué significan esas imágenes para ella.

Supongamos que tienes un sueño en el que tu amiga está subida en una montaña rusa. Quizás tú detestas las montañas rusas, y subirte a una sería una tortura para ti. Si estás utilizando tu propia biblioteca de símbolos, es posible que interpretes ese sueño como un mal presagio. «Uf, ¡soñé que estabas girando fuera de control y entrabas en pánico y fue horrible! Esto va a ser lo peor que te ha ocurrido hasta ahora». Pero quizás a tu amiga le encantan las montañas rusas y para ella representan la mayor diversión posible. Para que tu interpretación sea limpia, puedes preguntarle, «Oye, soñé que estabas en una montaña rusa. ¿Qué significa eso para ti?». Y dejas que te cuente lo que significa.

CONSEJO PSÍQUICO: *Utilizar las bibliotecas de símbolos*

Si estás haciendo lecturas para otras personas, asegúrate de preguntar lo que significan para ellas los símbolos que estás percibiendo. Si un símbolo no significa nada para ellas, puedes buscar en tu propia biblioteca de símbolos y preguntarte qué significa para ti. Si no encuentras ninguna respuesta, consulta la biblioteca de símbolos colectiva para ver si puedes encontrar el significado ahí.

Ahora ya sabemos un poco más acerca de cómo interpretar los símbolos. A continuación, aprenderemos a utilizar estas habilidades para interpretar nuestros sueños.

Recibir orientación de tus sueños

Los sueños son una poderosa manera de recibir orientación. Nos conectan directamente con nuestro subconsciente y con nuestro lado intuitivo y creativo. Los sueños pueden conectarnos con nuestra orientación interior, que es nuestra intuición. Además, sirven como un punto de acceso para que nuestros guías se comuniquen con nosotros y como una válvula de escape para nuestras emociones no procesadas, llamando nuestra atención sobre temas que hemos empujado a las tinieblas de nuestro propio subconsciente.

Los sueños aportan una riqueza tan grande a nuestra psique y a nuestra vida espiritual que es importante aprender a interpretarlos. ¿Pero qué pasa si no recordamos nuestros sueños fácilmente? Afortunadamente, es fácil entrenarnos para recordar nuestros sueños.

Recordar los sueños

Algunas personas tienen fácil acceso a sus sueños. De hecho, muchos psíquicos visuales tienen la habilidad natural de recordar sus sueños. Pero no tienes que perder la oportunidad de aprovechar esta mina de oro de orientación psíquica: puedes aprender a recordar tus sueños, incluso si no los recuerdas inmediatamente. Por lo general, las personas sueñan un promedio de dos horas por las noches y, aunque esto ocurre a lo largo de toda la noche, tenemos más sueños hacia las horas de la mañana. Algunas personas juran que no sueñan nada, pero en realidad todos soñamos. Lo más probable es que si sientes que no estás soñando es porque simplemente no recuerdas tus sueños. No obstante, hay algunos medicamentos y algunos trastornos como la apnea del sueño que interrumpen el ciclo del sueño.

Consejos para recordar tus sueños

Aquí tienes una receta que debería ayudarte a recordar tus sueños. Prueba esta fórmula sencilla; funciona con la práctica y la paciencia:

1. Establece un horario regular para dormir y mantenlo. Meditar justo antes de acostarte puede aumentar considerablemente tu capacidad de recordar tus sueños.

2. Declara la intención de recordar tus sueños escribiendo esa afirmación en tu diario psíquico: *Esta noche, tengo la intención de recordar fácilmente mis sueños.*

3. O prueba de beber un vaso de agua y declarar: «Con este vaso de agua, recordaré mis sueños». Esto funciona bien en nuestro subconsciente, y si despiertas durante la noche para ir al baño, es posible que recuerdes lo que estabas soñando en medio de tu ciclo del sueño.

4. Mantén tu diario psíquico cerca de tu cama y escribe cualquier destello o fragmento de tus sueños por la mañana, incluso si es sólo un sentimiento. Trata de no moverte demasiado, ya que los sueños se desvanecen cuando nos despertamos del todo y cambiamos nuestro estado de ondas cerebrales a Beta. A algunas personas les va mejor hacer grabaciones de voz de sus sueños que escribirlos.

5. Es más probable que recordemos nuestros sueños si despertamos lentamente y de una forma natural. Una alarma, especialmente si no has dormido lo suficiente, puede hacer que despiertes tan rápidamente que tus sueños se desvanezcan.

6. Evita el alcohol y las drogas antes de acostarte, ya que interrumpen el ciclo natural del sueño.

Soñar es esencial para nuestro bienestar y es parte de la forma en que nuestro cerebro procesa e integra todas nuestras experiencias. (Los científicos ahora saben que los animales también sueñan). Realmente puedes aprender a recordar tus sueños si practicas estas técnicas con paciencia y consistencia. Las personas con predominio del hemisferio derecho del cerebro dominante tienden a ser más capaces de recordar sus sueños de una forma natural; además, están más inclinadas a ser psíquicas visuales. Las personas con predominio del hemisferio izquierdo del cerebro a veces tienen que trabajar un poco más para recordar sus sueños, pero pueden lograrlo.

Tipos de sueños

Ahora que estás un poco más informado sobre cómo interpretar y recordar tus sueños, vamos a hablar de los diferentes tipos de sueños que tenemos y de cuáles son más relevantes para los estudiantes psíquicos.

Hay cinco tipos de distintos de sueños que tenemos durante la noche, y cada uno de ellos tiene una función que es importante para nuestra salud general y nuestro bienestar.

SUEÑOS DE ENSALADA MENTAL

Éste no es un término técnico, sino que es como yo llamo a los sueños que tenemos al principio de la noche. Estos sueños no suelen tener mucho significado, sino que son más bien para que el cerebro se limpie de información sensorial no programada. Podrían ser acerca de los programas de televisión que estuvimos viendo antes de acostarnos, o el libro que estuvimos leyendo. En ocasiones son acerca de cosas que ocurrieron, especialmente si hemos estado demasiado ocupados como para dedicarnos a la contemplación. No tendemos a recordarlos a menos que despertemos poco después de habernos dormido, y normalmente podemos relacionarlos con algo que ocurrió durante ese día —por ejemplo, una conversación inconclusa que tuvimos con alguien o la continuación de una serie de televisión que estuvimos viendo justo antes de dormir.

SUEÑOS EMOCIONALES

Nuestra psique siempre está buscando el equilibrio y la sanación y, por lo tanto, utiliza sueños emocionales como una forma de hacer que prestemos atención a emociones no procesadas. Muchas de las emociones que no hemos reconocido o que todavía no hemos trabajado con nuestra mente consciente son empujadas hacia nuestro subconsciente. Cuando tenía veintipocos años, pasé por un período en el que tenía un sueño recurrente en el que me sentía tan enojada que caminaba dando pisotones, como Godzilla, y destruyendo edificios en una gran ciudad, lo cual, debo admitir, disfrutaba inmensamente mientras lo soñaba. Al despertar, me sentía sorprendida por haber tenido esos sueños, porque yo era una de esas personas que nunca se permiten enfadarse. «Mmmm… —pensaba—, me pregunto de qué se trataba eso. Yo nunca me enfado por nada». Pero en realidad no me estaba permitiendo sentir el enfado en mi mente consciente, de manera que empujaba todo ese enfado a mi subconsciente. Una vez que hube comenzado a lidiar con ese enfado de una forma directa, mis sueños de Godzilla llegaron a su fin.

El sueño emocional más común, con el que estoy segura de que todo el mundo lo ha tenido, es el clásico sueño de ansiedad. Cuando tenemos más ansiedad en nuestras vidas de la que podemos manejar, nuestra psique trata de equilibrar la ecuación mediante un sueño de ansiedad. Éste es uno de los míos: *Estoy otra vez en la escuela, aunque con la edad que tengo actualmente, y no puedo recordar la combinación de mi taquilla o mis horarios de clases. Hay un examen de latín. No puedo encontrar el salón de clase y llego tarde. ¿Acaso estudié latín en la escuela secundaria? Me pregunto quiénes son todas esas personas. ¿Las chicas malas todavía están al acecho en el baño de mujeres? ¿Tengo un lápiz número 2? Ah, sí, y todavía llevo puesto mi pijama. O quizás no llevo bragas. Ayyy.*

En los sueños de ansiedad, llegamos tarde al aeropuerto, no podemos encontrar los billetes de avión y, de alguna manera, estamos perdidos en la ciudad, el país o el planeta equivocado. Estos sueños nos ayudan a descargar la emoción de ansiedad y, además, llevan nuestra atención al hecho de que algo no está bien.

Los sueños emocionales pueden hacer que surja cualquier emoción, incluida la tristeza, la alegría, el enojo o el pesar. Sabes que es un sueño de emoción porque te sientes muy emocional en el sueño; incluso es posible que llores o rías. A menudo recordamos estos sueños al despertar. Conviene escribirlos para poder reflexionar sobre ellos, ya que hacerlo puede provocar la sanación emocional que necesitamos.

SUEÑOS RECURRENTES

Éstos son sueños que se repiten, y pueden ser incómodos o incluso pesadillas. También son un intento de tu psique de sanar y encontrar una solución a algo que todavía no has procesado completamente con toda tu conciencia. Normalmente tienen su origen en traumas no sanados. Resulta muy beneficioso cerrar el círculo obteniendo ayuda para resolver los traumas no resueltos, pero también puedes hacerlo tú escribiendo en tu diario un final para que tu sueño sea mejor, más satisfactorio. Este proceso también funciona con las pesadillas.

SUEÑOS PROFÉTICOS

Estos sueños son muy vívidos y significativos. Pueden ser directos y fáciles de entender, o estar llenos de simbolismos que tenemos que descifrar. Los sueños proféticos suelen predecir la muerte de alguien, o un embarazo, o presentar una pista sobre algo que ocurrirá en el futuro. Hay un mensaje psíquico dentro de los sueños proféticos, y nuestros guías utilizan los momentos en los que estamos soñando para darnos pistas, claves y migas de pan espirituales para ayudarnos a encontrar nuestro camino. Para ellos, ésta es una forma fácil de comunicarse con nosotros de una forma directa, ya que nuestra mente lógica está tranquila y la mente simbólica está abierta y receptiva.

Puedes identificar los sueños proféticos porque son muy vívidos y por el hecho de que es probable que los recuerdes al despertar, e incluso durante años. Este tipo de sueños tienen una emocionalidad neutral muy curiosa, incluso cuando se trata de temas que normalmente despertarían muchas emociones en ti, como, por ejemplo, la muerte de alguien.

Este sueño que tuvo uno de mis alumnos es un gran ejemplo de un sueño profético: *Recientemente tuve que dejar a mi padre en un centro de cuidados paliativos, ya que sabíamos que su muerte estaba cerca. Él me decía continuamente que estaba feliz de dejar este mundo porque quería reunirse con mi madre, quien había fallecido unos años antes. Una noche, tuve un sueño en el que mi madre y mi padre se alejaban caminando por un corredor cogidos de la mano. Desperté y le dije a mi marido que mi padre acababa de morir y, unos minutos más tarde, recibí una llamada en la que me anunciaron que había fallecido. Fue un regalo maravilloso y me sentí muy bien al saber que mis padres estaban juntos.*

Como dijimos antes, podemos identificar estos sueños porque son muy vívidos y tienen una curiosa falta de emocionalidad. Además, los recordamos durante mucho tiempo.

SUEÑOS LÚCIDOS

Cuando tenemos un sueño lucido, somos conscientes de que estamos soñando. Una parte de nosotros es totalmente consciente de que otra parte de nosotros está soñando, y podemos observar nuestros propios sueños. Los sueños lúcidos suelen comenzar con la conciencia de que estamos soñando, lo cual luego se convierte en una oportunidad de cambiar la narrativa del sueño mientras estamos soñando. En los sueños lúcidos, podemos cambiar el desenlace de una pesadilla o de un sueño recurrente. Por ejemplo, podemos manifestar conscientemente un arma para golpear a un monstruo que nos ha estado persiguiendo o crear una ruta de escape que no estaba ahí antes. Incluso podemos aprender a detener el sueño ordenándonos despertar, o cambiar completamente la narrativa del sueño si se vuelve demasiado intenso o perturbador.

Si te tomas el tiempo para anotar y recordar tus sueños, es muy posible que seas recompensado con sueños lúcidos. Tener sueños lúcidos es empoderador y sanador. Cuando era pequeña, los sueños lúcidos ayudaron a liberarme de un ciclo de pesadillas recurrentes en las que me sentía impotente. Mi primer sueño lúcido tuvo lugar cuando todavía era muy pequeña, y soñaba con regularidad que era perseguida por un monstruo. Recuerdo que pensé que estaba harta de sentirme impotente, y me giré y enfrenté al monstruo. Lo agarré por el cuerno y le dije que ya no le tenía miedo y que sabía cuál era su nombre. El enorme y aterrador monstruo se encogió hasta tener el tamaño de un pequeño ratoncito y se alejó chillando. Nunca más volví a tener ese sueño. Hay un gran potencial de poder y sanación en el hecho de ser capaz de tener un sueño lúcido, porque nos da acceso directo a nuestro yo subconsciente. Si todavía no lo has experimentado, espero que encuentres la manera de hacerlo.

*   *   *

Ahora que ya conoces estos diferentes tipos de sueños, te animo a que registres tus sueños por escrito y veas si están llenos de información psíquica para ti. Muchos psíquicos visuales son unos soñadores potentes y reciben sus mensajes psíquicos de esta manera. Una de mis alumnas es una médium y recibe toda la información mientras sueña. Otras personas conectan habitualmente con sus guías mientras sueñan. Los sueños pueden alertarnos de nuestras necesidades emocionales internas que requieren atención y además nos dan pistas acerca de lo que está ocurriendo con las personas de nuestro círculo.

Éstos son algunos libros magníficos acerca de cómo sacarle el mayor provecho a nuestra vida onírica. Me encanta la obra de mi amiga y mentora Kelly Sullivan Walden, especialmente *It's All in Your Dreams:*

Five Portals to an Awakened Life,[5] te puede ayudar a acceder a tus sueños y recordarlos. Su maravilloso diccionario de sueños, *I Had the Strangest Dream: A Dream Dictionary for the 21ˢᵗ Century*,[6] es una guía muy útil del simbolismo de los sueños. Ten ambos libros en tu mesilla de noche, junto con tu diario psíquico. Presta atención a tus sueños ¡y sigue soñando!

Señales, presagios y sincronicidades

Cuando nos abrimos a nuestras habilidades psíquicas, resulta muy útil poder recibir alguna validación de nuestras impresiones psíquicas a través de señales, presagios y sincronicidades. Yo enseño a mis alumnos a pedir y buscar señales después de haber recibido una impresión psíquica. Esto puede actuar como una confirmación de que la impresión ha sido correcta, lo cual nos ayuda a incrementar nuestra seguridad en nuestras propias habilidades psíquicas.

Por ejemplo, si empiezas a comunicarte con tus guías (aprenderemos a hacerlo en el próximo capítulo), te invito a que les pidas que te den alguna prueba de su buena fe, ofreciéndote una señal de que son reales. Esto nos ayuda a confiar en que nuestra información psíquica es exacta y en que estamos en el camino correcto mientras seguimos a las migas de pan espirituales.

Las *señales* son, literalmente, como postes indicadores que nos muestran el camino. Pueden ser cualquier cosa, desde monedas de centavos que encuentras y que tus seres queridos fallecidos dejaron para ti, hasta plumas que encuentras por todas partes, números que se repiten enviados por tus ángeles o incluso sucesos mágicos en la naturaleza. Las señales son mensajes directos de nuestros guías que experimentamos en el mundo físico.

5. Kelly Sullivan Salda, *It's All Your Dreams,* Conari Press, 2013.
6. Kelly Sullivan Walden, *A Dream Dictionnary for the 21ˢᵗ Century,* Grand Central Publishing, 2006.

Los *presagios* son anuncios de que se acercan cambios importantes. Los presagios pueden ser acerca de eventos importantes, como nacimientos y muertes inminentes e incluso cambios más grandes a nivel global. La palabra «presagio» se define como un evento que es interpretado como un aviso de algo bueno o malo que está por venir. Históricamente, los presagios están relacionados con supersticiones comunes, como ver un gato negro que se cruza en tu camino o romper un espejo, ambos como indicadores de mala suerte.

Sin embargo, como estudiantes psíquicos en la actualidad, no estamos a merced de supersticiones, sino que aprendemos a leer la energía del momento. Mi amiga Marcy me contó una experiencia que tuvo que se inició con lo que para ella fue un presagio bastante escalofriante.

LA HISTORIA DE MARCY: *No me sentía bien desde hacía un tiempo, así que saqué cita con un médico para que me hiciera algunas pruebas diagnósticas. En mi camino para ver al médico, tres cuervos se posaron cerca de mi coche. Eran ruidosos y lanzaban fuertes graznidos mientras me seguían por el estacionamiento. Sentí como si me estuvieran preparando para recibir malas noticias del médico.*

Ese presagio me ayudó a prepararme. Cuando el médico me dio las malas noticias, yo ya había comenzado a aceptarlas. Pero en el camino de regreso a casa después de la consulta, el cielo se despejó y apareció un inmenso y radiante arcoíris doble. Parecía como si estuviera brotando de mi casa, así que supe que, aunque recibí un diagnóstico muy duro, al final iba a estar bien. Cuando estaba a punto de perder la esperanza, siempre ocurría algo mágico, y eso me ayudaba a pasar por una época difícil. Aprendí mucho acerca de cómo leer los presagios que había a mi alrededor.

En este ejemplo, Marcy hacía referencia a su biblioteca personal de símbolos, en la que los cuervos significan que se va a recibir una noticia seria, lo cual sustituye el significado universal de los cuervos, que está más relacionado con revelar la magia y los misterios del mundo. Pero para Marcy normalmente significan que algo perturbador está por venir. Su interpretación fue correcta y su médico le diagnosticó un cáncer. No obstante, los presagios no siempre traen malas noticias, y eso fue lo que Marcy descubrió al ver el arcoíris sobre su casa. Ella tuvo un año difícil y pasó una gran parte de ese período buscando señales y presagios, pero finalmente sanó por completo.

La *sincronicidad*, un término acuñado por Carl Jung, suele ser explicada en la comunidad psicológica como la tendencia de la mente humana a hallar significado en patrones aleatorios y coincidencias. Pero Jung pensaba que tenían un significado muy profundo y emotivo. Él las definió como circunstancias que parecen estar relacionadas de una forma significativa pero que carecen de una conexión causal. Son experimentadas como una serie de eventos que están conectados y tienen significado para nosotros; son señales intencionales que tienen la finalidad de mostrarnos esas migas de pan y confirmar que estamos en el camino correcto. Son guiños del universo que nos muestran el camino cuando estamos perdidos o nos dan confirmación cuando vamos en la dirección correcta.

Uno de mis alumnos psíquicos es un hombre joven llamado Zayne. Él estaba teniendo dudas respecto al camino a seguir y necesitaba tomar algunas decisiones. Una noche soñó con el dios nórdico Odín. En el sueño, Odín tenía un mensaje importante para él acerca del camino que debía seguir y le dijo que necesitaba ser valiente para tomar un camino audaz pero potencialmente arriesgado. Zayne seguía sin sentirse seguro acerca de esta decisión, pero el día después del sueño, un amigo fue a visitarlo inesperadamente para mostrarle su nuevo tatuaje. Se trataba de una imagen del martillo de Odín y alrededor de él había un mensaje en runas. El mensaje de las runas era el mismo que Zayne había recibido en su sueño. Sólo para eliminar cualquier duda que pudiera tener, al día siguiente, otro amigo le trajo unas runas como regalo de cumpleaños. Zayne les hizo una pregunta y obtuvo como respuesta las mismas runas que su amigo tenía en el tatuaje, la versión rúnica de «confía en tu instinto y adelante».

Cuando empecemos a prestar atención a las señales, los presagios y las sincronicidades, los veremos por todas partes, y pueden ser una maravillosa confirmación de nuestras impresiones psíquicas.

Aquí están algunas de las señales, los presagios y las sincronicidades más comunes. Mientras las examinamos, acuérdate de considerar la pregunta de «¿Qué significa esto para mí?», ya que la respuesta que obtengas puede eclipsar a los significados más universales:

Secuencias de números que ser repiten. Muchas personas las ven en relojes, matrículas de coches, recibos de tiendas, o en cualquier parte donde podamos encontrar números en este mundo. Pueden ser fechas significativas, como cumpleaños, aniversarios o días de fallecimientos. Las secuencias de números son las señales favoritas de los ángeles y hay libros como *The Angel Numbers Book: How to Understand the Messages Your Spirit Guides Are Sending You,*[7] de Mystic Michaela, que ofrecen al lector interpretaciones comunes de secuencias de números.

Plumas. Algunas personas encuentran plumas dondequiera que vayan, y éstas son otras de las señales favoritas de los ángeles. Una clienta mía vino a verme para recibir una sesión de Reiki y, mientras hablábamos, empezaron a aparecer plumas de la nada. Ella no llevaba puesto un abrigo con relleno de plumas; simplemente aparecieron en el suelo y sobre su ropa, y flotaban en el aire. Casi todas las plumas eran blancas. Mi clienta interpretó la aparición de esas plumas como una confirmación de los ángeles de que el camino en el que se encontraba era el correcto.

INTERPRETAR LAS SECUENCIAS DE NÚMEROS QUE SE REPITEN

Echemos un vistazo a algunas interpretaciones de las secuencias de números repetitivas más comunes, sólo para darte una guía rápida. Estas secuencias tienen su origen en lugares distintos y provienen de una biblioteca colectiva y universal de símbolos que incluye números de ángeles, numerología, geometría sagrada y matemáticas. Estos números pueden ser simples, dobles o triples, e incluso pueden venir en secuencias de cuatro, como es el caso

---

7. Mystic Michaela, *The Angel Numbers Barta,* Adams Media, 2021.

del 11-11. No olvides que los significados personales que tú les des prevalecen sobre los significados universales, así que preguntarte qué significan estos números para ti puede ser muy productivo e iluminador.

- **1s y 11-11:** Éste es el número de los comienzos y las puertas de entrada a cosas nuevas, lo cual representa el umbral. Estás a punto de experimentar algo nuevo y de ti depende si pasas a través de esa puerta. Muchas personas ven estos números en los relojes digitales.
- **2s:** Estás en un momento en el que debes escoger. Busca el punto de equilibrio. Hay dos caminos delante de ti. Mira dentro de tu corazón y pide ser guiado para poder elegir. Este número también puede significar que has hecho la elección correcta.
- **3s:** El tres es el número de los maestros ascendidos y de los niveles más altos de conciencia que la humanidad es capaz de alcanzar. Es el número de Cristo y representa su ascensión a los planos de conciencia más elevados.
- **4s y especialmente el 444:** Éste es el número de los ángeles y es una señal de que los ángeles están a tu alrededor, ofreciéndote orientación y apoyo.
- **5s:** Un cambio está a punto de producirse en tu vida. Las cosas se están desintegrando y desmontando para que tu vida pueda formarse de una forma más nueva y elevada. Puede que, mientras se producen los cambios, la sensación sea un poco desagradable, pero es bueno que tengas fe en que, a la larga, esos cambios serán beneficiosos para ti.
- **6s:** Es posible que hayas tratado de hacer más de lo que puedes gestionar y ahora estás en desequilibrio. En ocasiones, el 6 también representa el estancamiento y la necesidad de un cambio. Vuelve a concentrar tu energía y asume la plena responsabilidad de ti mismo/a y de tu vida. Las prácticas de conexión con la Tierra pueden ayudarte.

- **7s:** El siete es el número de la magia y la manifestación. Mantén tus pensamientos y deseos puestos en lo que quieres crear en tu vida, y tendrás asistencia divina para crear lo que deseas.
- **8s:** El ocho es el número de la abundancia. El mensaje es que debes cosechar lo que has sembrado, y ser agradecido por la abundancia que hay en tu vida. Éste es el número de las posibilidades infinitas y, además, nos invita a cosechar las recompensas de nuestro trabajo duro y nos recuerda que la gratitud profunda puede traernos más abundancia.
- **9s:** El nueve es un número de conclusión que simboliza el fin de un ciclo. Tómate unos minutos para honrar el fin de las cosas como parte del ciclo normal de la vida: algo termina para que algo nuevo puede comenzar.
- **0:** Éste es el punto cero, el espacio vacío en el que algo nuevo llega a la existencia. Si lo vemos, es que se nos está pidiendo que esperemos, como un campo en barbecho, a que algo nuevo sea plantado ahí.

Otras secuencias de números normalmente se relacionan con cumpleaños, aniversarios y días de fallecimientos.

Monedas. Relacionadas desde hace mucho tiempo con nuestros queridos difuntos, estos «centavos del cielo» validan que nuestros seres queridos están presentes. Una de mis alumnas psíquicas contó una historia acerca de cómo su abuela solía meter el dinero para su almuerzo dentro de su mitón, para que ella no lo perdiera de camino a la escuela. Después del fallecimiento de su abuela, mi alumna encontraba monedas en sus guantes y sabía que su abuela todavía continuaba cuidando de ella.

Música. Podemos recibir mensajes de nuestros seres queridos y contactar con ellos a través de la música. Escucha las canciones que aparecen en la radio y presta atención también a las canciones que oyes al entrar en las tiendas. Si ésta es una de tus señales, prueba de hacer una pregunta a tus guías y luego pon tu lista de reproducción en modo aleatorio para ver si te llega algún mensaje.

Augurio. Esto se define como encontrar señales y presagios en la aparición y el comportamiento de animales y de la naturaleza, especialmente del clima. Yo tengo una fuerte conexión con los animales, y a menudo recibo mensajes de ellos. Suelo observar si los animales silvestres que están cerca de mí se comportan de una forma inusual y sé que ciertos animales traen mensajes potentes. Justamente ayer estaba pensando acerca de un cambio en mi vida cuando llegué a un cruce de caminos cerca de mi casa y, en el medio de esa intersección bastante transitada, se encontraba una cierva. Se me quedó mirando fijamente durante un rato y luego se alejó por el camino de tierra más rocoso. En seguida supe que ese era un mensaje para mí, que me decía que yo también debía tomar el camino más difícil y menos transitado. Los animales pueden aparecer en la vida real, pero también en nuestros sueños, en la televisión y en imágenes, en cualquier lugar al que vayamos.

El tiempo meteorológico. Muchas personas encuentran sus señales y presagios en los elementos y en los patrones del tiempo, lo cual también se considera parte de un augurio. Una de mis maestras es una chamana y tiene una fuerte conexión con el elemento aire. Cuando algo le iba a ocurrir, el viento soplaba o se levantaba, y ella siempre sabía si era un «viento malo» o uno beneficioso, como los vientos del cambio. Prestar atención al viento, a la lluvia y a los relámpagos, y ser capaz de leer los mensajes que hay en el fuego y en el agua, forma parte de un augurio. Mirar fijamente al fuego, el agua, el humo y los cristales es una forma antigua y respetada de encontrar mensajes; de ahí proviene la idea del psíquico mirando a través de una bola de cristal.

*   *   *

Entonces, ¿cómo diferenciamos una señal, un presagio o una sincronicidad de una simple coincidencia? Estos tipos de señales ocurren de una forma ligeramente extraordinaria, y uno siente que es algo significativo y fuera de lo común. Puedes ser que tu jardín se llene de ardillas y ésa no sea una señal, que se trate simplemente de la vida ocurriendo a tu alrededor. Sin embargo, si sales al exterior y una ardilla deja caer una bellota sobre tu cabeza, o está esperándote en el techo de tu coche y mirándote con los ojos entrecerrados, entonces es más probable que se trate de una señal.

Uno siente las señales, los presagios y las sincronicidades como algo fuera de lo normal. Si estás prestando atención, sientes que son algo significativo, incluso importante, y hay algo inusual en ellos. Uno siente algo mágico en las señales y ocurren de una forma extraordinaria. En una ocasión, me encontraba conduciendo bastante rápido por una carretera secundaria serpenteante cuando, de repente, un cardenal rojo entró volando dentro de mi automóvil a través de la ventana del lado del pasajero, y luego salió por la ventana del lado del conductor. Y lo que fue más asombroso aún fue que, al pasar, dejó caer una pluma roja sobre mi regazo. Yo acababa de pedir una señal, ¡y recibí una memorable! En mi vida siempre han abundado las señales, los presagios y las sincronicidades, y dependo de ellas para avanzar.

Ahora ya dominas el arte de prestar atención a las señales, los presagios y las sincronicidades, e interpretarlos. A continuación, veremos cómo podemos crear más oportunidades para que aparezcan, aprendiendo a utilizar algunas herramientas de adivinación.

Utilizar herramientas de adivinación

¿La palabra «adivinación» hace que te vengan a la mente imágenes de una adivina con un chal de encaje, mirando fijamente a una bola de cristal, sacando cartas del Tarot y diciéndote que conocerás a un extraño alto y moreno antes de que inicie el nuevo año? O quizás sólo la conoces como la clase que menos le gustaba a Harry Potter en Hogwarts. La imagen es un cliché, pero tiene su origen en algo real. Los psíquicos llevan mucho tiempo utilizando herramientas de adivinación para que los ayuden a conectar con la información psíquica y, dejando a un lado los clichés, es una práctica muy útil.

La *adivinación* se define como el arte de ser capaz de predecir el futuro y, sin embargo, como estudiantes psíquicos, podemos utilizarla para reunir todo tipo de información psíquica, no sólo sobre el futuro. Las *herramientas de adivinación* son objetos y sistemas que nos ayudan a concentrar nuestra energía y además actúan como un portal, un punto intermedio entre nosotros y nuestros guías. Tus guías utilizarán tu práctica de adivinación como un método para comunicarse directamente contigo. Utilizar tus herramientas de adivinación a diario también te ayudará a ejercitar tus músculos psíquicos y te dará la oportunidad de practicar la interpretación de símbolos.

Se podría decir que las herramientas de adivinación son como las ruedititas de apoyo de una bicicleta infantil: es como una manera de ayudarnos a avanzar por el camino hasta que hayamos fortalecido nuestros músculos psíquicos tanto que ya no necesitemos usar herramientas para realizar la conexión psíquica. No obstante, estaríamos haciéndoles un flaco favor a ellas y al proceso de utilizarlas porque, sinceramente, yo todavía las utilizo todo el tiempo.

Cuando era una psíquica principiante y recién comenzaba a hacer lecturas para otras personas, las utilizaba como una especie de medida de seguridad. Les pedía a mis clientes que sacaran las cartas del Tarot, y ese ritual me ayudaba a establecer mi conexión psíquica. Nunca me preocupaba de quedarme en blanco, porque siempre podía recurrir a las cartas, y estar tan relajada y segura de mí misma también me ayudaba a mantenerme en el estado de ondas cerebrales Alfa, de manera que podía sintonizar cuando lo necesitaba.

Todavía tengo la práctica diaria de usar las cartas y algunas otras herramientas de adivinación para tomar mis propias decisiones de vida y ayudarme a leer la energía del día. Tendemos a perder nuestra conexión psíquica cuando dejamos que las cosas nos afecten emocionalmente, lo cual hace que nos resulte muy difícil leer cuando estamos molestos o ansiosos por algo. Debido a ello, es realmente práctico consultar con tus herramientas de adivinación.

Elegir una herramienta de adivinación

Ahora que ya sabemos por qué las utilizamos, vamos a ver cómo elegir una herramienta. Existen diferentes tipos de herramientas de adivinación y todas son buenas. Elegir una generalmente es una cuestión de preferencia y resonancia, y es un buen momento para acceder a tu intuición y ver si te atrae más un tipo de herramienta u otro. Es posible que experimentes esto como una curiosidad o un interés por una de ellas, o quizás veas o escuches hablar con frecuencia de una en particular. Yo sentí que la mía fue elegida para mí cuando una de mis amigas me regaló una baraja de cartas del Tarot de Rider-Waite, la cual no es la baraja oráculo más fácil de dominar, pero siempre sentí una conexión con ella. Desde entonces, he pasado mucho tiempo utilizándola, estudiándola y enseñándole a la gente cómo utilizar estas cartas de Tarot clásicas.

Si hay una librería especializada en temas espirituales cerca de tu casa, paséate por ahí y fíjate qué barajas de cartas u otras herramientas te atraen. En ocasiones, este tipo de tiendas te permiten sacar las cartas de su caja y mirarlas. Te recomiendo que pruebes varias, para ver si su tamaño te acomoda, y que luego lo hagas con unas pocas, para ganar más confianza, comodidad y habilidad utilizándolas.

Éstas son algunas de las herramientas de adivinación más comunes, aunque, ciertamente, hay muchas más de las que aparecen en esta lista:

CARTAS DEL TAROT

El Tarot es un sistema complejo y rico de enseñanza que está lleno de sabiduría de la vieja escuela de misterio. La baraja clásica de Rider-Waite es una baraja maravillosa para aprender, y las imágenes que aparecen en las cartas están llenas de simbolismo. Te recomiendo que empieces con esta baraja clásica, dado que el significado más profundo suele perderse en la interpretación más moderna del Tarot.

Es esencial tener un buen libro de consulta para estas cartas, y aprenderlas toma tiempo. O lo que es mejor, tomar clases y estudiar con un maestro o maestra hasta entender el sistema. Añade una simple tirada de tres cartas a tu práctica diaria y registra los resultados en tu diario psíquico. O puedes aprender tiradas de cartas más complejas, como la cruz celta clásica, para tener una mayor comprensión de los temas complejos.

En defensa de la baraja del Tarot, diré que no tiene ninguna asociación con la magia negra y no hay nada que temer. Las personas han supuesto esto porque en la baraja están la carta del Diablo y la de la Muerte, que se refieren a pasos en el camino espiritual y no tratan sobre magia negra, en absoluto.

CARTAS DEL ORÁCULO

Hay muchas barajas del oráculo y son mucho más fáciles de utilizar que las cartas del Tarot tradicionales. Vienen con unos pequeños libros, para ayudarte a encontrar un significado más profundo, pero en la mayor parte de ellas se puede ver el significado a simple vista. Puedes encontrar barajas del oráculo generales o las que se centran en temas como las relaciones y el propósito de vida. Hay tantas que no puedo mencionar barajas específicas aquí, pero me encantan las barajas de Collette Baron-Reid, que son bellas y sabias.

Confía en tu intuición y prueba unas cuantas; tienen mucho significado y son fáciles de usar. Se pueden encontrar barajas basadas en diosas, en los maestros ascendidos, en sirenas y duendes, y en seres míticos y divinos de todos los panteones que se te puedan ocurrir. Muchas de ellas son fantasiosas y encantadoras, y la mayoría también tiene una buena sabiduría.

CARTAS DE ÁNGELES

Si sientes una conexión especial con los ángeles, entonces conseguir una baraja de cartas de ángeles puede ayudarte a aprender a comunicarte directamente con ellos. Los ángeles tienen una frecuencia tan alta que muchos estudiantes psíquicos se benefician de tener una baraja especial que les ayuda a conectar con estos seres divinos. En el capítulo 11 hablaremos más sobre cómo conectar con los ángeles de una forma directa.

RUNAS

Las runas tienen su origen en el antiguo alfabeto escandinavo y actualmente se utilizan mucho como una herramienta de adivinación. Las 24 letras rúnicas suelen estar talladas en piedras o en discos de madera que vienen dentro de una bolsita, aunque también puedes conseguirlas en forma de baraja de cartas. Para leerlas, colócalas dentro de su bolsita y agítala. Haz tu pregunta y luego extrae una runa de la bolsa. Buscando los significados de las runas en el libro que las acompaña obtendrás algunas ideas y respuestas.

I CHING

Es un sistema de adivinación muy antiguo y complejo proveniente de la China. Se cree que es el sistema de adivinación más antiguo todavía utilizado en la actualidad, pues tiene más de 3 000 años de antigüedad. El *I Ching,* también conocido como «El libro de los cambios», utiliza un sistema numérico para crear hexagramas, los cuales son una guía para vivir de acuerdo con las filosofías del confucianismo, el taoísmo y el budismo. Los sistemas modernos *de I Ching* utilizan monedas y un libro de consulta, aunque la manera antigua de hacerlo es lanzando unos palitos de milenrama y buscando un patrón.

Debes pensar en tu pregunta y luego lanzar las tres monedas, o los palitos de milenrama, para crear el hexagrama. Es un sistema complejo que requiere ser estudiado y, además, tener libros de consulta. Una buena manera de empezar es leyendo *I Ching, El libro de las mutaciones: una guía para los momentos decisivos de la vida,* de Brian Browne Walker.

RADIESTESIA

La radiestesia es un sistema de adivinación antiguo y fascinante; los radiestesistas utilizan varillas de zahorí para ayudarles a localizar con precisión lugares donde hay cosas como agua o para encontrar objetos perdidos. Las varillas pueden estar hechas de cualquier cosa, pero el material más común es el cobre. Algunas varillas se utilizan solas y tienen forma de Y, mientras que otras se utilizan en pares y tienen forma de L (el radiestesista sostiene las partes más cortas de la L en sus manos). Los radiestesistas tradicionales utilizan sus herramientas para encontrar agua y suelen ser sumamente precisos.

Justamente el otro día, un amigo mío utilizó su péndulo para encontrar las raíces subterráneas de unos árboles, para que pudiéramos evitarlas mientras plantábamos. Los radiestesistas pueden utilizar sus herramientas para obtener respuestas de sí/no/no-lo-sé a sus preguntas. La radiestesia es fantástica para encontrar cosas como pozos o aguas subterráneas, y para leer las energías como, por ejemplo, las líneas ley de la Tierra, que son los meridianos de energía del planeta. Como herramienta de adivinación, tiene sus limitaciones, debido a la dificultad de reducir el complejo comportamiento humano a respuestas de sí/no, como habíamos comentado en el capítulo 1.

* * *

Ahora que ya has aprendido un poco acerca de las herramientas de adivinación, te recomiendo que salgas a la calle y te compres alguna. Estas herramientas aportan una gran riqueza a tus mensajes psíquicos y te brindan la oportunidad de practicar tu interpretación de los símbolos, ejercitar tu músculo psíquico y ofrecer a tus guías un método directo para comunicarse contigo. Una vez que hayas conseguido una herramienta de adivinación, es importante que aprendas a limpiarla de cualquier energía que pueda haber recogido antes de llegar a tus manos.

CONSEJO PSÍQUICO: *Limpia tus herramientas de adivinación*

No importa qué herramienta de adivinación utilices, es esencial que la limpies antes de usarla. Si te compras una baraja nueva de cartas del oráculo, por ejemplo, abre la baraja y utiliza un espray o humo de salvia para eliminar cualquier energía residual. También puedes dejarla reposar sobre un cuenco lleno de sal. Puedes cargar la baraja dejándola un rato bajo el Sol o bajo la luz de la Luna. Te recomiendo que la lleves en tu bolso o en tu bolsillo durante un tiempo para dejar que la baraja sintonice con tu energía. Lo educado es pedir siempre permiso antes de tocar la herramienta de adivinación de otra persona y también es bueno limpiarla y recargarla después de utilizarla.

Utilizar tus herramientas para hacer lecturas

Ahora que ya tienes una o dos herramientas de adivinación a la mano, la mejor manera de dominarlas y de aumentar tu intuición en el proceso, es utilizarlas con regularidad. Dedica un rato al día a entrar en contacto con tu intuición y abrir tu sentido psíquico utilizando las herramientas. Supongamos, por ejemplo, que tienes una baraja de cartas del oráculo. Trata de encontrar 15 minutos cada día para practicar con ella. Añadir este tiempo a tu rutina de meditación puede ser una gran oportunidad para practicar.

Prueba de sacar una carta cada día y luego anotarla en tu diario psíquico. Yo utilizo unas cuantas barajas distintas y saco una carta de una de cada una de ellas cada día. Actualmente, mis barajas favoritas son la del Tarot Rider-Waite, una de animales y una de diosas. Barajo cada mazo de cartas y luego extraigo una. Las contemplo y a menudo veo un patrón o un tema común en las diferentes barajas. Lo apunto en mi diario y luego, al día siguiente, antes de sacar nuevas cartas, las vuelvo a contemplar y me pregunto: «¿Fue mi día así? ¿Qué es lo que pensaba que iba a ocurrir y qué ha ocurrido en realidad? ¿Las cartas reflejaron el día que realmente tuve?». Y luego saco nuevas cartas para el nuevo día.

Pero hay muchas otras formas de usarlas. Puedes hacer una tirada diaria de tres cartas. Te dejo varios ejemplos:

- ¿Cuál es la energía del pasado, el presente y el futuro? ¿Cuál es la energía de ayer, hoy y mañana?
- ¿Qué está ocurriendo hoy en tu cuerpo, tu mente y tu espíritu?
- ¿Dónde estoy ahora, hacia dónde me dirijo y qué tengo que hacer para llegar ahí?
- En el caso de una relación, prueba de sacar una carta para ti, una carta para la otra persona y una carta para la relación entre vosotros.

Hay un gran beneficio en aprender al menos una herramienta de adivinación y añadirla a tu práctica psíquica diaria. Esto ayudará a ejercitar el músculo de tu psique y, además, te proporcionará una conexión directa entre tus guías y tú.

Ahora que ya has aprendido a prestar atención a tus sueños e interpretarlos, además de todas las señales, los presagios y las sincronicidades que hay a tu alrededor, sé que empezarás a tener experiencias psíquicas más ricas y abundantes. Vale la pena hacer el esfuerzo de aprender este nuevo lenguaje, ya que es el léxico de las experiencias psíquicas.

¿Qué sigue?

En el próximo capítulo tomaremos las habilidades que hemos aprendido en los últimos tres capítulos para que podamos usarlas para hablar directamente con nuestros guías. Exploraremos el concepto de los guías y quiénes son realmente. Examinaremos algunas ideas erróneas acerca de la forma en que nuestros guías interactúan con nosotros y cómo podemos beneficiarnos profundamente al trabajar con ellos.

Vamos a profundizar en el tema.

CAPÍTULO 5

Trabaja con tus guías

Ahora que ya hemos cubierto el tema de las habilidades básicas que todo estudiante psíquico debe dominar, estamos listos para adentrarnos en el tema de los guías. *Guía* es un término genérico que utilizo para describir a los seres no físicos benéficos que nos rodean. Su propósito es ayudarnos en nuestra evolución espiritual y personal. La Tierra es un lugar bastante duro para encarnarse. Es difícil tanto física como emocionalmente, y cuando nuestras almas eligen venir aquí para aprender, madurar y evolucionar, nos enfrentamos a muchos desafíos. Nuestros guías nos ofrecen asistencia, apoyo y orientación, ya que, como seres humanos encarnados, estamos en la línea del frente y necesitamos toda la ayuda que podamos conseguir.

Llevo toda mi vida experimentando a mis guías, así que este concepto no me resulta extraño. De hecho, mi primer recuerdo es estar acostada en mi cuna rodeada de un grupo de seres luminosos. Estaban saludándome con la mano, sonriendo, hablándome en susurros y mandándome besos, y sentí mucho amor hacia ellos y de ellos. Entonces mi madre entró en la habitación y caminó a través de mis guías porque, evidentemente, no los había visto. Éste no sólo es mi primer recuerdo de ellos, sino que es mi primer recuerdo en general.

En todas las lecturas que he realizado a lo largo de los años, nunca he conocido a alguien que no estuviera acompañado de todo un equipo de guías. Incluso las personas que jamás consideraron la posibilidad de tener ayuda espiritual tenían guías a su alrededor. No es necesario saber de su existencia para recibir su ayuda.

Un psíquico al que conocí hace mucho tiempo me dijo que creía que nuestro mundo estaba poblado, en cantidades iguales, por seres humanos vivos, espíritus guías benevolentes y entidades desencarnadas, y que es una situación única en el cosmos. Creo que esto es así y, aunque no estoy segura de por qué existe esa preponderancia de seres espirituales aquí, se corresponde con mi experiencia.

En nuestro equipo de espíritus guías puede haber muchos tipos distintos de seres, y quién está con nosotros es algo que puede cambiar con el tiempo, dependiendo de dónde nos encontramos en nuestro camino en la vida. Algunos guías permanecen con nosotros durante toda nuestra vida, e incluso pueden aparecer en muchas de nuestras vidas, o en todas, mientras que otros van y vienen según los necesitemos. Algunos son personales y trabajan sólo con nosotros, como el tío Julio, mientras que otros trabajan con quienquiera que los llame, como la Virgen María.

Si damos por sentado que nuestros guías son reales y que son unos seres muy poderosos, es fácil preguntarse por qué no se ocupan de todos nuestros problemas. Aquí hay ciertos parámetros que incluyen reglas y acuerdos que es importante entender sobre este tipo de relación.

Cómo operan nuestros guías en nuestra vida

Existen algunas reglas acerca de cómo pueden operar nuestros guías en nuestra vida. Por lo general, ellos no pueden violar nuestro libre albedrío. El libre albedrío es una de las leyes más importantes de esta dimensión. Nuestras decisiones tienen mucho poder y los guías no pueden invalidarlas, y tampoco pueden salvarnos de los resultados de ellas. Es posible que nos susurren al oído: «¿Estás segura de que quieres hacer eso?», pero no pueden detenernos si estamos a punto de tomar una mala decisión. Excepto cuando lo hacen.

Hay algunas ocasiones en las que tus guías aparecen y, literalmente, te salvan la vida. Posiblemente habrás oído historias acerca de personas misteriosas, desconocidas, que es materializan de la nada y sacan a alguien de un automóvil en llamas y después nadie las vuelve a ver. Estas cosas ocurren a veces, pero para mí es un misterio por qué en algunas ocasiones nos salvan y en otras no. Me pregunto si todos tenemos algunas cartas de «salir de la cárcel gratuitamente» que podamos usar en estos casos.

Recuerdo que, cuando era pequeña, en una ocasión salté desde el techo del garaje de mis padres porque estaba convencida de que podía volar. Como era de esperar, la gravedad se impuso y caí al suelo. Os juro que sentí que la mano de un ángel me agarraba del tobillo, ralentizaba mi caída y me alejaba aproximadamente un metro del duro suelo de la entrada para hacerme caer sobre un montículo de compost blando. Me magullé y no pude respirar durante unos instantes, pero no fue nada grave, dadas las circunstancias. Pero lo que recibí fue una reprimenda angelical, algo así como: *¿En qué estabas pensando? ¿Sabes lo difícil que fue para nosotros hacer que estuvieras en este planeta en esta época? Tuvieron que suceder casi mil milagros para que estuvieras aquí, ahora, en este cuerpo, en esta época, y no puedes morirte ahora porque tienes cosas realmente importantes que hacer cuando crezcas…*

En algunas ocasiones recibimos un milagro y en otras no. Quizás esto se deba a que ya hemos utilizado todos los milagros que nos correspondían. O quizás sea porque nos ha llegado la hora de partir. O tal vez necesitamos aprender a lidiar con las consecuencias de nuestras decisiones, incluso si eso significa que el juego ha terminado. No obstante, es mejor que asumas toda la responsabilidad de tus decisiones, tus pensamientos, tus palabras y tus acciones, porque así es como crecemos y maduramos espiritualmente.

Nuestros guías no pueden, y no quieren, privarnos de nuestras lecciones. Todos tenemos cosas que aprender aquí y, por lo general, aprendemos tomando decisiones y luego experimentando las consecuencias de nuestros propios actos. Cuando somos rescatados y no tenemos que lidiar con esas consecuencias, perdemos la oportunidad de aprender de ellas y podemos acabar cometiendo los mismos errores una y otra vez. Si eres padre o madre, no harás los deberes a tus hijos, ¿verdad? Si lo hicieras, no aprenderían nada, podrían suspender en los exámenes o acabar no sabiendo algo que deberían saber más adelante en la vida, cuando realmente lo necesiten.

Lo mismo se aplica al libre albedrío de otras personas. No sirve de nada que les pidas a tus guías que «hagan» que alguien haga algo que tú quieres que hagan. Suprimir el libre albedrío de otras personas es una forma de magia negra y, por lo tanto, es algo que tus guías ciertamente no van a hacer —y tú tampoco deberías hacerlo. No estoy diciendo que no deberías rezar por alguien o enviarle buenas *vibras*, pero trata de dejar tus planes de lado. Tus guías tienen una capacidad limitada de proteger a otras personas, pero la excepción a esto son los niños. Puedes enviar a tus ángeles a que brinden protección general a tus hijos, y ellos harán lo que puedan.

Y, ciertamente, utilizamos el sentido común, ¿no es así? Puedes rezar y pedir a tus ángeles que te protejan mientras estás realizando un viaje por carretera, pero haz tu parte poniéndote el cinturón de seguridad y conduciendo prudentemente.

Algunas personas (suelen ser personas a las que no les gusta que les digan lo que deben hacer) tienen guías que trabajan sin intervenir mucho. Si eres una persona a la que le gusta hacer las cosas sin ayuda y solucionarlas sola, entonces tus guías serán más relajados contigo. Es posible que te hagan sugerencias, o quizás no te ofrezcan ninguna hasta que les pidas ayuda de una forma directa. Otras personas tienen guías que intervienen más y son más directivos. Los míos son así, y yo bromeo y digo que hago lo que me ellos me indiquen. Tengo este acuerdo con mis guías desde que tengo uso de razón.

Incluso si tienes unos guías mandones como los míos, un verdadero guía es un ser benevolente que no te criticará ni te menospreciará. Harán sugerencias, pero jamás serán maliciosos ni te dirán que hagas algo que no es para tu mayor bien.

Puedes aumentar tu conexión con tus guías si les pides ayuda todos los días. Esto hace que conecten con nosotros, ya que, al pedirles ayuda, estamos ejerciendo nuestro libre albedrío. Algunos días les pido ayuda incluso antes de salir de la cama por la mañana: «Hola, equipo. No estoy segura de qué es lo que necesito hoy, ¡pero, por favor, ayudadme!». O podríamos pedirles de una forma más directa cosas, como valentía, sanación, compasión o claridad.

LAS REGLAS QUE SIGUEN LOS GUÍAS

Aquí os dejo algunas buenas reglas a tener en cuenta al trabajar con tus guías:

- Ésta es una relación que hay que cultivar, y cuanto más tiempo pases tratando de comunicarte con ellos, con mayor frecuencia aparecerán.
- Ellos no pueden ignorar tu libre albedrío o privarte de las consecuencias de tus propios actos y decisiones.
- Están aquí para empoderarte, no para quitarte poder. No caigas en la trampa de pedirles que tomen decisiones por ti, ni les pases tus responsabilidades personales.
- Ellos tampoco van a interferir con el libre albedrío de los demás, así que, aunque a veces puedes pedir a tus guías ayuda para otras personas, ellos no pueden, ni quieren, ir en contra del libre albedrío de alguien.
- Los verdaderos guías nunca son maliciosos o críticos, y tampoco te dirán que hagas algo que te dañe o que dañe a otras personas.

Ahora que ya conoces las reglas básicas que tenemos para relacionarnos con nuestros guías, vamos a explorar las diversas maneras en que podemos conectar con ellos, recibir sus mensajes y crear una relación más sólida con ellos.

Conectar con tus guías

Cuando realices los ejercicios de este libro, estarás conectando con más de un guía. Es recomendable que escribas en tu diario psíquico cualquier información que recibas sobre tus guías para que puedas llevar un registro de tus experiencias y de lo que vas aprendiendo acerca de tu equipo a lo largo del camino.

Es importante saber que, cuando conocemos a nuestros guías por primera vez, tenemos que relajarnos, divertirnos y dejar de lado las expectativas de lo que podríamos experimentar. Nuestra mente lógica puede interferir cuando tomamos decisiones por adelantado diciéndonos, por ejemplo: «Esto va a ser difícil, no seré capaz de hacerlo», o «Mi guía va a ser un unicornio porque me encantan los unicornios». Si puedes, es mejor ser una hoja en blanco y sintonizar con lo que estés experimentando en el momento, ya que en ocasiones la gente ignora o rechaza lo que está ocurriendo cuando no coincide con sus expectativas.

A estas alturas ya tienes una idea de cuáles son tus sentidos psíquicos más fuertes. Si sabes que tu principal sentido es la clariaudiencia, entonces dedícate a escuchar bien, ya que tus guías utilizarán los canales que estén más abiertos para ti.

Si sientes ansiedad o temor con respecto al proceso, lo más probable es que tus guías decidan llegar de una forma muy suave para no asustarte. Si te atemorizan, entonces se arriesgan a que tires la toalla por el susto. Si eso ocurre, entonces nunca más volverás a tomar la oportunidad de conectar con ellos, porque preferirán permanecer en silencio antes que arriesgarse a asustarte. Quiero contarte lo que le ocurrió a mi alumno psíquico Rashad cuando conectó conscientemente por primera vez con sus guías. Él estaba trabajando en su miedo a que, tanto su familia como él, tuvieran experiencias psíquicas, porque llevaba toda la vida percibiendo espíritus y su fe musulmana proclama que no es una buena idea hablar con ellos.

LA HISTORIA DE RASHAD: *La primera vez que probé la «Meditación para conocer a tu guía», estaba tan nervioso por la posibilidad de que apareciera algún demonio y me asustara, que lo único que vi fue un resplandor rosado en mi campo de visión y tuve una ligera sensación de felicidad. Sentí una calidez en mi corazón y la serena sensación de que estaba a salvo, y que todo iba a estar bien. Realmente, me sentí seguro y, a medida que fui practicando a lo largo del tiempo, el resplandor rosado se fue tornando cada vez más claro, y finalmente pude ver la figura de una mujer muy bella. Era muy sabia y serena, y desde entonces me ha ayudado muchísimo. Ahora me pregunto cómo pude haberle tenido miedo.*

Nuestra relación con nuestros guías es simplemente eso, una relación, y debemos dedicar tiempo al proceso de desarrollarla. La mejor manera de hacerlo es haciendo que conectar con tus guías forme parte de tu rutina diaria. Puedes hacerlo a través de tus tiradas diarias de cartas, así que pídeles a tus guías que conecten contigo a través de ellas. Si tienes una rutina diaria de meditación, como parte de esa práctica podrías preguntarles a tus guías si tienen algo que decirte. Hay muchas meditaciones guiadas maravillosas que te brindarán la oportunidad de comunicarte con ellos. Y no te olvides de prestar atención a todos tus sentidos psíquicos, ya que nuestros guías conectarán con nosotros a través de todos ellos. Esas corazonadas, esos impulsos y esos saberes muy probablemente son mensajes directos que tus guías te están enviando.

CÓMO CONECTAR CON TUS GUÍAS

Éstas son algunas pautas y prácticas para conectar con tus espíritus guías:

- Es posible que al principio lleguen de una forma muy silenciosa, porque lo último que quieren hacer es asustarte. Si esto te pone nervioso, ten la expectativa de que llegarán suavemente.
- Trata de no tener expectativas acerca de lo que crees que *debería* ocurrir y trata de estar presente con lo que *está* ocurriendo.
- Expande tu conciencia a todos tus sentidos psíquicos: puedes presentir, saber, oír, sentir, saborear, oler o ver algo. Es posible que sientas una presencia, que percibas un color o que oigas un zumbido en los oídos.
- Ésta es una relación que se crea a lo largo del tiempo, así que sé paciente e intenta conectar con frecuencia.
- Pide a tus guías una señal, un presagio o una sincronicidad para ayudarte a saber que realmente son ellos.
- Utiliza tu péndulo para confirmar la información que recibas o utiliza tus herramientas de adivinación para dar a tus guías una forma fácil de comunicarse.

Lo que ayuda mucho es desarrollar la confianza con tus guías, pidiéndoles que te envíen algún tipo de señal, presagio o sincronicidad que te confirme que son auténticos. Esto forma parte de la creación de confianza y fe en tus guías. De la misma manera en que no harías mucho caso a un completo desconocido sin antes comprobar su buena fe, tampoco lo harías con tus guías. Pide algo específico como, por ejemplo, un centavo o una pluma, y observa qué aparece en los siguientes días. Para desarrollar la confianza con un guía son necesarios tiempo y conexión, así que no trates de acelerar el proceso.

Sé que, si realizas estas prácticas, con el tiempo crearás una relación muy bonita con tus guías.

Ahora, vamos a examinar los diferentes roles que pueden desempeñar con nosotros.

Los roles de nuestros guías con nosotros

Nuestros guías trabajan e interactúan con nosotros a través de una variedad de funciones y roles. Cuando conozco a un guía por primera vez, siempre le pregunto cuál es su función, ya que es realmente útil saberlo. Algunos guías tienen un propósito muy singular, mientras que otros pueden realizar muchas funciones distintas al mismo tiempo. Veamos algunos de los roles que desempeñan para nosotros.

Maestros

Estos guías están para ayudarte a aprender un tema determinado. Si estás estudiando en la universidad o aprendiendo un método de sanación o una enseñanza espiritual, es posible que atraigas a un guía cuya tarea consiste en ayudarte a aprender eso. Mi amiga Sue, que es una sanadora y una chamana maravillosa, me contó esta experiencia:

LA HISTORIA DE SUE: *Le estaba realizando mi primera sanación a una amiga y, cuando miré hacia un lado, vi a un hombre nativo americano de pie junto a mí. Tenía el pelo largo y negro, y un cigarrillo en la comisura de su boca. Llevaba puestos unos tejanos y una camiseta blanca con un chaleco de cuero negro. Me sor-*

prendí muchísimo al verlo de pie junto a mí. Él me guio durante esa
sanación, ya que yo realmente no sabía lo que estaba haciendo,
y desde entonces ha estado conmigo cuando hago sanaciones,
especialmente cuando estoy aprendiendo algo nuevo.

Guías para eventos o proyectos específicos

Estos seres aparecen para un determinado evento o momento en tu vida —por ejemplo, mientras estás realizando un determinado trabajo, pasando por un evento significativo en la vida o viajando a alguna parte. Es posible que haya un guía contigo mientras estás escribiendo una disertación o completando un proyecto importante en el trabajo. Yo tuve un guía que sólo estuvo cerca de mí mientras estuve embarazada; era su especialidad. Estos guías tienden a quedarse contigo durante un determinado período de tiempo y luego se marchan.

Musas

Las personas que son muy creativas suelen sentir que están canalizando la música que están tocando, o la obra de arte que están creando, o las palabras que están escribiendo. Se sienten guiadas desde una fuente externa. Este tipo de guías se denominan *musas* y su propósito es inspirarnos en el proceso creativo.

Muchas personas infravaloran la creatividad como una actividad espiritual, pero mi amigo y colega Jacob Nordby dice, en su libro *The Creative Cure: How Finding and Freeing Your Inner Artist Can Heal Your Life*,[8] que la creatividad es una expresión directa y pura de tu alma y, por lo tanto, las musas deberían ser honradas como unas guías muy importantes.

Si tienes este tipo de guías a tu alrededor, notarás que te sumerges en el proceso creativo como si las palabras, la música o el arte fluyeran a través de ti. Existe una conexión muy significativa entre nuestro lado intuitivo y creativo, ya que en realidad surgen de la misma parte de nuestro cerebro y de nuestro ser. Para más consejos sobre cómo usar la creatividad para abrir y explorar tu intuición, te recomiendo el encan-

---

8. Jacob Nardby, *The Creative Cure,* Hieroplant Publishing, 2021.

tador libro *The Way of the Empath: How Compassion, Empathy, and Intuition Can Heal Your World*,[9] de la artista y sanadora Elaine Clayton.

Sanadores

Estos guías trabajan con nosotros para ayudarnos a sanar de cualquier cosa que nos esté perturbando. Ellos pueden ayudarnos en mente, cuerpo o espíritu, lo que necesitemos en un momento concreto. A menudo, llegan a nosotros cuando estamos durmiendo, para hacer el trabajo de sanación en ese momento. Pueden ayudarnos a sanar a todos los niveles de nuestro ser, ya sea emocional, mental, físico o espiritual. Les pregunté a unos guías que trabajan conmigo por qué suelen ayudarnos a sanar mientras estamos dormidos y me dijeron que, mientras dormimos, entramos en un ciclo de sanación y restauración de forma natural y la resistencia a su trabajo es menor cuando la mente consciente no está funcionando.

Antonio es uno de mis alumnos de Reiki. Lo aprendió para que le ayudara a recuperarse de una grave enfermedad crónica que había estado padeciendo desde su infancia.

> **LA HISTORIA DE ANTONIO:** *Llevaba mucho tiempo enfermo y, hace un par de años, todo empeoró muchísimo y no sabía si sobreviviría. Me hice mucho Reiki a mí mismo y trabajé con un equipo de médicos y sanadores. Todas las noches rezaba antes de dormir y les pedía a mis guías sanadores que me ayudaran a sanar.*
>
> *Una noche tuve un sueño en el que me encontraba en una habitación llena de seres luminosos –sentía como si estuviera en un quirófano lleno de personas resplandecientes. Esos seres me preguntaron si realmente quería permanecer en mi cuerpo o si estaba preparado para partir y regresar a casa, al mundo de los espíritus.*
>
> *Me dijeron que si me quedaba iba a ser duro y que tenía que realizar una sanación emocional más profunda. O, si estaba cansado, podría simplemente dejarme ir. Yo sabía que era un momento de elección muy significativo y que si decidía marcharme, proba-*

---

9. Elayne Clayton, *The Way of the Empath,* Hampton Roads, 2022.

blemente moriría esa noche mientras dormía –así de enfermo estaba. Pero elegí quedarme y hacer el trabajo. Después de eso, cada noche podía sentir la presencia de esos seres trabajando conmigo para sanarme, y sané. Tuve una remisión, que probablemente acabará estando en los libros de texto de medicina, porque no existe ninguna cura conocida para la enfermedad que yo solía tener. Todavía estoy trabajando para recuperar mi salud completa, pero me siento muy agradecido con mis guías sanadores y sigo estando feliz de estar vivo.

Es maravilloso trabajar con los guías sanadores. Ellos ofrecen consuelo, compañía y amor incondicional, ¡y eso es lo que todos necesitamos!

Directores espirituales

Probablemente sean los guías más importantes. Su función es ayudar a guiarnos y dirigirnos en nuestro camino espiritual, y suelen estar conectados con nosotros a lo largo de muchas vidas. Ellos entienden toda nuestra evolución como seres, conocen los karmas con los que estamos trabajando y pueden acceder a nuestro registro kármico viendo nuestra historia de vidas pasadas. Comprenden el propósito de nuestra vida y, además, hacen un seguimiento de los contratos de nuestra alma con otras personas. Nos ayudan dándonos pistas, corazonadas y empujoncitos, para ayudarnos a encontrar nuestro camino y nos abren las puertas adecuadas mediante sincronicidades. Además, estarán con nosotros cuando fallezcamos y pasemos al otro lado; su propósito entonces es ayudarnos a revisar nuestra vida, entender todas las lecciones aprendidas y la sabiduría obtenida en esa encarnación, y también nos ayudan a elegir nuestra siguiente encarnación en base a lo que más necesitamos aprender.

Podemos conectar con nuestros directores espirituales fácilmente en nuestros sueños y es muy común que nos visiten mientras dormimos y nos den consejos y correcciones de rumbo que luego entran en nuestra mente consciente. Incluso las personas que no son conscientes de que son psíquicas o que tienen guías conectan con su director espiritual mientras duermen.

Son unos seres muy compasivos, pero no el tipo de guía que te tomará de la mano. Antes bien, su propósito es hacernos salir de nuestra zona de confort para que podamos crecer en todos los sentidos. En ocasiones, cuando nos resistimos a este crecimiento, ellos ayudan a crear las circunstancias que nos harán salir de un empleo o una relación disfuncionales que no tenemos la valentía de dejar.

Mi alumna psíquica Cindy tiene un director espiritual que parece un alpinista. Tiene cuerdas, un equipo de escalada y una mochila llena de artículos que la pueden ayudar. Y lleva siempre una lámpara que pone a los pies de Cindy para que ella pueda ver su camino. Otro de mis alumnos tiene un trío de sabios con aspecto de ancianos que ofrecen sabiduría y filosofías acerca del significado de la vida. Ellos le indican todas las opciones que tiene delante de él, pero no son directivos, en absoluto. Consideran que todas las opciones son válidas y que forman parte de la «investigación» que hacemos al vivir. Son serios, amables y compasivos, al igual que mi alumno.

En total contraste con esto, cuando recientemente hice una sesión con una de mis clientas, vi a dos ancianas que estaban riendo, dándose palmaditas en la espalda y contando chistes verdes. Eran sus directoras espirituales y eran mundanas, irreverentes y un poco mandonas. Su mensaje para mi clienta era que se relajara. Como se tomaba todo demasiado en serio, necesitaba relajarse y dejarse llevar un poco más por la corriente. Éste fue su mensaje para ella: *Tu camino está en el fluir de la alegría, el amor, el placer y la diversión. Tienes que vivir plenamente en cada momento y aprender a estar en paz con el hecho de que no sabes lo que va a ocurrir a continuación. Suéltate y sigue escogiendo el amor.*

Protectores y guardianes

Estos guías son como guardaespaldas y nos ofrecen su protección de distintas maneras. Su protección puede extenderse a todas las áreas de nuestras vidas, incluyendo la física, la emocional, la mental, la psíquica y la energética.

Nuestros guías protectores nos ayudan a mantenernos a salvo, evitando situaciones riesgosas. Es posible que te susurren algo al oído para ayudarte a evitar un peligro real, como lo hicieron con mi amiga Wendy:

LA HISTORIA DE WENDY: *Cuando tenía veintipocos años, me encontraba en un gran bosque estatal tomando fotos. Estaba sola en la ribera de un río cuando oí una voz muy fuerte dentro de mi cabeza que me decía: ¡Márchate! ¡Entra en tu coche ahora mismo! Fue como si, mientras oía esas palabras, alguien me empujara. Mientras entraba en mi coche, un hombre pasó junto a mí conduciendo su automóvil y sentí escalofríos y frío en los pies. Sentí como si un tiburón estuviera moviéndose en círculos por el estacionamiento y me alegré de estar a salvo en mi coche, alejándome de ese lugar. Supe que ese día había evitado el contacto con un depredador, y hasta el día de hoy siento escalofríos cuando pienso en ello.*

Todos tenemos espíritus protectores y es bueno establecer una conexión consciente con ellos para que podamos seguir estando a salvo en el mundo.

CONSEJO PSÍQUICO: *Llama a tus protectores*

Cuando sentimos que estamos en peligro, o que necesitamos protección energética, podemos llamar a nuestros guardianes. Haz unas respiraciones para centrarte y conectar con la Tierra y luego pídeles protección: «Guardianes y protectores, ¡enviad ayuda ahora!». Puedes pedir algo específico, o puedes mandar un SOS más general. Una vez que lo hayas hecho, busca señales, presagios y sincronicidades que te muestren el camino.

Porteros

Estos seres trabajan principalmente con los médiums, y su función consiste en hacer conexiones para nosotros en los reinos espirituales. Ellos mantienen abiertos los «portales» y las puertas que hay entre los mundos, para que podamos acceder a diferentes dimensiones. Todos los médiums tienen estos guías que cuidan las puertas entre el mundo de los vivos y el de los muertos. Si sientes que tienes habilidades de mediumnidad, es esencial que tengas información acerca de los porteros. Ellos son importantes porque mantienen fuera a los espíritus no deseados y, además, ayudan a abrir la puerta al espíritu de una persona fallecida con el que te quieras comunicar.

Si no se hace correctamente, la mediumnidad puede ser un poco peligrosa. Los médiums poco experimentados abren las puertas del plano astral (hablaremos de esto extensamente en el capítulo 6), que es donde residen los fantasmas y otros espíritus intranquilos. Es por este motivo por lo que no se recomienda que los novicios realicen sesiones de espiritismo, pues abres las puertas al más allá, y si no sabes cómo cerrarlas correctamente, los seres astrales pueden seguirte hasta tu casa. Nuestros guías porteros nos ayudan a cerrar las puertas y controlan el flujo entre los reinos.

Los guías porteros vienen en muchas variedades distintas. Mi colega Débora trabaja con su abuela, quien también solía ser una médium y una sanadora portuguesa de la vieja escuela. Mientras Débora trabaja, su *nonna* mantiene lejos a los espíritus que no ayudan y deja entrar a aquéllos con los que su nieta quiere hablar.

LA HISTORIA DE DÉBORA: *Es habitual que, mientras estoy haciendo mis sesiones, aparezcan muchas personas muertas. Quizás sólo unas cuantas sean relevantes para la sesión que estoy realizando, pero la habitación se llena de espíritus curiosos o de espíritus atascados que sólo quieren meterse en la sesión. La nonna los mantiene a raya. En vida, ella era un portento, ¡y sigue siéndolo para mí!*

Sasha es una médium poderosa que conecta con la diosa celta Cerridwen como portera. Asociada durante mucho tiempo a la diosa griega Hécate, Cerridwen custodia las puertas entre los mundos y se encuentra en el cruce de caminos entre la vida y la muerte. Sacha me contó que, desde que empezó a pedir a esta guía que abriera y cerrara las puertas antes y después de sus sesiones, su consultorio está muy silencioso y tranquilo. «Antes de saber cómo hacer eso, sentía que había una cola de espíritus fuera de mi consultorio, esperando para entrar y queriendo hablar todos a la vez. Ahora sólo se presentan los más relevantes, y ya no soy molestada por espíritus descarriados en medio de la noche», dijo Sacha.

Éstos son ejemplos fascinantes de los roles que los guías desempeñan para nosotros. Y también hay muchos tipos de guías. Esto va más allá de su función y se refiere al tipo de ser que son. Por ejemplo, puedes tener un guía protector que sea un animal de poder, un familiar fallecido o un espíritu de la naturaleza. Para más información sobre estos tipos de guías, puedes ver el cuadro que viene a continuación titulado «Los guías que normalmente se relacionan con nosotros».

LOS GUÍAS QUE NORMALMENTE SE RELACIONAN CON NOSOTROS

Por lo que sé, hay una variedad infinita de espíritus guías. A lo largo de los años que llevo trabajando como psíquica y comunicándome con los guías de otras personas, he ido descubriendo nuevos tipos de guías, algunos de los cuales no había visto antes. Y, sin embargo, por lo general me encuentro con los mismos tipos de guías que se relacionan con la humanidad y la ayudan. Más adelante, en este libro, Veremos en profundidad cada tipo de guía, pero aquí dejo un pequeño esbozo de los que más se relacionan con la humanidad:

- **Espíritus de los antepasados:** Estos guías son las almas de nuestros seres queridos que han fallecido y que nos ayudan desde el más allá. Pueden ser muy buenos dando consejos, protegiéndonos y animándonos, y están aquí para incrementar nuestra energía y levantarnos la moral.
- **Ángeles:** Muy queridos por las personas, los ángeles son intermediarios entre Dios y la humanidad. No son espíritus humanos, de manera que no nos morimos y nos convertimos en ángeles. Son mensajeros divinos y su función es asistirnos para que nos elevemos y regresemos a la conciencia divina.
- **Maestros ascendidos, profetas y santos:** Son almas que fueron seres humanos, pero han evolucionado más allá del ciclo de la reencarnación. Son seres iluminados que continúan enseñan-

do, inspirando y sanando a la humanidad, pero como espíritus guías, no como personas encarnadas. Están a disposición de cualquiera que les pida ayuda. Entre ellos están Jesús, María, el Buda, Krishna y Kuan-Yin.

- **Seres de energía pura:** Existe una variedad aparentemente infinita de estos seres que son difíciles de clasificar. Son seres espirituales de alto nivel, que no son humanos, sino que existen mayormente en forma de energía. A menudo se presentan en el rol de guías directores espirituales, maestros o sanadores.

- **Espíritus de la Tierra:** Son los habitantes de los reinos de las hadas y son las esencias espirituales del mundo natural, incluidos los espíritus de las plantas y las esencias de espíritus de los elementos. Son los espíritus de las rocas, los árboles, las montañas, los lagos, los bosques y las plantas individuales.

- **Seres multidimensionales:** Estos seres son de muchos lugares distintos y sirven a muchos propósitos distintos, pero la característica principal de ellos es que no son de aquí, sino que provienen de otra dimensión.

- **Animales de poder:** Son la energía y la sabiduría esencial del espíritu de los animales. Su energía pura y simple nos ayuda trayendo determinadas frecuencias: por ejemplo, el león nos aporta las cualidades de valentía, fuerza y liderazgo cuando necesitamos esa energía.

- **Guías de la familia de almas:** Estos guías forman parte de nuestra «familia de almas», en lugar de nuestra familia biológica. Son tus almas gemelas que no están encarnadas contigo actualmente, pero que todavía te traen su amor, su presencia y su sabiduría.

¿Qué hacemos cuando nos encontramos con un espíritu que sentimos que no es bueno para nosotros? Están cerca, pero mientras estemos alertas y practiquemos el discernimiento, podremos manejarlo. Así es como se hace.

Guías vs. entidades: Habilidades básicas de discernimiento

Como dijimos antes, no todos los seres con los que podemos entrar en contacto son espíritus que nos quieren ayudar. Hay espíritus que no son serviciales y podríamos encontrarnos con ellos cuando realizamos las prácticas para conocer a nuestros guías. Los estudiantes psíquicos suelen preocuparse por cómo diferenciar a un verdadero guía, que siempre quiere lo mejor para ti, de una entidad que no quiere eso.

El *discernimiento* es la capacidad de saber con qué tipo de espíritus estamos tratando. Para tranquilizarte, te diré que ya ejerces el discernimiento, sin ningún esfuerzo, probablemente diez veces al día. Veamos el ejemplo de lo que ocurre cuando conoces a una persona. Tu parte intuitiva hace un juicio rápido, en pocos minutos, o incluso segundos, de una presentación, y tú ya sabes si esa persona resuena contigo o no.

El discernimiento espiritual y psíquico no es diferente a eso. Tanto si incluye a personas vivas o muertas, o a cualquier otro tipo de espíritu, el proceso del discernimiento es el mismo.

Sentirás, percibirás o sabrás de inmediato si una persona, o algo, es:

- bueno, benevolente y te quiere ayudar;
- neutral;
- malo, malicioso o malévolo.

Observa qué sensaciones tienes en tu cuerpo. Si una persona o espíritu emana energía negativa, incluso si tiene una buena apariencia en la superficie, te sentirás mal. ¿Estás empezando a tener una sensación de frío, sudoración o náuseas? Es posible que sientas que tu vientre está tenso y que tienes dificultad para respirar. ¿Sientes malestar e intranquilidad? Sintoniza con lo que tu instinto te está diciendo. Observa lo que sientes y lo que sabes. Expande esto a todos tus sentidos psíquicos y es posible que también veas y oigas cosas que te ayudarán a hacer una evaluación.

Lo mismo ocurre si te encuentras con una persona servicial o un verdadero espíritu guía. Te vas a sentir bien. Quizás sientas una calidez, o te sientas animado y seguro. Es posible que te relajes y que tu vientre y tu respiración se relajen. Sientes, sabes o percibes que es un ser benévolo. O quizás no te sientas ni mal ni bien, sin un tanto neutral. Los espíritus neutrales son muy comunes y los estudiantes psíquicos se encuentran con ellos porque cuando uno se abre, se ilumina el plano astral como si fuera un pequeño foco. Los espíritus neutrales son curiosos y vienen para observarte, se sienten atraídos como las polillas a la llama de una vela. (Exploraremos el plano astral en el capítulo 6). No son ni buenos ni malos; sólo son curiosos. Y puedes tomar la decisión de no tratar con ellos si no deseas hacerlo.

Supongamos, por ejemplo, que algo nos despierta en medio de la noche y sentimos la presencia de un ser en nuestra habitación. En la mayoría de los casos, esto nos sobresalta y pensamos: «Ay, Dios mío, ¡hay algo o alguien aquí!». Es perfectamente normal asustarse, así que quiero que observes cómo te sientes *después*, cuando la sensación de sobresalto ya ha pasado. Muchas personas han ahuyentado a un ángel bueno o al espíritu de un antepasado debido a ese pánico inicial que sintieron. Deja que el pánico se asiente y luego sintoniza con tu intuición. Te puedo garantizar que, si lo haces, rara vez te equivocarás, al igual que te ocurre con las personas vivas.

Si tienes un encuentro con un guía y la sensación no es buena, hay un método de tres etapas que yo utilizo para pedirles a los espíritus que se vayan. Empiezo pidiéndoles educadamente que se marchen. Esto tiende a ahuyentar a los espíritus neutrales curiosos y en ocasiones responden diciendo: «Uy, lo siento, no me di cuenta de que podías percibirme. Perdona la intrusión…», y se alejan lenta y educadamente. Esto arreglará la situación en la mayoría de los casos.

Si estamos tratando con el espíritu de una persona fallecida que se ha quedado estancado (un fantasma) o con otra cosa que siente pánico o necesita ayuda, puede ser más persistente. Es posible que no se marche cuando se lo pidamos educadamente. Llegado ese punto, necesitamos amplificar nuestro poder y exigirle, en un tono firme, que se vaya. Yo siento mi poder en el centro de energía del plexo solar, piso fuertemente con el pie, señalo con el dedo y les exijo que se marchen. Trata de usar tu voz de más intimidante y di: «¡Te exijo que te vayas ahora!».

Si eso no funciona, entonces lo que hacemos es el equivalente espiritual de llamar a la policía. Le ordenamos al espíritu, en el nombre de un poder superior, que se retire. Esto invocará al espíritu del poder superior para ayudar a desalojar a la entidad, de manera que no sea sólo tu voluntad contra la suya. Las órdenes son muy poderosas en el mundo espiritual, pero en este caso necesitamos refuerzos: «¡Te ordeno en el nombre de Jesús/Alá/Buda que te vayas en este instante!». Esta invocación hace que llegue la asistencia espiritual del ser al que invocaste. El arcángel Miguel siempre es una buena opción, porque es un ángel guerrero y una de sus funciones es proteger a los humanos contra el peligro espiritual. En la mayoría de los casos, este proceso logrará su objetivo y desalojará a cualquier espíritu visitante.

Ahora, volvamos a los espíritus guías buenos. Prueba la meditación guiada que viene a continuación para ayudarte a conocer a tus espíritus guías.

Ejercicio: Meditación para conocer a tu guía

Puedes descargar el audio en inglés de esta meditación en www.newharbinger.com/50744

1. Colócate en un lugar tranquilo donde nadie te vaya a molestar durante un rato. Trae tu diario para que puedas escribir lo que ocurra.
2. Empieza con las prácticas de centrarte, de conectar con la Tierra y de protección que vimos en el capítulo 2.
3. Ahora, realiza el ejercicio básico para sintonizar que vimos en el capítulo 1.
4. Desde este lugar de receptividad, deja de lado tus expectativas y trata de estar presente con lo que llegue.
5. Pide a tus guías que estén presentes y que se acerquen a ti para que puedas sentirlos. Algunas personas piden: «Que los guías de más alto nivel que estén disponibles para mí vengan en este momento». Esto deja fuera a la chusma psíquica.
6. Observa qué experimentas. Extiende tu conciencia psíquica para que incluya a todos tus sentidos psíquicos de manera que estés prestando atención a cómo te sientes, a lo que percibes,

a lo que sabes, a lo que sientes en tu cuerpo, a lo que hueles o saboreas, y también a lo que puedas ver u oír.

7. Haz a tus guías esta serie de preguntas, pero no te quedes enganchado en las respuestas. Quizás recibas algunas respuestas y quizás no —no importa. No olvides que lo primero que nos llega suele ser lo correcto, incluso si es raro. Si tienes múltiples guías, hazle las preguntas a cada uno de ellos.

   • ¿Tienes nombre?

   • ¿Cuál es tu función? ¿Eres un sanador, protector, o director espiritual, u otra cosa?

   • Si no está claro qué tipo de guía es, pregúntale esto: ¿Qué tipo de guía eres? ¿Un animal de poder, un ángel, un antepasado u otra cosa?

   • ¿Cómo te has estado comunicando conmigo? ¿Hay algo que pueda hacer para mejorar la comunicación?

   • ¿Me vas a dar una señal en los próximos días para asegurarme que eres auténtico?

8. Dale las gracias por venir a ti y regresa lentamente a tu cuerpo.

9. Inspira cualquier energía adicional que tengas y haz que descienda por la cuerda de conexión y mueve tu cuerpo para volver a la normalidad.

10. Anota en tu diario todo lo que has experimentado y utiliza tu péndulo para confirmar o negar cualquier cosa sobre la que no estés seguro.

En ocasiones, las personas se sienten un poco mareadas después de esta meditación, ya que realmente abre centros de energía como los de la coronilla y la frente. Asegúrate de hacer una buena conexión con la Tierra después de esta meditación. Escríbelo todo en tu diario, para no olvidar los matices, los cuales tienden a desaparecer cuando volvemos al nivel de conciencia Beta.

Algunos estudiantes psíquicos me dicen: «No vi nada. ¡No recibí nada!», después de hacer esta meditación. Pero cuando les pregunto qué experimentaron, me responden algo parecido a lo que me dijo mi amigo Eduardo.

LA HISTORIA DE EDUARDO: *Bueno, no vi nada, así que me preocupé, porque pensé que lo estaba haciendo mal. Y luego sentí una presencia, como si hubiera alguien de pie junto a mí. Pude sentir una presencia. Era muy amorosa y reconfortante, y tuve una sensación de calidez, como si ese ser pusiera su mano sobre mi hombro. No oí ninguna respuesta a esas preguntas, pero supe y sentí cosas. Supe que era mi abuelo y que estaba ahí para protegerme. Pude sentir lo orgulloso que está de mí y cuánto me quiere.*

Eduardo casi cae en la trampa de creer que no se había encontrado con su guía porque no vio nada, pero cuando se abrió a sus otros sentidos psíquicos, se dio cuenta de que había recibido una gran cantidad de información.

Puedes hacer esta meditación tantas veces como quieras, y a medida que vayamos avanzando por el material de este libro, haremos variaciones de esta meditación para que en algún momento puedas encontrarte con tus propios guías. Es muy emocionante poder comunicarnos directamente con nuestros guías, y poder hacerlo puede aportarnos mucho consuelo, sanación y orientación.

¿Qué sigue?

Ha llegado el momento de explorar las otras dimensiones que están a nuestro alcance como psíquicos. ¡Estoy muy emocionada de poder compartir contigo el mapa que he creado!

CAPÍTULO 6

Explora un mapa de los reinos inferiores, medios y superiores

Cuando empezamos a tener experiencias psíquicas, nos parece que son todas fortuitas, como un foco que se enciende repentinamente e ilumina una habitación oscura. Vislumbramos lo que hay ahí y luego las luces se apagan, dejándonos otra vez en la oscuridad. Aparentemente no hay ningún patrón, ningún motivo, ninguna razón, y ese carácter fortuito contribuye al miedo y a la confusión que muchos sensitivos sienten cuando sus dones se activan.

¿Cuánto más seguros y a salvo podemos sentirnos si sabemos que en realidad todo tiene un patrón? Hay un patrón que es predecible, reconocible y sumamente útil. Volvamos a la idea de «tener calle». Si tienes calle, podríamos dejarte en cualquier ciudad del mundo y, si tuvieras los conocimientos adecuados, una guía y un mapa, podrías moverte por esa ciudad con facilidad y seguridad.

En este capítulo recibirás el mapa. Éste se basa en mis años de experiencia viajando por los reinos psíquicos, así como en otros modelos metafísicos, incluyendo el chamanismo, la cábala y la teosofía. Y quiero reiterar que ésta es una teoría, pero es una teoría muy útil que he utilizado y enseñado durante décadas. Además, encaja con las experiencias psíquicas de los ámbitos espirituales que han tenido muchas otras personas. Te invito a que la uses como una guía y a que también incluyas cualquier experiencia que tú hayas tenido y que pueda diferir de ésta.

Y sólo un comentario sobre la terminología: los metafísicos utilizan los términos *reinos*, *mundos*, *planos*, *esferas* y *dimensiones* de una forma un poco indistinta, pero yo utilizaré el término «reinos» para agrupar las diferentes dimensiones.

El mapa de los reinos espirituales

Siempre he encontrado que es bastante reconfortante y empoderador saber que los mundos psíquicos tienen una estructura. Cuando nos abrimos por primera vez, puede parecernos que nuestras experiencias psíquicas son fortuitas y caóticas, como si encendiéramos una linterna y viéramos cosas al azar que no están relacionadas entre sí.

Este mapa te ayudará a establecer las relaciones. Al utilizar este mapa y hacer que nuestro viaje gire en torno a él, aprendemos una de las habilidades psíquicas más importantes: el discernimiento. *Discernimiento* es la capacidad de saber qué tipo de experiencia espiritual o psíquica estás teniendo. El discernimiento crea psíquicos que son flexibles con sus conocimientos.

Algunos psíquicos somos generalistas y tenemos la capacidad de acceder a información desde cualquiera de las diferentes dimensiones, dependiendo de lo que se necesite en el momento. Otros tienen un área en la que se sienten más a gusto y, por ejemplo, pueden sentirse absolutamente cómodos con los ángeles, o siendo médiums. Algunos psíquicos tienen una fuerte conexión natural con las experiencias chamánicas profundas y espirituales que encontramos en el reino inferior. Seas del tipo que seas, hay algo eminentemente funcional en el hecho de poder viajar por esas dimensiones a voluntad, o al menos reconocerlas cuando tienes tus experiencias psíquicas.

Incluso si no eres médium, lo más probable es que en algún momento tengas la oportunidad de ayudar a alguien a cruzar al otro lado como un acto de servicio. Y a medida que vayas acumulando experiencias en cada región del mapa, podrás desarrollar la capacidad de discernir dónde estás y qué tipo de espíritus hay a tu alrededor.

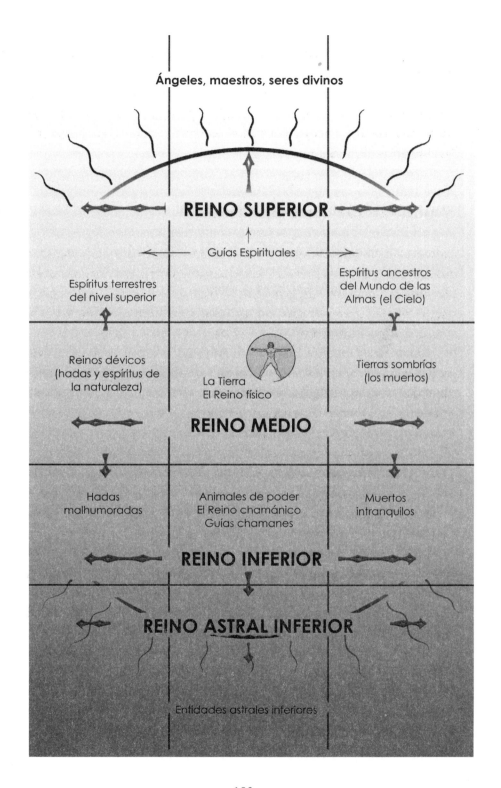

Ángeles, maestros, seres divinos

REINO SUPERIOR

Guías Espirituales

Espíritus terrestres
del nivel superior

Espíritus ancestros
del Mundo de las
Almas (el Cielo)

Reinos dévicos
(hadas y espíritus de
la naturaleza)

La Tierra
El Reino físico

Tierras sombrías
(los muertos)

REINO MEDIO

Hadas
malhumoradas

Animales de poder
El Reino chamánico
Guías chamanes

Muertos
intranquilos

REINO INFERIOR

REINO ASTRAL INFERIOR

Entidades astrales inferiores

Laurent fue uno de mis alumnos psíquicos. Él me contó su experiencia después de haber finalizado mi programa de desarrollo psíquico.

LA HISTORIA DE LAURENT: *Me sentí mucho más seguro y más en control de mis experiencias psíquicas. Cuando más aprendía y experimentaba en cada reino, más capaz era de entender e identificar mis propias experiencias. Después de eso, cuando experimentaba algo, sabía lo que era porque ya había estado ahí antes. Este mapa hizo que todas las piezas del puzle encajaran para mí, de manera que podía ver la imagen total, y eso hizo que el miedo desapareciera.*

El modelo que estoy compartiendo contigo divide las dimensiones psíquicas en cuatro grandes reinos. Si le preguntaras a un físico cuántico, te diría que en realidad hay un número infinito de dimensiones en este universo infinito en el que vivimos, y creo que probablemente sea verdad. Sin embargo, para nuestros propósitos, las reduciremos a las que son relevantes para nosotros como humanos que estamos despertando nuestras habilidades psíquicas.

Éstos son los reinos espirituales:

- **El reino inferior:** También conocido en ocasiones como el reino chamánico, este reino está conectado con nuestro subconsciente, nuestros sueños y con el trabajo profundo del alma. Podemos recibir sanaciones a nivel del alma, visitándolo y conectando con nuestro propósito de vida, nuestras vidas pasadas y nuestro camino futuro.
- **El reino astral inferior:** Este reino está debajo del reino inferior y es considerado un barrio malo, psíquicamente hablando. Las entidades astrales inferiores pueden ser tramposas y ser parásitos, y es mejor evitarlas. Si realizas prácticas psíquicas seguras y evitas las peligrosas, de las que hablamos en el capítulo 3, estarás bien.
- **El reino medio:** Este reino habita en el planeta Tierra y tiene dos lados distintos. Un lado incluye a personas y el mundo humano, y el otro lado contiene a los espíritus de la naturaleza, incluyendo a las esencias espirituales de las plantas (conocidas como «hadas») y a todos los demás espíritus del mundo natural.

- **El reino superior:** En este reino están incluidos los seres de conciencia superior, como los ángeles, los maestros ascendidos, los profetas y los santos, y otros seres de conciencia pura. Aquí también encontramos el mundo de las almas (también conocido como el Cielo), que es a donde van nuestras almas cuando no están aquí.

En los capítulos restantes de este libro nos dedicaremos a profundizar en cada uno de estos reinos, pero quería que antes tuvieras una idea general. Es importante tener presente que estos reinos son dimensiones de la realidad que están más allá de lo que los humanos podemos percibir con nuestros cinco sentidos. Sabemos científicamente que hay gamas de color y de luz —como las luces infrarrojas y ultravioleta— que existen más allá de lo que podemos percibir con nuestros ojos físicos. Sabemos esto porque hemos creado instrumentos científicos capaces de registrar esas frecuencias de luz. Y, sin embargo, aunque no podemos verlas con nuestra visión física, percibimos esas dimensiones con nuestros sentidos psíquicos. Y cuanto más abramos los sentidos psíquicos, más podremos experimentar estas otras dimensiones.

Estas diferentes dimensiones coexisten simultáneamente junto a la nuestra, cada una de ellas en una frecuencia ligeramente distinta, de la misma manera en que la luz ultravioleta tiene una frecuencia diferente a la que podemos percibir en el espectro de luz visible. De la misma manera en que cada color de la luz tiene una frecuencia y una vibración distintas, cada una de estas dimensiones tiene su propia frecuencia también.

La Tierra tiene una frecuencia bastante densa, lo cual hace que sea una dimensión interesante y, al mismo tiempo, desafiante para los que nos encarnamos en ella. Podríamos usar el teclado del piano como una buena analogía. Si colocamos a la Tierra en la nota do central, podemos bajar la frecuencia y luego buscar notas más bajas en el teclado. En nuestro caso, para llegar al reino inferior (chamánico) sólo descendemos una nota. Es importante señalar que no es un lugar malo o malévolo, y que no hay nada que temer: no es el infierno ni nada parecido. Sin embargo, si descendieras lo suficiente en el teclado, es posible que encontraras algunas dimensiones bastante desagradables ahí.

También podemos subir en el teclado, y cada nota más alta nos llevará a una dimensión más elevada. La analogía del piano se quiebra cuando llegamos a este punto, porque también necesitamos poder viajar hacia los lados a través de estas dimensiones, como puedes ver en la figura 3. Estas otras dimensiones existen paralelamente a las nuestras y, como psíquicos, aprendemos a percibir y reunir información de ellas. He simplificado este mapa haciéndolo de dos dimensiones, pero, como cualquier mapa, representa algo más complejo. Las dimensiones son como muñecas rusas, donde cada una envuelve a otra o, como dicen los teóricos de la física cuántica, son como burbujas que existen unas cerca de otras y en ocasiones se tocan, aunque están separadas por una barrera.

Los velos entre dimensiones

Estas barreras, también conocidas como *velos*, separan a estas dimensiones, de la misma manera en que una membrana ayuda a contener lo que está dentro de una célula. Tenemos experiencias psíquicas con frecuencia porque el velo entre una dimensión y otra se torna muy fino, y es posible percibir cosas a través de estos velos o incluso pasar a través de ellos. Por ejemplo, el espíritu intranquilo de una persona fallecida, también conocido como un fantasma, puede pasar a través de estos velos y aparecer en nuestra dimensión de una forma en que la gente pueda percibirlo.

Hay momentos en el día y en el año en los que los velos se vuelven muy finos y es más fácil percibir cosas del otro lado del velo. En Halloween, el velo que separa nuestro mundo y la dimensión de los muertos intranquilos, en ocasiones llamada las *Tierras Sombrías*, se vuelve muy fino y podemos comunicarnos más fácilmente con las personas que nos han dejado. El 1.º de mayo (al menos en el hemisferio norte, donde yo vivo), el velo que separa nuestro mundo del mundo feérico se vuelve fino y las personas tienen más experiencias con los espíritus de la naturaleza.

Esto ocurre también en ciertos momentos del día. Los reinos feéricos están más cerca de nosotros al amanecer y al anochecer, pero a las tres de la mañana es el momento del día en el que la dimensión de los que han fallecido está más cerca de nosotros. Los que trabajan en hospitales saben que durante esa hora «mágica» muere más gente que a otras horas. Además, muchas personas también tienen fuertes conexiones psíquicas con sus seres queridos fallecidos a esa hora.

Hay algunos lugares físicos en los que los velos entre los mundos son más finos y podemos percibir otras dimensiones. Existe la teoría de que grandes estructuras megalíticas, como las pirámides, Stonehenge y otros círculos de piedra fueron colocados intencionadamente en esos lugares para aprovechar esos puntos suaves entre dimensiones.

Las personas que estudian fenómenos paranormales, como los ovnis y la criptozoología (criaturas como el Yeti y el monstruo del lago Ness) tienen la teoría de que son seres de otras dimensiones que llegan hasta aquí, al menos temporalmente, a través de portales o brechas en los velos. También saben regresar al lugar de donde provienen, y ése es el motivo por el cual todavía nadie ha encontrado el cuerpo de Pie Grande. Si caminamos por el bosque y vemos algo sobrenatural, podría ser que nos hayamos topado con una situación en la cual dos dimensiones han colisionado brevemente, y podemos experimentar la aparición de un fantasma, un ovni o un críptido durante unos instantes. No estoy segura de si eso es cierto, pero creo que es una teoría interesante.

También debemos tener mucho cuidado de no abrir portales entre las dimensiones, o al menos, si lo hacemos, debemos tener el suficiente sentido común de volver a cerrarlos. Herramientas como la tabla de la *ouija* son notorias porque abren una puerta entre las dimensiones; en este caso, al reino astral inferior, que es donde existen muchas entidades de vibración inferior. Muchas apariciones de fantasmas que son desagradables, aterradoras e innecesarias, se producen porque el uso repetido de este tipo de herramientas abre esta puerta una y otra vez, lo cual refuerza esto y hace que sea más difícil de cerrar.

A continuación, vamos a explorar una de estas dimensiones en particular: la dimensión astral. Veremos cómo presenta una oportunidad y, al mismo tiempo, un desafío para los psíquicos en desarrollo.

La dimensión astral

La dimensión astral está a sólo una dimensión de distancia de nuestra dimensión terrestre, de manera que tenemos muchas oportunidades de estar en contacto con ella, especialmente si nos estamos abriendo a nuestras habilidades psíquicas. Podemos pensar en la dimensión astral como si fuera una clara de huevo que rodea a una yema en un huevo duro, siendo la yema nuestra dimensión humana. O quizás pensar en ella como si fuera un juego de muñecas rusas de anidación.

Hay tres niveles en la dimensión astral: los reinos astrales superior, medio e inferior. Como psíquicos, los experimentamos de una forma distinta. Todos los niveles de las dimensiones astrales son lugares interesantes para estar, pero por lo general tenemos que evitar esta dimensión cuando sea posible.

El reino astral superior está muy conectado a nuestro mundo onírico: está lleno de seres arquetípicos y animales místicos, y puede ser un lugar divertido para visitar. Si alguna vez has tenido un sueño en el que estabas volando, probablemente estabas experimentando moverte por el reino astral superior, ya que es ahí donde las personas van cuando experimentan la llamada *proyección astral*. Esto ocurre cuando nuestro cuerpo astral, o nuestro espíritu, sale de nuestro cuerpo físico y visitamos el reino astral superior. En ocasiones nos encontramos con nuestros espíritus guías ahí; es como un lugar de encuentro neutral para los espíritus.

La parte media del reino astral —la guarida de los espíritus inquietos de los muertos, también conocidos como fantasmas— es lo que se denominan las Tierras Sombrías. Los médiums aprenden a acceder a esta dimensión para ayudar a esas almas perdidas a encontrar su camino hacia el Cielo.

El reino astral inferior es un lugar más oscuro y complicado, y vale la pena hablar de él antes de continuar. Tiene una frecuencia más baja que cualquier lugar que queramos visitar como psíquicos y está por debajo del «reino inferior» en nuestro mapa. Quiero que seas consciente de algunos de los peligros de experimentar el reino astral inferior, ya que los psíquicos novatos suelen toparse con este lugar cuando empiezan a abrirse y aprender. El reino astral inferior está lleno de problemas para los que somos sensitivos. Las entidades que lo habitan no se inclinan favorablemente hacia los humanos y a menudo son parásitos que se adhieren a nosotros con el propósito de quitarnos nuestra energía vital, o son bromistas malévolos a los que les encanta engañar y manipular a las personas.

Por favor, evita las siguientes prácticas psíquicas a menos que hayas recibido un entrenamiento minucioso con alguna persona que realmente sepa lo que está haciendo:

• sesiones de espiritismo con tablero de *ouija* u otros tableros espiritistas (en realidad, no deberías hacer esto *jamás*);
• la levitación de mesas;
• la proyección astral a propósito (en lugar de que ocurra de una forma natural mientras sueñas);
• el (FVE) fenómeno voz electrónica, si se hace una y otra vez en el mismo lugar;
• hechizos o rituales espirituales para invocar a los espíritus.

El tablero de *ouija* es especialmente problemático, simplemente porque está al alcance de todo el mundo y lo puedes encontrar en la sección de juegos de mesa en las jugueterías. Estoy segura de que muchos de nosotros hemos jugado con ella. Ciertamente, yo lo hice en mi adolescencia, en el sótano de la casa de alguien durante una fiesta de pijamas con compañeros de la escuela secundaria. Jugar con ella parece algo inofensivo, divertido y excitante, pero hay muchos casos documentados e incluso anecdóticos de estudiantes psíquicos ingenuos que conectaron con uno de esos seres astrales inferiores en sesiones de *ouija*. Desafortunadamente, éstos pueden ser notoriamente maliciosos y es difícil deshacerse de ellos. Los seres astrales inferiores son espíritus capaces de cambiar de forma y no dicen la verdad acerca de quiénes son y se presentan con un rostro con el que estás familiarizado. Les encanta decir que son el pobre fantasma patético de un niño o una niña que se ha perdido, o que son Jesús o el arcángel Miguel, normalmente con el propósito de ganarse tu confianza para luego poder manipularte. Por este motivo, en ocasiones, se les llama *los que cambian de rostro*. Puedes diferenciar a una entidad astral inferior de un auténtico guía por la forma en que te habla, por lo que te ofrece, y si te critica o te amenaza. En este caso, también debes usar tus habilidades de discernimiento básicas: los seres astrales inferiores te resultarán desagradables, aunque te digan que son benévolos. Estos seres son la causa de muchos fenómenos paranormales, especialmente de los más aterradores y peligrosos, como los espíritus *poltergeist* y otros fenómenos que vemos en las películas de terror. De hecho, cuando alguien piensa que tiene un «demonio», suele tratarse de uno de estos seres.

CONSEJO PSÍQUICO: *Reconocer a las entidades astrales inferiores*

Un guía verdaderamente benéfico jamás te prometerá riquezas, salud o fama, y no te adulará. Jamás te criticará, te avergonzará, te culpará o te amenazará. Las entidades astrales inferiores te adulan y te prometen el mundo –hasta que las cuestionas, y entonces pueden volverse desagradables, maliciosas y amenazadoras. Si has conectado con una entidad astral inferior, cesa todo contacto con ella inmediatamente y utiliza las técnicas que aprendiste en el capítulo 2 para removerla. Si eso no funciona, llama a un psíquico o una psíquica profesional que te pueda ayudar.

Una de las otras prácticas de alto riesgo que debemos evitar, a menos que estemos sumamente entrenados para ella, es la *proyección astral*. La idea aquí es que hay una parte de nuestro ser llamada el *cuerpo astral* que puede salir de nuestro cuerpo físico y pasearse por la dimensión astral. También conocida como «experiencia fuera del cuerpo», u OBE (sus siglas en inglés), la característica distintiva de esta experiencia es la sensación de estar volando o flotando por encima de tu cuerpo, e incluso ser capaz de verlo mientras tu conciencia flota por encima de él. Muchas personas hacen esto de forma natural mientras duermen, y estos fenómenos naturales son bastante inofensivos. Sin embargo, no recomiendo tratar de hacer una proyección astral intencionalmente, a menos que hayas recibido un entrenamiento por parte de una persona experta, ya que es muy habitual encontrarte en algún lugar desagradable en la dimensión astral inferior.

El riesgo de esto es doble. Por un lado, es muy posible que abramos portales en nuestro hogar si realizamos viajes astrales en repetidas ocasiones. Por otro lado, muchas personas que hacen proyecciones astrales, al regresar traen consigo entidades astrales. Yo coloco la proyección astral en la misma categoría de práctica de alto riesgo en que están la caza de fantasmas y las sesiones de espiritismo; no son problemáticas para las personas muy entrenadas, pero son potencialmente peligrosas para los novatos.

Si eres una persona que realiza viajes astrales de una forma natural, como lo hacen muchos psíquicos, por favor, recibe un entrenamiento en esta práctica. Recomiendo altamente la obra de Robert Bruce y su libro informativo *Astral Dynamics: The Complete Book of Out-of-Body Experiences.*[10]

Los psíquicos que todavía están aprendiendo suelen toparse con la dimensión astral, y ése es el motivo por el cual es importante hablar de ello. Necesitamos aprender a elevar nuestra frecuencia lo suficiente para poder pasar a través de ese reino y conectar con seres de más alto nivel. A medida que vayamos avanzando juntos en nuestro trabajo, te enseñaré algunas maneras fáciles y efectivas de sortear el reino astral e ir directamente a las cosas buenas.

El santuario interior

Si no queremos toparnos con la dimensión astral, ¿a dónde vamos entonces? Voy a darte un lugar seguro en el que aterrizar: tu *santuario interior.* Este lugar, que existe dentro de ti, funciona como un punto de partida hacia las otras dimensiones que vamos a explorar. Considéralo como una sala de espera en una estación de tren o en un aeropuerto. Es una zona segura que tiene puntos de conexión con todas las otras dimensiones que vamos a visitar. Tu santuario interior será único para ti y, a medida que lo vayas visitando, es posible que vaya cambiando con el tiempo. Muchas personas encuentran que su santuario inte-

---

10. Robert Bruce, *Astral Dynamics,* Hampton Roads, 2009.

rior se expande y les proporciona cada vez más puntos de acceso a otras dimensiones psíquicas a medida que sus habilidades aumentan. Podría ser un lugar en el que ya has estado antes, o podría ser un lugar creado por tu psique. Puede encontrarse dentro de un edificio como, por ejemplo, una iglesia o un templo. Podría ser un lugar que conoces realmente bien, como una habitación de tu casa. O podría estar ubicado en el exterior; por ejemplo, en una playa, o en una arboleda, o en un bonito prado.

Tu santuario interior es un lugar maravilloso para practicar el abrir tus sentidos psíquicos y también para encontrarte con tus guías. Vamos a explorar el tuyo ahora mismo. Recuerda que no es posible hacerlo mal o equivocarte. Experimentarás algo y, pase lo que pase, será perfectamente adecuado para este momento. No tengas expectativas, relájate y fíjate si puedes estar presente con lo que ocurra en el momento.

Ejercicio: Meditación del santuario interior

Colócate en un lugar cómodo y ten tu diario psíquico cerca de ti. (Puedes descargarte el audio de esta meditación en inglés en www.newharbinger.com/50744).

1. Céntrate, conectando con la Tierra y protegiéndote.
2. Declara la intención de visitar tu santuario interior. Es mejor decirlo en voz alta: «En este momento, estoy abriendo mis sentidos psíquicos para poder visitar mi santuario interior».
3. ¿Hay algo que puedas ver? Mira al suelo y a tus pies. Levanta la mirada y mira a tu alrededor. ¿Qué puedes ver ahí?
4. ¿Qué sabes acerca del lugar en el que te encuentras? Quizás simplemente veas que estás en la playa, o en un templo, o en la cima de una montaña. Expande tu conocimiento preguntándote: «¿Qué sé acerca de este lugar?».
5. ¿Oyes algo? Es posible que oigas el sonido de una fogata o de las olas rompiendo en la playa.

6. ¿Puedes oler o saborear algo, como el olor a incienso, o las agujas de pino si estás en el bosque?

7. ¿Qué sientes en tu cuerpo? ¿Puedes sentir la calidez del Sol sobre tu piel, o hay algo ahí que puedas tocar? ¿Y cómo están tus emociones? ¿Te sientes sereno/a, feliz y contento/a? ¿O nervioso/a y excitado/a?

8. Dedica un rato a explorar este lugar. Cuando estés preparado/a, regresa a tu cuerpo respirando profundamente y soltando cualquier energía adicional, haciendo que descienda por tu cuerpo, saliendo por tus pies y entrando en la Tierra. Mueve los dedos de las manos y de los pies, y abre los ojos.

Haz esta meditación con regularidad para fortalecer tus sentidos psíquicos. No te sorprendas si tus guías aparecen en tu santuario interior: es un lugar maravilloso para conectar con ellos.

¿Qué sigue?

Y ahora, sumerjámonos en nuestra exploración del primero de estos reinos, el reino inferior. Hay mucho poder y sanación que experimentar en el reino inferior: en él, muchas personas experimentan sanaciones espontáneas, recuerdan vidas pasadas y reciben información crucial acerca de su propósito de vida.

CAPÍTULO 7

Sana con chamanes, guías y animales de poder

El reino inferior es una dimensión psíquica profunda, rica y fascinante. Parte de mi primera formación como psíquica fue con un chamán, de manera que tengo una fuerte conexión y aprecio por este reino. En ocasiones se le llama también «el reino chamánico», y lo primero que tienes que saber acerca de este plano es que, aunque se le llame el reino «inferior», no es una dimensión infernal, ni tampoco está conectada con nada diabólico o malo.

Sin embargo, no siempre es un lugar cómodo para todos los viajeros psíquicos. En el reino inferior tenemos la posibilidad de encontrarnos con un nivel de nosotros mismos más profundo del que tenemos en la vida cotidiana. El reino inferior está conectado con nuestro yo subconsciente, con nuestra sombra interior y con nuestros sueños.

El trabajo espiritual y el trabajo psíquico no siempre es todo arcoíris, unicornios y polvos mágicos (aunque eso también es divertido). En ocasiones, necesitamos conectar con las partes más profundas, oscuras y no sanadas de nosotros mismos, y el reino inferior nos permite el acceso a nuestro subconsciente, al igual que ocurre cuando exploramos nuestros sueños. Aprender a movernos por el reino inferior es un poco como interpretar los sueños, y si has estado anotando tus sueños y reflexionando sobre ellos tal como aprendimos a hacerlo en el capítulo 4, ése es un buen punto de partida para entender tus experiencias en el reino inferior.

Y viajar por el reino inferior nos brinda, más que cualquier otra dimensión psíquica, una conexión directa con nuestra propia alma y con toda la sabiduría que contiene. Muchos estudiantes psíquicos tienen recuerdos espontáneos de vidas anteriores cuando visitan este reino y reciben información importante acerca de su propósito de vida. A menudo recibo sanaciones cuando visito este lugar, cosa que hago espontáneamente cada vez que tengo una gran transición o un rito de iniciación en mi propia vida. Y en el reino inferior somos invitados a enfrentar nuestros miedos, a atravesar los bloqueos emocionales y a hacer las paces con nuestra propia sombra interior.

Esto me recuerda una de mis escenas favoritas de la película de *Star Wars, El imperio contraataca*. En esa escena, Luke está realizando su entrenamiento de Jedi y el maestro Yoda se lo lleva a una cueva como prueba y para ayudarlo a encontrarse con su propia sombra. Cuando Luke le pregunta qué hay ahí, Yoda le responde, «Sólo lo que llevas contigo».

La famosa escena termina con Luke y Darth Vader enfrentándose en un duelo. Cuando Luke gana, se da cuenta de que ha estado luchando contra sí mismo, o al menos contra su propio lado oscuro. George Lucas fue un estudiante del gran Joseph Campbell, quien trabajó con los arquetipos y el concepto del viaje del héroe, lo cual Lucas utilizó para hacer que la historia de Luke fuera tan conmovedora para muchos de nosotros. Ten presente esto, ya que cuando viajemos al reino inferior estaremos realizando el mismo tipo de viaje interior, aunque quizás sin sables de luz.

Al reino inferior llegamos con nuestra intención y nuestra imaginación, permitiéndonos caer por un agujero, al estilo de *Alicia en el País de las Maravillas*, o entrando en una cueva, como hizo Luke. De hecho, la historia de *Alicia en el País de las Maravillas* es una fantástica experiencia chamánica del reino interior, y es muy posible que Lewis Carroll haya realizado un viaje a dicho reino que le inspiró esa historia. El agujero, la cueva o el pasadizo representan el paso de una dimensión a otra; es el punto de entrada al reino inferior. Encontraremos y visitaremos este punto de entrada dentro de tu santuario interior, y cuando lleguemos ahí, lo más probable es que te encuentres con tus guías chamánicos.

Tus guías chamánicos

Estos espíritus son los habitantes del reino inferior y están aquí para guiarnos, protegernos e incluso sanarnos. Es sumamente importante que dejemos de lado cualquier expectativa sobre estos guías, que nos relajemos y dejemos ir el miedo, ya que pueden ser un poco intensos, y que recordemos que no hay nada oscuro ahí abajo, excepto, como aprendió Luke, lo que traemos con nosotros.

Espíritus humanos y criaturas míticas

Al entrar en el reino inferior, la mayoría de la gente se encuentra con un espíritu guía cuya tarea consiste en guiarnos por los pasadizos del reino inferior, un poco como el conejo blanco de Alicia. Es muy común encontrarse con criaturas míticas, como dragones, unicornios y otros animales extraños, que son guías en este reino. Ésta es una situación en la que es importante practicar el discernimiento, ya que las cosas no siempre son lo que parecen en el reino inferior. Es muy posible que bestias míticas feroces o guías de aspecto extraño te ofrezcan sabiduría, compasión y una importante orientación. Quizás lo que encuentres te sorprenda, pero, ciertamente, si sientes que algo no está bien, que es negativo o aterrador, utiliza tus habilidades de destierro de librarte de ello.

Uno de mis guías chamánicos más poderosos es un ser llamado la Mujer de los Huesos. La conocí hace muchos años en uno de mis primeros viajes chamánicos. Me encontraba en una cueva con una gran fogata ardiendo en el centro de ella. Junto al fuego estaba sentada una mujer anciana, desnuda, que llevaba una falda hecha de huesos. Su cuerpo estaba cubierto de tatuajes y sus dientes estaban teñidos de negro, lo cual descubrí cuando me sonrió. Era aguerrida e intimidante, así que dije algo como, «¡Vaya!… Hola».

Entonces me golpeó en la cabeza con un gran hueso, riendo mientras lo hacía. Me dijo que eso era para abrirme el chakra de la coronilla y para que mis sentidos psíquicos se alinearan mejor. Esta acción me recordó a cuando hace muchos años solíamos dar un golpe al televisor para tratar de obtener una mejor recepción. «Miras, pero no ves», me dijo la anciana ese día.

La Mujer de los Huesos dijo ser una persona que habla con la verdad y también que era un oráculo, y que respondería a cualquier pregunta que yo le hiciera, siempre y cuando estuviera preparada para oír la verdad. En los últimos treinta años, he trabajado con ella muchas veces y siempre me encojo un poco cuando me encuentro con esta mujer, porque la verdad suele ser difícil de asumir.

«¿Ésta es la relación adecuada para mí?», le pregunté tímidamente en una ocasión, sabiendo y temiendo cuál sería su repuesta.

«¡Abre los ojos y mira de verdad! ¿Qué ves?», me respondió, golpeándome como siempre con su hueso. Entonces, súbitamente, pude ver las verdades que había detrás de las ilusiones de la relación, todas las señales de alerta aparecieron y mi corazón se rompió un poco cuando renuncié a la fantasía de un final feliz. Luego me abrazó mientras yo lloraba. A continuación, realizó una hermosa sanación del corazón, ya que sus duras verdades siempre van seguidas de una gran compasión, amor y sanación.

Aparte de encontrar espíritus humanos y criaturas míticas, prácticamente todo el mundo puede encontrar a sus espíritus guías en forma de animales en el reino inferior. En los círculos chamánicos los llamamos *animales de poder*, ya que su función es ayudarnos a encontrar nuestro poder, o prestarnos el suyo.

Animales de poder

Conectar con nuestros animales de poder es sumamente divertido, fácil de hacer y satisfactorio. La esencia del espíritu de los animales nos ayuda a conectar con las cualidades, o la esencia, de lo que esos animales representan para nosotros. Todos sabemos que los leones representan la cualidad de la valentía, y solemos decir que alguien es leal como un perro o listo como un mono. Cuando nos encontramos con los animales de poder, podemos conectar con esas cualidades en nosotros mismos. Cuando los animales vienen a nosotros como mensajeros psíquicos, es posible que nos estén trayendo esa cualidad esencial que necesitamos encarnar, o quizás nos señales las cualidades de las que carecemos en ese momento, pero que realmente necesitamos. En el chamanismo nativo americano, esta poderosa energía que los animales de poder nos traen se llama su *medicina*.

En mi caso, tengo una fuerte conexión con el ratón como animal de poder. La medicina del ratón tiene que ver con prestar atención a los detalles de las cosas, lo cual no es mi punto fuerte. Cuando un ratón aparece en mis sueños, mis meditaciones o en mi vida, sé que es un mensaje que me está diciendo que debo observar los detalles y asegurarme de que no se me ha olvidado nada. El ratón me recuerda que el demonio está en los detalles.

Todos tenemos una amplia variedad de animales de poder. Podemos encontrarnos, o no, con estos animales en el terreno físico. Mi alumna Star me contó esta bonita historia sobre su animal de poder.

LA HISTORIA DE STAR: *Los ciervos son guías importantes para mí. Vivo en Nueva Inglaterra, de manera que hay muchos ciervos por aquí, pero cuando veo uno, probablemente habrá un mensaje para mí. Un día, mi pareja, mi hija y yo estábamos viendo casas para comprar. Llegamos a una de ellas para visitarla y había tres ciervos delante de la entrada. Se trataba de una pequeña familia y sentí que nos estaban dando la bienvenida a nuestro hogar. Aunque había muchas personas interesadas en esa casa, supe que la íbamos a conseguir, y así fue. Era nuestra casa y los ciervos me enviaron el mensaje de que todo iba a estar bien.*

Ciertamente, podemos tener animales de poder que no viven en nuestro vecindario y, de ser así, tenemos que prestar atención a todos los lugares en los que podrían aparecer en nuestra vida. Quizás frecuenten nuestros sueños, nuestras meditaciones o nuestras visiones. O es posible que los encontremos en forma de animales de peluche en tiendas, o que los veamos en la televisión, o como imágenes que vemos cuando estamos fuera de casa. Quizás coleccionemos imágenes de estos animales o nos los tatuemos. ¿Alguna vez te has obsesionado ligeramente con algún animal específico? En ese caso, los ves por todas partes, ¿no es así?

Mi hija conecta con los colibríes, cuyo significado tiene que ver con ayudarnos a encontrar un camino lleno de alegría en la vida. Cuando ella tuvo que tomar algunas decisiones difíciles sobre su vida, recibió un paquete por correo. Una de sus amigas, que es artista, había pintado un cuadro de un colibrí y se lo había enviado. Había hecho caso de una corazonada, una percepción psíquica oportuna, de que mi hija necesitaba una señal, y eso fue todo. Esa señal la ayudó a tomar la decisión de escoger un camino más desafiante pero potencialmente más lleno de alegría para su vida.

Es más beneficioso para nosotros ser humildes y curiosos respecto a nuestros animales de poder. En ocasiones, un gran poder llega en un envase pequeño como, por ejemplo, un insecto. No te decepciones si recibes una hormiga o un simple gusano. La hormiga es una de las criaturas más fuertes en el planeta, capaz de levantar muchas veces su propio peso. La medicina de la hormiga puede ayudarte a llevar las cargas pesadas en tu vida o recordarte lo fuerte que eres en realidad.

La humilde lombriz nos ayuda cuando necesitamos estar conectados con la Tierra y hacer una sanación profunda del pasado. Son mágicas para crear compost, que es el oro del jardín, a partir de desechos y son una señal de que al limpiar tu pasado estás encontrando sustento y crecimiento. Es muy común tener un animal de poder, que es un animal al cual le tienes miedo en la vida real. Animales como las serpientes y las arañas son unos animales de poder fantásticos, incluso si les tememos. El regalo de la serpiente tiene que ver con la transformación que se produce a través del conocimiento místico, y las arañas son el animal de poder patrono de los escritores y puede ayudarnos a encontrar las palabras para contar historias. Quizás no queramos acurrucarnos con nuestro animal de poder en la vida real, y eso es comprensible, pero nos beneficiamos enormemente estando abiertos a sus mensajes.

Se considera de mala educación ahuyentar a tu animal de poder sólo porque te resulta desagradable. Por favor, no pises a la hormiga o al gusano que aparezca para ti, ni intentes golpear a tu animal de poder en la nariz como hizo uno de mis alumnos cuando vio a un tiburón como su animal de poder durante una meditación. «¡Entré en pánico!», me dijo después de su primer viaje chamánico. «Les tengo terror a los tiburones y había oído decir que si les das un puñetazo en la nariz, se van». Le tomó un tiempo aceptar el don de ese tiburón, pero al final llegó a apreciar el poder que le estaba aportando, que era una concentración como un láser y la firme determinación de aferrarnos a lo que queremos en la vida y a no dejarlo ir.

Éste es un buen momento para practicar relajar nuestras expectativas y simplemente estar presentes con lo que está ocurriendo. Es muy fácil decidir de antemano lo que quieres experimentar y luego tratar de forzar las cosas para que tus expectativas se cumplan. Para empezar, tener fuertes expectativas es una señal inequívoca de que tu mente está imaginando la experiencia, en lugar de que tú estés teniendo una verdadera conexión psíquica con tus guías.

A mi amiga Gabriela le encantan los gatos y cuando trató de conectar con sus animales de poder por primera vez, estaba segura de que vería un gato. Se sintió conmocionada y un poco triste cuando, en lugar de eso, vio una comadreja. Se preguntó, «¿Dónde está mi gato?», y pensó, «Detesto a las comadrejas. ¡Vete, comadreja horripilante! Ven gatito, gatito…». Por mucho que lo intentara, no consiguió que la denigrada comadreja se fuera o que el gato apareciera.

Esa fue una señal de que era una verdadera percepción psíquica y no sólo algo que se estaba imaginando, porque las verdaderas percepciones psíquicas llegan por sí solas, a veces contrariamente a lo que nuestra mente espera. Cuando Gabriela buscó el significado de la comadreja, encajaba con lo que ella necesitaba en ese momento, ya que la medicina de la comadreja mejora nuestra autoestima y la conciencia de nuestro propio carisma. La comadreja es genial para discernir cuando alguien está mintiendo o siendo engañoso. Siempre sabe lo que es verdad y lo que es mentira, y eso era exactamente lo que Gabriela necesitaba.

En ocasiones, los animales de poder nos hacen llegar sus bendiciones de formas extrañas. No te asustes si tu animal de poder te muerde o incluso te devora en un viaje chamánico. Si nos muerden, están transfiriéndonos su poder. Poco después de haber aprendido la modalidad de sanación llamada Reiki, tuve un sueño en el que dos cobras me mordían las palmas de las manos. Las cobras representan la energía kundalini, la energía de la fuerza vital que ha despertado y que precede al despertar espiritual. Cuando me mordieron las palmas, supe que me estaban transfiriendo su poder a mis manos y ayudándome a iniciar mi experiencia como sanadora energética.

A veces, los viajes chamánicos incluyen una iniciación, a menudo en la forma de una muerte chamánica. Mi alumna Amber me contó el viaje chamánico que había realizado en Sudamérica.

LA HISTORIA DE AMBER: *Fue un viaje muy intenso y auténtico que duró toda la noche. En algún momento, en medio de la noche, tuve una visión en la que aparecía un jaguar y me devoraba. No sentí ningún dolor o miedo; supe que su animal de poder me estaba ayudando a disolver a mi antiguo yo y a soltar mi pasado. Cuando salí de ese viaje por la mañana, sentí que era una persona nueva y, después de eso, muchas cosas cambiaron en mi vida.*

Amber experimentó una verdadera iniciación: la muerte chamánica. Sin embargo, en la mayoría de los casos, trabajar con tu animal de poder es divertido y fácil. Son guías alegres y alentadores en nuestro viaje por la vida.

Una vez que hemos visto a nuestro animal de poder, ¿cómo sabemos lo que significa? Es necesario investigar un poco para entender todos los significados de estos animales. Lo más fácil es buscarlos *online*. Si buscas en Google el nombre del animal (algo así como, «animal de poder ballena»), obtendrás muchísima información inmediata sobre lo que podría significar para ti.

También hay libros excelentes sobre los animales de poder. Si este tema resuena contigo, te recomiendo encarecidamente que consigas uno de esos libros para tenerlos a mano como libros de consulta. A mí, personalmente, me encanta *Animales chamánicos de poder*[11] de don José Ruiz, así como la obra de Steven Farmer y Ted Andrews. Me encanta *Messages from Your Animal Spirit Guides Oracle Cards: A 44-Card Deck and Guidebook*[12] de Steven Farmer, y hay otras barajas de cartas de animales que son maravillosas también. Si quieres entender profundamente a los animales de poder, las barajas de cartas son una herramienta que debes tener. Una vez que tengas uno o dos libros y una baraja de estas cartas-oráculo de los animales de poder, puedes buscar los significados de los animales cuando los percibas.

---

11. José Ruíz, *Animales chamánicos de poder,* Hieroplant Publishing, 2021.
12. Stephen D. Farner, *Messsages From Your Animal Spirit Guides Oracle Cards,* Hay Hoose, 2006.

CONSEJOS PARA TRABAJAR CON LOS ANIMALES DE PODER

Como ocurre con todos nuestros guías, la conexión con nuestros animales de poder crece con el tiempo y la atención. Éstas son algunas buenas maneras de honrar y fortalecer esa conexión.

- Expresa tu intención de conocer a tu animal de poder. Puedes escribir la petición en tu diario o decirla en voz alta.
- Luego, presta atención a qué animales aparecen en tus sueños, meditaciones y viajes. O quizás los veas en tu vida cotidiana.
- Observa el comportamiento de los animales que esté fuera de lo normal, como, por ejemplo, un halcón que se pose en el techo de tu automóvil cada mañana durante días.
- Haz el viaje chamánico del que hablaremos a continuación y fíjate qué animales aparecen.
- Consigue una baraja de cartas oráculo/medicinales de animales de poder y añádela a tu tirada diaria de cartas. Consultar los libros de referencia que vienen con las barajas de cartas puede ser muy útil para aprender sobre los animales de poder y entender su medicina.
- Fíjate qué hacen los animales en tu vida cotidiana, especialmente si actúan de una forma inusual que tú sientas que es una señal.
- Una vez que hayas conocido a tu animal de poder, encuentra la manera de honrarlo en tu vida. Consigue una imagen o una pequeña estatua de tu animal de poder para que puedas mirarla. Aprende todo lo que puedas sobre el comportamiento de dicho animal y también su medicina.
- Adquiere el hábito de dar las gracias a tu animal de poder cuando aparezca con consejos y medicina para ti.

Y, ciertamente, lleva un registro de tus experiencias con los animales de poder en tu diario psíquico.

El lugar donde es más probable que encuentres a tu animal de poder es en un viaje chamánico. A continuación, vamos a hablar de eso.

El viaje chamánico

Para visitar el reino inferior, realizaremos un tipo de meditación específico llamado *el viaje chamánico*. Tradicionalmente, este tipo de meditación se realiza con sonidos de tambores rápidos y fuertes. El sonido de los tambores interrumpe tus pensamientos y es maravilloso para las personas que piensan demasiado y a las que les cuesta apagar la mente cuando meditan. Los tambores tienden a apagar la mente y a ponerte muy rápidamente en un estado de trance en la onda cerebral Alfa baja. He encontrado fácilmente este tipo de sonido de tambores, al que suelen llamar *viajes de tambores*, en YouTube. Es un ritmo de tambor rápido y a veces cuesta un poco acostumbrarse a él. La mayoría de los viajes chamánicos que son ayudados con tambores duran treinta minutos. Cuando el sonido de los tambores adquiere un ritmo más rápido, es hora de regresar al mundo ordinario.

Cuando el sonido de los tambores comienza, entrarás en tu santuario interior, como aprendimos a hacerlo en el capítulo 6. Una vez que ya te encuentres en tu santuario interior, mira a tu alrededor a ver si encuentras la entrada a una cueva o quizás veas un agujero en el suelo, si quieres entrar al estilo de Alicia en el País de las Maravillas. La entrada en el reino chamánico también puede encontrarse en los bordes de cosas, como el borde entre la tierra y el mar, quizás detrás de una catarata, o descendiendo por el tronco de un árbol hueco. Trata de no pensar demasiado, afirma tu intención de visitar el mundo inferior y luego busca la manera de llegar allí. Algunas personas caen por una madriguera de conejos, o se dejan caer dentro del tronco de un árbol hueco, o entran por una puerta en un muro de roca, o incluso se tiran a una piscina. Déjate llevar y observa qué ocurre.

Cuando te has permitido entrar en la cueva o caer por el agujero, normalmente hay un pequeño espacio de transición. Es como si caminaras por un túnel oscuro y, poco después, estuvieras en el reino inferior.

Una vez ahí, mira alrededor, en busca de un guía cuya función sea escoltarte a través de este reino. Podría ser un animal de poder, pero también podría ser un guía con un aspecto más bien de humano. Una de mis alumnas psíquicas que había estado sintiendo cierta inquietud con respecto a este viaje fue recibida por una mariquita muy amigable y, después de eso, supo que todo iba a estar bien.

Tanto si encuentras a un guía inmediatamente como si no lo haces, simplemente empieza a explorar ese reino. Es muy normal llegar a alguna parte que está al aire libre, aunque hayas entrado por una cueva, como le ocurrió a Alicia en el País de las Maravillas. Es posible que vayas a dar a una playa, a una selva exuberante, o a cualquier otro lugar. Es difícil decir qué puede ocurrir en el viaje chamánico, porque es una experiencia individual. Además, es diferente cada vez. Podrías tener una experiencia de sanación como, por ejemplo, que te lleven a una piscina para lavarte y despojarte de tus preocupaciones. Es posible que vislumbres vidas pasadas o recibas información útil acerca de tu propósito en la vida. O podrías simplemente estar ahí un rato sin que ocurra gran cosa hasta que los tambores te llamen para que regreses.

En última instancia, el viaje por el reino inferior es para reconectar con nuestro poder espiritual y reclamar las partes perdidas de nosotros mismos. A veces son iniciaciones espirituales y esas experiencias transforman quiénes somos de una forma muy esencial. Debido a este potencial de reclamar nuestro poder, las cosas pueden parecer un poco intensas. Si es así, trata de relajarte y entender que quizás necesitemos una sanación para realmente reclamar nuestro poder, o quizás necesitemos enfrentarnos a las partes oscuras, perdidas, de nosotros mismos.

Siobhan me contó que estaba muy entusiasmada y nerviosa respecto a su viaje. Ella padece dolor crónico y me dijo que su vida cambió significativamente después de ese viaje.

LA HISTORIA DE SIOBHAN: *Estaba realmente entusiasmada con este viaje y también un poquito nerviosa. Busqué una madriguera o una cueva y no vi nada, pero me sentí atraída hacia la orilla de un lago. Mientras vadeaba por el lago, una sirena me llevó a las profundidades. Fue maravilloso. Nadamos por todas partes y al final llegamos a la orilla de una isla. Era una especie de jardín hermoso y, aunque estuve caminando por ahí durante un buen rato, observando las plantas y los animales que había, no ocurrió nada dramático, o al menos eso pensé. Me sentí sumamente relajada y tranquila. La sirena me llevó a una piscina de sanación y una libélula se posó en mi cabeza.*

Después de ese viaje, tuve menos dolor, y también había pedido claridad respecto a mi matrimonio. Cuando busqué el significado de la libélula, vi que tiene que ver con soltar las ilusiones y ver la verdad de las cosas. Esto me dio mucha claridad acerca de lo que quería en mi matrimonio y fui capaz de renegociar mis necesidades de una forma que le dio una nueva vida.

Siobhan hace un viaje chamánico cada semana para poder mantenerse en contacto consigo misma y con sus guías. Dice que esta práctica le ha cambiado la vida: experimentó una suave sanación que fue aumentando con el tiempo.

Mi alumno Tai me habló de una iniciación mucho más intensa que recibieron durante su viaje.

LA HISTORIA DE TAI: *Me deslicé hacia el interior de una cueva profunda, lo cual fue bastante divertido. Sin embargo, cuando llegué ahí, me sentí abrumado por el miedo. Me recibió un guía, un guerrero aguerrido con una lanza larga y filosa, y con muchos tatuajes y pintura en el cuerpo. Él me guio a través de la selva hasta que llegamos a un claro, en el centro del cual había una enorme fogata. Junto a la fogata se encontraba un anciano curandero, quien me dijo que, si quería avanzar en mi vida, debía enfrentar mis mie-*

dos. *Dijo que tenía que saltar al interior de la fogata y dejar que mi pasado se quemara. De pequeño sufrí graves quemaduras y le tengo terror al fuego, así que no quería hacerlo. El curandero me explicó que me encontraba en una encrucijada en mi vida, pero que nadie podía tomar la decisión por mí.*

Al final, simplemente lo hice. Salté al interior de la fogata, porque sabía que el curandero tenía razón. Una vez dentro del fuego, simplemente sentí una calidez y una suavidad, y no me quemé ni me hice daño. Lloré y solté muchos miedos y dolor de mi pasado. El curandero me dijo que tenía una vida pasada en la que me había quemado hasta morir. Cuando salí del fuego, me sentí limpio, fuerte y nuevo, y algo en mí había sanado.

Tai experimentó muchos cambios en su vida después de esta experiencia. Algunos aspectos de ella que habían estado atascados empezaron a avanzar y se sintió poderoso y capaz de crear su vida en sus propios términos.

El siguiente paso consiste en experimentar tu propio viaje chamánico. El ejercicio que ofrezco a continuación te guiará en tu viaje.

Ejercicio: El viaje chamánico

Prepárate para esta experiencia, asegurándote de tener un tiempo a solas, de tranquilidad, y encontrar alguna grabación de un viaje chamánico con tambores en YouTube. Acuéstate en algún lugar cómodo y ten tu diario cerca de ti para registrar tu experiencia. (Puedes descargar el audio en inglés de esta grabación en www.newharbinger.com/50744).

1. Pon la grabación del sonido de los tambores y acuéstate. Está bien si quieres tener una intención para este viaje, o puedes simplemente tener la intención de explorar el reino inferior y conocer a tus guías chamánicos.
2. Empieza realizando tus meditaciones básicas para centrarte, conectar con la Tierra y protegerte.

3. Imagina que estás en tu santuario interior. Toma unos minutos para abrir tus sentidos psíquicos, fijándote en lo que puedes ver, oír, saber, saborear, oler o sentir con respecto a tu santuario interior.

4. En tu santuario interior, mira a tu alrededor para encontrar la entrada al reino inferior. Podría ser una cueva, una madriguera, el tronco hueco de un árbol o la parte posterior de una cascada.

5. Cuando hayas llegado al reino inferior, mira a tu alrededor en busca de un guía que te ayude a moverte por ahí. Si no aparece ninguno inmediatamente, puedes pedirlo. Acuérdate de mantenerte abierto respecto a la forma que este guía pueda adoptar. Si no ves a ningún guía, puedes empezar explorando tú solo/a.

6. Explora el reino y observa lo que ocurre. De todas las esferas que he visitado, éste es el mejor lugar para dejar de lado tus expectativas y poner toda tu atención en lo que está ocurriendo en el momento. Si puedes, permanece abierto a todo, sin miedo y sin juzgar.

7. Cuando el sonido de los tambores aumente el tempo, es hora de volver a tu santuario interior. Pídele a tu guía que te lleve de regreso a la cueva, la madriguera o la apertura por la que entraste y ten la intención de volver a ti mismo/a. No te olvides de dar las gracias a tu guía.

8. Cuando estés de vuelta en tu santuario interior, empieza a regresar a tu cuerpo en el mundo real. Mueve los dedos de las manos y de los pies, respira profundo y regresa.

Es posible que te tome unos minutos readaptarte al mundo real y a estar de vuelta en tu cuerpo. Pon por escrito todo lo que hayas experimentado mientras está fresco en tu mente.

Una vez que hayas realizado tu viaje y lo hayas registrado en tu diario, es posible que te cueste un poco encontrarle sentido a todo lo vivido. Busca el significado de cualquier animal de poder que hayas percibido durante tu viaje. También puedes usar un diccionario de sueños, para descifrar cualquier cosa que haya ocurrido que pueda tener una naturaleza simbólica. Interpretar la experiencia como si fuera un sueño puede ayudarte a encontrar significado en las cosas simbólicas y ritualistas que tienen lugar en este tipo de viajes.

Recuerda también que tu biblioteca de símbolos personal siempre tiene más peso que la biblioteca de símbolos colectiva, así que lo más inteligente es continuar preguntándote, «¿Qué significa esto para mí?».

Éstas son algunas de las cosas que puedes probar si te cuesta realizar este tipo de meditación. Algunas personas no son capaces de ignorar los tambores y los encuentran demasiado estridentes. Si eres una de ellas, prueba de poner música normal o incluso música de cuencos de cristal en lugar de los tambores. Si sintonizas más con el reino superior, los cuencos de cristal te ayudarán a llegar ahí.

Muchas personas tienen mejores resultados cuando prueban esta meditación al aire libre y acostadas en el suelo. Podrías probar hacerlo por la noche en lugar de durante el día; también funciona muy bien en las primeras horas de la mañana, entre la medianoche y el amanecer. No tengas miedo de experimentar y modificar este viaje para encontrar lo que funciona para ti. Y quizás, simplemente, esto no sea para ti. Si ése es el caso, no te preocupes. Simplemente pasa al siguiente capítulo. Recuerda que cada psíquico tiene un lugar óptimo en el mapa que se corresponde con sus habilidades psíquicas naturales y el propósito para el que esas habilidades deben ser utilizadas.

¿Qué sigue?

Ahora abandonaremos el reino inferior y exploraremos el reino medio. Comenzaremos con el bello mundo de los espíritus de la naturaleza, incluyendo a las hadas y a los elementales. Ésta es una dimensión psíquica muy agradable y curiosa, en la que realmente es necesario que entendamos las reglas –de lo contrario, podríamos encontrar a estos seres un poco traviesos si no les muestras respeto.

CAPÍTULO 8

Comunícate con los espíritus de la naturaleza

El reino medio es la dimensión psíquica que coexiste con nuestras dimensiones aquí en el planeta Tierra. Está compuesto de dos partes, las cuales exploraremos. La primera parte son los espíritus de la naturaleza, del cual hablaremos en este capítulo. La segunda parte del reino medio contiene a las personas que han fallecido pero que todavía no han dejado atrás este mundo: son los espíritus errantes a los que llamamos fantasmas. En el capítulo 9, hablaremos de lo que ocurre cuando uno muere, por qué algunas personas se quedan estancadas y cómo podemos ayudarlas a seguir adelante. Éste es un tema fascinante, pero por ahora vamos a ver el mundo de los espíritus de la naturaleza.

Algunas de mis primeras experiencias psíquicas fueron con espíritus de la naturaleza. Un verano, cuando todavía era pequeña, recuerdo que estaba de visita en la cabaña de mis abuelos junto a un lago en Vermont. Un día estaba soñando despierta, contemplando el bosque y el lago, cuando, de repente, vi un resplandor pulsante alrededor de todos los árboles y las plantas. Lo que estaba percibiendo era la energía que estaba conectando a todas las cosas vivas en una red resplandeciente de luz. Supe que, de alguna manera, las plantas estaban más vivas y eran más conscientes que la mayoría de la gente, que estaban conectadas y se comunicaban unas con otras. Recuerdo haber dicho a algún adulto que los árboles se susurraban unos a otros y, una vez más, me dijeron que tenía una imaginación muy vívida.

Ese mismo día al atardecer, le pregunté a mi abuela qué eran todas esas lucecitas azules que danzaban (parecían luciérnagas, pero eran más grandes y azules). Ella miró a su alrededor y, aunque me di cuenta de que no estaba viendo lo que yo veía, supe que me creyó. «Son hadas», me dijo. «Salen al atardecer y al amanecer y, si tienes suerte, puedes verlas. No muchas personas pueden».

La palabra hadas evoca imágenes como Campanilla o niñas victorianas con camisones y alas, pero el mundo feérico es diverso, un poco intenso, y no se parece en nada a las imágenes de Disney con las que crecimos. (*Fae* es la palabra celta que significa «seres feéricos»). Todos los seres vivos y las distintas partes de la naturaleza –árboles, rocas, cuerpos de agua y montañas, así como cada planta y flor individual– tienen una esencia espiritual. Cada uno de ellos no sólo está vivo e interconectado con los demás seres vivos, sino que además tienen su propia esencia espiritual única, la cual podemos percibir y con la cual podemos relacionarnos.

Lo más importante a considerar al explorar esta dimensión psíquica es que el mundo feérico tiene sus propias reglas, las cuales debemos conocer. Los espíritus de la naturaleza pueden ser amigables y estar alineados con los humanos, o no, dependiendo sobre todo del nivel de respeto que le ofrezcamos a la Tierra y, tristemente, hoy en día ya no hay mucho respeto por la Madre Tierra y sus criaturas.

Estos espíritus de la naturaleza están alineados con la energía salvaje que reconocemos como el círculo de la vida. Los espíritus de la naturaleza rara vez son malvados, pero no siempre son beneficiosos para los seres humanos. Un tiburón no es malvado si te muerde; simplemente está haciendo lo suyo en ese círculo de la vida. Esta energía salvaje y natural no obedece a las reglas humanas del bien y el mal. El tiburón no come a las personas malas y evita a las buenas. Probablemente piensa que tienes el aspecto de una sabrosa foca y la única manera de diferenciar a un humano que sabe mal de una foca deliciosa es dándole un primer mordisco y averiguando a qué sabe por dentro. No es nada personal, simplemente es el círculo de la vida.

Y, sin embargo, podemos separar a estos espíritus en tres categorías distintas: benévolos, neutrales o activamente malévolos con los humanos. En la mayoría de los casos, te encontrarás con espíritus benévolos y neutrales, así que no hay que preocuparse mucho. No obstante, incluso los mejores seres feéricos pueden tener un lado travieso y, si les faltas al respeto, pueden ser vengativos. Vamos a profundizar un poco más en quiénes son los seres feéricos y cómo podemos aprender a seguir sus reglas.

Los seres feéricos

En los tiempos en los que los humanos tenían una relación mucho más cercana con la Tierra y los espíritus terrestres, había una creencia mucho mayor en los seres feéricos. Estos seres eran embaucadores que podían robar un niño de su cuna y sustituirlo por uno de los suyos —al menos, según las creencias supersticiosas utilizadas para explicar las muertes de bebés y las enfermedades. O los seres feéricos podían llevarte a un círculo de piedra, que es una puerta a su reino oculto. Podías oír su música encantada, ver sus luces brillantes y sentir la seducción de su encanto y su oro feérico. Dado que el tiempo transcurre a un ritmo distinto en el mundo feérico, podías regresar un día después y descubrir que habían pasado veinte años en el mundo humano. Éstas son algunas de las antiguas historias populares sobre los seres feéricos.

Según estas supersticiones, si eres un buen guardián de la Tierra y eres amable y respetuoso con los seres feéricos, ellos serán unos aliados serviciales. Cueste lo que cueste, uno no debe talar sus árboles sagrados y uno debe ser cuidadoso de no entrar en los círculos de piedra y en las cuevas en ciertas noches del año. Los seres feéricos son conocidos por ser amantes de la música, los dulces y las cosas brillantes y, por lo tanto, aprecian ese tipo de ofrendas. Según las leyendas, si no eres respetuoso, te agriarán la leche, arruinarán tus cultivos e incluso robarán a tus hijos.

Cuando empecé a trabajar con los espíritus del mundo natural, esperaba encontrarme a los elfos altos y majestuosos de *El Señor de los anillos*. Lo que descubrí fue una gran variedad de diferentes tipos de espíritus que ocupan esta parte del reino medio. A menudo tienen un aspecto extraño y casi nunca parecen humanos, aunque la mayoría tiene una apariencia similar a la humana. Existen muchos tipos de seres feéricos, incluyendo los que llamamos duendes, hadas, elfos, gnomos y *trolls*. Están las náyades, que son espíritus del agua, y las dríadas, que son espíritus de los árboles. En términos generales, éstas son las esencias-espíritu de las plantas, los minerales y los elementos. Pueden ser espíritus individuales que habitan en una determinada planta, como las dríadas, o pueden ser unos espíritus bastante grandes, llamados *devas*, que son más como unos pastores a cargo de cuidar de una montaña entera, o un valle, o un cuerpo de agua. He visto a un *deva* como una energía inmensa moviéndose a través de un bosque grande y antiguo, por el que casi no han pasado los humanos, y mi amigo chamán me dijo que ése era el espíritu del bosque local, que nos iba a ayudar y proteger si hacíamos las ofrendas adecuadas de respeto —o que nos podían echar de la montaña si no lo hacíamos.

Vivimos junto a ese reino y, como comentamos en el capítulo 6, hay ciertos momentos del día y del año, así como ciertos lugares, en los que nuestro mundo y el mundo feérico se conectan. A los seres feéricos les encantan los límites de las cosas, así que los encontramos más fácilmente en el amanecer y el atardecer, en el límite entre el agua y la tierra, y en el límite entre el bosque y el prado.

CONSEJO PSÍQUICO: *Invitar a los seres feéricos*

El 1.º de mayo es el día en el que el velo entre el mundo de los humanos y el mundo de las hadas se hace más fino. Es un día muy bueno para encontrarnos con los espíritus de la naturaleza. Prueba un ritual para honrarlos dejando un poco de leche y miel, y quizás algunas cosas brillantes, para ellos, y haz algo para cuidar de la Tierra. Planta un árbol, empieza a hacer compost o siembra algunas flores en algún lugar. Los seres feéricos aprecian los buenos pensamientos, pero nos juzgan por nuestros actos.

Algunos psíquicos tienen una resonancia natural con estos seres y pueden conectarse fácilmente con ellos. Creo que esta alianza entre los humanos y los seres feéricos es sumamente importante en estos momentos. Muchos sanadores y psíquicos están conectados con los habitantes del mundo feérico mientras los humanos tratamos de corregir nuestra relación con la naturaleza.

Recientemente trabajé con Margot, una chica que es empática y artista, y está profundamente conectada con la Tierra. Trabaja como jardinera para una guardería y una empresa de paisajismo, de manera que pasa mucho tiempo en invernaderos y jardines. Margot siempre ha sentido fascinación por las hadas, desde que era una niña, y ella misma se asemeja a una. Es menuda y bastante etérea, y le encantan las plantas y los animales, pero no está muy segura de si le gustan las personas. Le apasiona ayudar a las personas a volver a conectar con la naturaleza a través de la jardinería y sembrando sus propios vegetales y, en su tiempo libre, crea jardines urbanos, ayudando en las ciudades a transmitir el amor por las plantas a las personas.

Margot vino a verme para tener una sesión porque le preocupaba que su casa estuviera embrujada. Había objetos que desaparecían un día y luego volvían a aparecer más tarde en otro lugar, y su gato se quedaba mirando fijamente hacia un rincón y bufaba. Los seres feéricos y los gatos parecen tener un antagonismo natural mutuo. Cuando sintonicé con las perturbaciones en su casa, no vi ningún fantasma, sino una plétora de hadas y espíritus de la Tierra tratando de jugar con ella y captar su atención. Querían hacerle saber que estaban ahí.

Margot creó, en una zona de su jardín, una casita para los seres feéricos y plantó muchas flores para las abejas y otros polinizadores. Les encantó la casita, no porque pudiesen vivir ahí, sino porque admiran y aprecian la creatividad, el arte y las extravagancias.

Tristemente, nos hemos desconectado tanto de la naturaleza que corremos peligro de perder a nuestro querido planeta, o al menos de cambiarlo irrevocablemente. Conectar con el mundo feérico nos ayuda a reparar nuestra conexión con la naturaleza y nos recuerda que debemos vivir en armonía con ella.

CONSEJOS PARA CONECTAR CON LOS SERES FEÉRICOS

- Pídeles de una forma respetuosa y educada que se den a co- nocer –y luego agradéceles cuando lo hagan. Ellos responden bien a las extravagancias, el humor y la humildad. Detestan la arrogancia, la crueldad y que los humanos den por sentado que son la especie más inteligente y dominante del planeta.

- Pasa tiempo en la naturaleza, ya que es ahí donde se encuentran los seres feéricos. Declara la intención de conectar con ellos. Puedes decir en voz alta: «Seres feéricos, escuchadme. Quiero comunicarme con vosotros. Que así sea».

- Prueba de cantar o tocar un instrumento cuando estés en la naturaleza; les encanta la música.

- Las hadas habitan en los límites de las cosas, de manera que es más fácil percibirlas al amanecer o al atardecer, y en los cambios de estación. Busca el límite entre los campos y los bosques o entre el agua y la tierra.

- Llévales una ofrenda: les encanta la música, los dulces y las cosas brillantes.

- Siembra un jardín, o lleva algunas plantas al interior de tu hogar. Si tienes un jardín, deja algunas ofrendas ahí también. Diseña tu jardín para animar y apoyar a la vida silvestre local: podrías incluir una fuente con agua y muchas flores para los polinizadores, pero evita los pesticidas, los herbicidas y cualquier otra sustancia química tóxica.

- La mayoría de las hadas tienen una conexión automática con los jardineros, especialmente si dejas que haya un poco de fantasía y cosas silvestres en tu jardín. Un jardín demasiado cuidado y lleno de pesticidas y herbicidas hará que se enojen y no las atraerá.

- Todos los seres feéricos sienten odio y repulsión hacia el hierro. Si creas un jardín para ellos, asegúrate de que no haya hierro en la decoración, como, por ejemplo, clavos y herraduras; de hecho,

> la costumbre de poner una herradura en la puerta de entrada
> era para repeler a los seres feéricos.
>
> - Consigue una baraja de cartas de las hadas para que puedan
>   hablarte directamente y, si lo haces, ¡prepárate para tener un
>   poco de diversión, fantasía y quizás un poco de travesuras!
>
> A los seres feéricos les encanta una casa limpia, y ése es el motivo
> por el cual suelen limpiar las casas, al menos en los cuentos de ha-
> das. Prepárate para que ocurra un poco de magia después de co-
> nectar con ellos.

El espíritu de los árboles

A mi parecer, los árboles son un elemento fácil y satisfactorio para empezar a conectar con los espíritus, ya que incluso las personas que viven
en las ciudades pueden encontrar un árbol con el que meditar. Los árboles son extraordinarios, en el sentido de que tienen tanto una conciencia individual como una conciencia colectiva. Están conectados
unos con otros a través del sistema de raíces y la red de micelio, el hon-
go que crece bajo tierra y conecta los sistemas de raíces de las plantas.

Podemos aprender fácilmente a conectar con el espíritu de los árboles individuales, y cada tipo de árbol puede brindarnos su propia
energía específica, al igual que un animal de poder. Puedes encontrar
libros y otros recursos en los que se explica lo que cada árbol significa.
Los cerezos, por ejemplo, están fuertemente conectados con el amor y
el romanticismo. Sus bellas y fragantes flores se asemejan a una aven-
tura amorosa: son dulces, intensas y, en ocasiones, efímeras. Florecen
durante un breve período de tiempo y sus flores son tan bonitas que
nos recuerdan que debemos atesorar cada minuto de nuestras vidas,
de manera que nos ayudan a ser conscientes.

Sabemos que el roble representa la fortaleza, porque vive mucho
tiempo, es resistente y su madera es valorada por su resistencia y dura-
bilidad. El sauce, por otro lado, puede ayudarnos a acordarnos de ser

flexibles, ya que se inclina con el viento, que casi nunca se rompe. El pino tiene una energía sanadora y su resina es maravillosa para hacer que la tristeza y la pena se desvanezcan. Cuando te sientas triste o sumamente sensible, siéntate junto a un pino y notarás cómo tus emociones entran en armonía y la tristeza desaparece.

Como dije antes, puedes buscar fácilmente información sobre todas las asociaciones espirituales y mágicas con los árboles, de la misma manera en que lo haces sobre los animales de poder. O prueba de leer algún libro como *The Magic of Trees: A Guide to Their Sacred Wisdom & Metaphysical Properties* de Tess Whitehurst.[13] Ésta es una manera fácil y divertida de comenzar a conectar con los árboles:

Ejercicio: Crea una conexión psíquica con los árboles

Puedes probar esto con cualquier tipo de árbol. También es divertido identificar el tipo de árbol y aprender cosas sobre su medicina.

1. Encuentra un árbol donde te puedas sentar. No tienes que tocar el árbol, pero es mucho más fácil si lo haces. Si puedes, siéntate a los pies del árbol y apoya la espalda contra el tronco.

2. Siempre es de buena educación pedirle permiso al árbol antes de hacer esta meditación. Podrías preguntarle algo como: «¿Puedo conectar contigo?», y ver si sientes, percibes o sabes la respuesta. Si no estás seguro/a, utiliza un péndulo para obtener una respuesta de sí/no.

3. Puedes tener en tu mente lo que le quieres «preguntar» al árbol, como lo harías con un espíritu guía. O puedes, simplemente, conectar y ver qué ocurre.

4. Empieza haciendo que tus propias raíces energéticas desciendan con las raíces del árbol. Ésta es una forma estupenda de conectar con la Tierra.

13. Tess Whitehurst, *The Magic of Trees*, Llewelyn, 2017.

5. A continuación, siente cómo tu centro de energía en la coronilla se eleva para encontrarse con la coronilla del árbol.

6. Ábrete y fíjate si puedes sentir el pulso del árbol. Tiene su propio pulso, como los latidos del corazón, mientras la savia y la energía del árbol asciende y desciende por el tronco.

7. Entra en un estado de apertura y receptividad: el estado Alfa. Abre tus sentidos psíquicos para observar lo que percibes, sabes, sientes en tu cuerpo o ves.

8. Prueba de hacer una pregunta o decir «Hola». Es posible que percibas una respuesta.

Escribe tu experiencia en tu diario psíquico. Si esto te resulta divertido, prueba de hacerlo con distintos tipos de árboles. Probablemente encontrarás al menos uno que sentirás que es tu tipo de árbol.

Los elementales

Mientras que las hadas son los espíritus de las plantas individuales, también hay otros espíritus de la naturaleza. A mí me encanta conectar con los *elementales*: los espíritus de la tierra, el fuego, el aire y el agua. Los elementales son convocados desde hace mucho tiempo por chamanes y practicantes de otras prácticas espirituales basadas en la Tierra. Cuando honramos a estos seres y nos alineamos con ellos, podemos acceder a su energía para ser asistidos y sanados, ya que ellos también tienen su propia medicina.

La mayoría de la gente tiene uno o dos elementales con los que se relaciona fácilmente. Los demás son algo que necesitamos, pero que quizás no poseemos.

- **Aire:** Representa el pensamiento, la creatividad y el poder de las palabras. Está asociado con la dirección del este. Alguien que domina este elemento es reflexivo, inteligente, perspicaz, y capaz de encontrar las palabras adecuadas. Decimos que alguien que tiene un exceso de este elemento es «cabeza hueca» o poco realista.

- **Tierra:** Es centrado, estable y sabio. Corresponde a la dirección del norte y aporta la capacidad de estar conectado con la Tierra. Las personas de este elemento aman las rocas, los cristales y la jardinería, y pueden atraer fácilmente la riqueza y bienes materiales a sus vidas. Si tenemos un exceso de este elemento, estamos demasiado terrenales, al punto de quedarnos estancados.

- **Agua:** Es el elemento de las emociones y está asociado al oeste. Aporta sanación, limpieza, una profunda inteligencia emocional e intuición a las personas que resuenan con el agua. Las personas del elemento agua son sanadoras naturales, pero un exceso de este elemento puede convertirte en un «aguafiestas» o ponerte a merced de tus emociones.

- **Fuego:** Es el elemento de la transformación, la acción y la purificación. Cuando quemamos algo, cambia de forma, literalmente. Las personas del elemento fuego son apasionadas, orientadas a la acción y no temen a los cambios. Sin embargo, si te acercas demasiado al fuego, te quemarás, y es posible que tengas mal genio y seas impulsivo/a para tu propio perjuicio.

CONSEJO PSÍQUICO: *Conectar con los elementales*

Contempla estos elementos para ver si puedes descubrir cuáles son los dos con los que te sientes más alineado. Son tus fortalezas. Es posible que carezcas de los otros dos, pero si los añades conscientemente a tu vida, te aportarán equilibrio. Si tienes un exceso de tierra y agua, pero careces de fuego y aire, por ejemplo, enciende velas o siéntate junto a una fogata. El incienso y las campanillas de viento pueden aportarte la energía del aire. Escribe tus observaciones acerca de tu relación con los elementos en tu diario y fíjate qué necesitas hacer para que haya más equilibrio en tu vida.

Los elementales del aire son llamados *silfos y sílfides*. El aire es el elemento de los pensamientos y las palabras, y el poder de nuestra imaginación creativa. Los silfos y las sílfides cabalgan sobre las corrientes de aire y se parecen un poco a la apariencia que creemos que tienen las hadas: delgados, hermosos y con alas. Cuando estoy escribiendo y siento que necesito ayuda, en ocasiones me levanto y me coloco en algún lugar ventoso o hago cosas que invoquen tanto a la energía de este elemento como a los seres espirituales que van con él. Podemos invocarlos encendiendo incienso o haciendo sonar una campana –y les encantan las campanillas de viento, porque es música hecha por el aire.

La tierra es el elemento de la sabiduría y la conexión con la Tierra. Trabajar con este elemento nos ayuda mucho cuando queremos centrarnos. Hacemos esto de una forma natural cuando pasamos ratos con los pies y las manos en contacto con la tierra. Las rocas y los cristales son parte de este elemento y, por lo tanto, ayuda mucho sostener una roca o tener siempre un cristal en el bolsillo, si necesitas estar más conectado con la Tierra.

Los gnomos son los seres elementales que están asociados con la tierra, y pueden variar en tamaño: pueden ser pequeños, como las estatuas que ponemos en los jardines, o realmente grandes. Recuerdo que en una ocasión estaba sentada junto a una cascada contemplando una enorme formación rocosa. Durante un segundo mi visión se alteró y pude ver la forma de un enorme *troll* de roca recostado bajo el Sol. Podría jurar que me guiñó el ojo y asintió con su cabezota sólo durante un instante, y luego mi visión volvió a cambiar, y lo que veía era sólo un montón de rocas. Es importante recordar que estos seres existen en una dimensión que está ligeramente al lado de la nuestra, y hay ocasiones y lugares en los que hay una pequeña fusión entre las dimensiones.

El elemento agua corresponde a nuestras emociones, a nuestro subconsciente y a nuestro yo psíquico. Estar en el agua, o junto a ella, puede ayudarnos a acceder a nuestras emociones y, además, ayudarnos a soltarlas. El agua también tiene un aspecto de limpieza y nos aporta un estado de serenidad. Los elementales del agua se llaman *ondinas*; tienen la apariencia de sirenas y están presentes en cualquier cuerpo de agua. Cuando necesitamos que nos tranquilicen, o entrar en contacto con nuestros sentimientos, o despertar nuestra intuición, podemos sentarnos cerca del mar o de un lago y pedir ayuda para conectar con nuestro interior.

El elemento fuego tiene que ver con los cambios, el movimiento y la purificación; es el elemento de la transformación. Cuando quemas algo, deja de ser lo que era. Los elementales del fuego se llaman salamandras y se asemejan a pequeñas lagartijas hechas de fuego. Creo que éstos son los elementales más fáciles de percibir, y si te quedas mirando fijamente al fuego durante el tiempo suficiente, es posible que veas algo moverse en la base de la llama. Cuando necesitamos hacer un cambio y avanzar en la vida, es bueno invocar a este elemento.

El mundo de los seres feéricos es vasto y abarca demasiado como para que lo podamos dominar en el breve lapso de tiempo que tenemos en este libro. Sin embargo, espero que esto te ayude a entender los aspectos básicos de este reino fascinante y cómo moverte a través de él con paz y alegría. Si quieres conectar más con los espíritus de la naturaleza, planta algo, cultiva algo, o al menos pasa tiempo en la naturaleza, y cosecharás los beneficios de esa conexión.

¿Qué sigue?

A continuación, seguiremos nuestra exploración del reino medio hablando de lo que ocurre cuando uno muere. También consideraremos por qué algunas personas se quedan estancadas en el proceso y se convierten en fantasmas.

CAPÍTULO 9

Trata con las personas muertas y asístelas

Crecí en una vieja casa victoriana en la que había algunos fantasmas y, durante toda mi niñez, sentí que esos espíritus errantes eran miembros amigables de mi propia familia. Cuando era pequeña, solía despertar en medio de la noche y ver a esas «personas grises» en mi habitación. Sinceramente, debido a mis fuertes habilidades mediúmnicas, ha habido fantasmas en todas las casas que he habitado. Los médiums son como imanes para los fantasmas; atraen fácilmente a los espíritus intranquilos de los muertos dondequiera que vayan.

Los que había en mi casa eran solitarios, tristes o estaban confundidos acerca de por qué estaban ahí. Estaban perdidos e intentaban encontrar su camino a casa. Casi nunca les temí, porque eran livianos e insustanciales. Por lo general, sentía pena de ellos y me esforzaba por ayudarlos y consolarlos. Parecían alegrarse un poco cuando tenían a alguien con quien hablar, que podía escucharlos y percibirlos. En algunas ocasiones, eso era lo único que necesitaban para seguir adelante. En otras, necesitaban que alguien les diera la noticia de que en realidad estaban muertos, porque no siempre parecían saberlo.

Ocasionalmente, era testigo de ese avance, cuando otros seres de luz venían y abrían un portal para que ellos cruzaran al mundo de las almas, y estaban muy felices de volver a casa. El «mundo de las almas» es como yo llamaba al lugar en el que habitaban las almas serenas. Otras personas lo llamaban «el Cielo», pero incluso siendo pequeña yo prefería este nombre no religioso.

Mis experiencias con los fantasmas han estado muy lejos de la versión de Hollywood, que todavía tiene espíritus de los muertos malvados y aterradores que parecen empeñados en atormentar a los humanos vivos, especialmente a los psíquicos. Actualmente, son las series sobre fenómenos paranormales, del tipo de los cazadores de fantasmas, y las películas de terror las que están divulgando información errónea sobre los fantasmas. Reconozco que veo y disfruto de esas series pero, como profesora psíquica, paso mucho tiempo refutando la información que esos programas transmiten sobre lo que son los fantasmas, cómo impactan en las personas vivas y cómo ayudarles a seguir su camino.

Los muertos malvados… ¡No!

Comencemos por aclarar algunas de las ideas erróneas sobre los espíritus de los muertos. Las series de televisión sobre cazadores de fantasmas y las películas de terror quieren hacernos creer que todas las viviendas están llenas de ellos. En realidad, los fantasmas son bastante escasos, y en ocasiones lo que creemos que es un fantasma es algo completamente distinto, como energía residual u otro tipo de espíritu.

Las películas de terror nos muestran fantasmas que son malvados, peligrosos y malévolos. Sin embargo, la mayoría de los fantasmas no tiene intención de hacer daño a los humanos y, dado que ellos no tienen sustancia aquí, no hay mucho que puedan hacer para hacernos daño. No hay nada demoniaco en los fantasmas y no todos los fantasmas son un demonio disfrazado, como parecen serlo en las películas de terror.

Lo importante a recordar acerca de los fantasmas es que son simplemente personas que están perdidas, atascadas y que necesitan ayuda. Es verdad que, si fuiste un idiota en vida, es posible que seas un fantasma idiota. Las personas son muy variadas, de manera que los espíritus intranquilos de los muertos también lo son. Pero si los consideramos siempre como personas que necesitan ayuda, es más fácil manejarlos cuando nos encontramos con ellos. Para entender realmente lo que es un fantasma, debemos considerar lo que se supone que ocurre cuando morimos, y por qué algunas personas se quedan atascadas, convirtiéndose en los espíritus atados a la Tierra.

Qué hace un fantasma

Aunque puede resultar incómodo pensar y hablar acerca de la muerte, lo cierto es que todos vamos a morir en algún momento, y es un proceso completamente normal. Los metafísicos dicen que morimos dos muertes. La primera es cuando el cuerpo muere: tu corazón deja de latir y tu cuerpo deja de funcionar. La segunda muerte ocurre cuando los aspectos espiritual y energético de la persona, su esencia de alma (lo que a veces llamamos el *cuerpo etérico*) que ha habitado el cuerpo físico, también abandona este plano terrestre. Sabemos mucho sobre el proceso porque hemos oído historias de personas que han tenido experiencias cercanas a la muerte. Tienes la sensación de flotar fuera de tu cuerpo y luego avanzas hacia la luz hasta que te reúnes con tu yo superior en el mundo de las almas. Algunas personas hablan de pasar por un túnel o una zona gris. Esencialmente, ese túnel o zona gris es un espacio de transición por el que pasamos antes de que el ser etérico viaje a través del plano astral en su camino de regreso al mundo de las almas.

En ocasiones una persona se queda estancada en una parte del plano astral conocido como las Tierras Sombrías y no sabe cómo llegar al mundo de las almas. Algo ocurre que le impide morir la segunda muerte y se convierte en un fantasma. Normalmente es por alguno de estos motivos:

- Murió de una forma tan rápida e inesperada que no sabe que está muerta.
- Un trauma y/o un apego.
- La pérdida del libre albedrío, especialmente respecto a su muerte, como en el caso de las víctimas de accidentes fatales o asesinatos.
- Miedo a lo que pueda pasarle después de la muerte.

Esto puede parecer un tropo cinematográfico, pero lo cierto es que muchos fantasmas se quedan por aquí porque no saben que están muertos, exactamente como en la película *El sexto sentido*. Para los que estamos vivos es extraño pensar en eso, porque somos muy conscientes de que estamos vivos, pero cuando las personas mueren de una forma repentina y en un momento muy distinto al que, en términos generales, debería ser su momento de fallecer, o cuando mueren de una forma violenta, es una conmoción que crea un trauma y un apego a su vida, lo cual dificulta su paso al más allá.

La mayoría de la gente tiene una especie de acuerdo general con su yo superior respecto a cuándo va a morir. Ciertamente, esto es un poco como un objetivo en movimiento, pues también depende de la forma en que vivimos y las elecciones que hacemos a diario. Morir en el momento designado es una manera serena de hacerlo, y sentimos esa paz cuando decimos cosas como: «Es muy triste, pero era su momento». Muchas personas mueren en el momento previsto, pero éste es un mundo loco, azaroso y en ocasiones violento, y algunas personas mueren en un momento inesperado. Puede ser una muerte fortuita porque la persona ha sido atropellada por un conductor en estado de ebriedad, o por un paro cardíaco, o por una sobredosis accidental, o por algún otro accidente. Una muerte repentina, especialmente cuando es traumática, puede hacer que la persona se sienta confundida acerca de lo que ha ocurrido y, si se niega a aceptar su nueva realidad, puede quedarse atrapada aquí. Esto es cierto especialmente si otra persona le ha quitado la vida. Esto explica por qué, en ocasiones, quienes mueren a manos de otra persona se convierten en fantasmas.

Si la muerte de alguien ha sido muy traumática, eso crea un estado emocional pesado que debe ser superado para que la persona continúe su viaje al mundo de las almas. Ese estado también puede ser una acumulación de traumas que la persona experimentó en vida. Sin embargo, en la mayoría de los casos, lo que debe ser procesado para que la persona pueda seguir su camino es el *shock* de la muerte traumática.

Cuando era una psíquica joven, siempre sabía cuándo estaba viendo un fantasma, porque a veces aparecían con lo que yo llamaba «cara de muerto». Esas pobres almas están estancadas en su estado de muerte y son incapaces de procesar lo que les ha ocurrido. Para mí es sumamente difícil ver eso, especialmente siendo una psíquica visual, porque tienen la apariencia de un cadáver, pero la compasión por su dolor y su sufrimiento siempre ha pesado más que cualquier aprensión que yo haya podido sentir.

El apego es otro de los motivos por los cuales una persona se puede convertir en un fantasma: nos apegamos a las personas que hemos amado, a los lugares donde hemos vivido y a la vida misma. En este caso, podría ser un soldado que se niega a dejar su puesto, o un padre que no quiere dejar a sus hijos.

No estoy segura de por qué los fantasmas frecuentan los baños, pero te aseguro que lo hacen. En una ocasión, me encontraba en el servicio de mujeres en un gran restaurante familiar y había una mujer muy etérea ahí, vestida de negro. Ella procedió a contarme que su familia estaba velándola en el salón de actos y que ella estaba tratando de aceptar el hecho de que estaba muerta. Su apego a sus hijos pequeños y a su marido era tan fuerte que ella estaba eligiendo quedarse y no estaba preparada para seguir adelante.

Los fantasmas más testarudos pueden ser los que se aferran a este mundo, porque temen lo que pueda ocurrirles en el más allá. Podría ser que una fuerte creencia religiosa les diga que cuando se dejen ir, irán al infierno eternamente, o si no creen que haya vida después de la muerte es posible que les preocupe la idea de desaparecer en la nada para siempre.

Fantasmas vs. tus muertos queridos

Es muy importante hace una distinción entre los fantasmas que son los muertos intranquilos y los espíritus de las personas que han conseguido pasar al otro lado. Los fantasmas suelen ser espíritus asustados, necesitados, de personas que están perdidas y necesitan ayuda. No serían buenos espíritus guías y no están aquí para ayudarte. De hecho, necesitan nuestra ayuda para completar su transición hacia el mundo de las almas.

Recientemente, tuve noticias de una de mis alumnas psíquicas, una joven llamada Bethany que estaba tan fascinada con lo paranormal que empezó a coleccionar objetos encantados con la esperanza de comunicarse con sus guías. Bethany estaba operando bajo la idea errónea de que las apariciones de fantasmas eran lo mismo que conectar con tus guías. Tus ángeles, tus seres queridos fallecidos y otros seres de luz no «encantan» objetos o lugares. Cualquier cosa «encantada» es un claro indicativo de que un fantasma o un espíritu oscuro ha creado una conexión con ese lugar u objeto. Por eso nos mantenemos alejados de los tableros de *ouija* y otras actividades psíquicas cuestionables, ya que por lo general atraen únicamente a los muertos intranquilos o a entidades astrales inferiores. Las apariciones son tristes y son un problema que necesita sanación, compasión y cuidados por nuestra parte. Siempre deberíamos aproximarnos a los fantasmas y a las apariciones con una mezcla sana de compasión, prudencia y sentido común.

Por otro lado, nuestros muertos queridos son aquellos que han hecho la transición completa al mundo de las almas, y a menudo regresan como guías para ofrecernos ayuda, consuelo y buenos consejos. (En el capítulo 10 profundizaremos en el tema de cómo conectar con los espíritus de nuestros antepasados y nuestros amigos y familiares que están con nosotros como espíritus guías).

Cuando no se trata de un fantasma

Cuando experimentamos un fenómeno paranormal, es posible que automáticamente pensemos que se trata de un fantasma. Los fantasmas reales son relativamente escasos y a menudo nos encontramos con otro tipo de espíritus. En ocasiones, lo que estamos experimentando es en realidad energía residual: es decir, la energía humana emocional y psíquica que ha quedado en lugares donde vivieron personas. Esta energía residual se acumula con el tiempo y se convierte en una miasma psíquica negativa que las personas sensibles pueden sentir. Si es un lugar en el que han ocurrido muchas cosas horribles, como un campo de batalla, un hospital psiquiátrico o una prisión, la energía residual es palpable. Si se trata de energía residual, entonces utilizar salvia y otras técnicas para limpiar espacios será de gran ayuda.

PRÁCTICA PSÍQUICA: PROTOCOLO DE DISCERNIMIENTO

Si crees que hay fantasmas en tu casa, puedes usar tu péndulo para preguntar si se trata de un fantasma persistente que necesita ayuda o algún otro tipo de espíritu. Utilizando el movimiento de «sí/no/no lo sé» con tu péndulo puedes hacer una serie de preguntas para discernir a qué tipo de espíritu te estás enfrentando. El discernimiento es la habilidad psíquica que utilizamos para saber con qué tipo de espíritu estamos lidiando y, aunque podemos aprender a distinguir a estos seres por la forma en que los percibimos, es útil hacer una segunda comprobación con el péndulo.

1. ¿Es humano o no lo es?
2. Si es humano, ¿es un guía o un fantasma?
3. ¿Es hembra o macho? ¿Es joven o viejo?
4. ¿Necesita ayuda y sanación para seguir su camino?
5. Si no es humano, ¿es servicial, neutral o no servicial?
6. ¿Cuáles son las intenciones de ese espíritu no humano?
7. ¿La típica rutina de limpieza ayudará a este espíritu a seguir su camino?

Continúa haciendo preguntas hasta que tengas tu respuesta.

Comunicarnos con los fantasmas

Si has realizado tu protocolo de discernimiento y realmente tienes un fantasma, lo más probable es que experimentes algo así:

- Es posible que experimentes zonas frías y otros cambios inexplicables de temperatura.
- Quizás sientas que te están observando o que hay otra presencia compartiendo el espacio contigo.
- Objetos que pesan menos de un kilo (como llaves, tus gafas y cosas por el estilo) que se mueven de sitio. En ocasiones los fantasmas esconden cosas cuando quieren que busquemos algo.

- Es posible que sientas una pesadez emocional, como miedo, enojo o desesperación en un espacio y que no se desvanezca.
- Luces, televisores y otros aparatos eléctricos que se encienden y se apagan. A los fantasmas les resulta más fácil manipular cosas eléctricas que mover objetos.

Estas manifestaciones son un buen indicador de que tienes un fantasma en tu casa y no otro tipo distinto de presencia.

En ocasiones, los fantasmas buscan a personas vivas para pedirles ayuda, y se sienten inclinados a comunicarse con los psíquicos, especialmente si tenemos un don natural como médiums. Es posible que intenten comunicarse con nosotros y nos cuenten cosas, transmitiendo sus experiencias por nuestros canales psíquicos abiertos. Es como si dijeran: «¡Mira lo que me ha ocurrido!». Están intentando superar su trauma contándonos su experiencia, lo cual es totalmente comprensible. Los vivos hacemos lo mismo, ¿no? Cuando los fantasmas logran comunicarse con nosotros, probablemente lo harán a través de nuestros canales psíquicos más abiertos:

- Los psíquicos físicos sentirán cosas en su cuerpo, lo cual no siempre es agradable. Mi amigo Max, que es un médium físico, asegura que ha sentido todas las formas en las que uno puede morir, porque los espíritus de los muertos comparten con él, de una forma muy física, la forma en que se sintieron al fallecer.
- Los empáticos pueden sentir emociones fuertes cuando un fantasma les transmite sus emociones en un intento de compartir cómo se siente: «¡Tuve tanto miedo! Y me sentí…». Y entonces nosotros sentimos ese miedo también.
- Los psíquicos auditivos pueden oír pasos, voces murmurando, golpecitos o golpeteo.
- Es bastante probable que huelas algo también, como humo, o un perfume o una colonia.
- Los psíquicos visuales pueden ver apariciones, brumas, sombras o movimiento por el rabillo del ojo.

Lo que quieras hacer con lo que percibas, depende de ti. Es totalmente aceptable poner un límite y utilizar el protocolo de limpieza espiritual que aprendimos en el capítulo 2. De la misma manera en que puedes decidir que no quieres tener que lidiar con todas las personas vivas con las que te encuentres (y con sus problemas), tampoco tienes que lidiar con los muertos, a menos que decidas hacerlo. A menudo elijo tratar de ayudarles, por compasión y por un espíritu de servicio a la comunidad, y en ocasiones por mi propia paz interior.

Escribí este capítulo mientras me alojaba en un magnífico hotel antiguo en Cabo Cod, Massachusetts. Removí un espíritu que estaba en la tercera planta, donde se encontraba mi habitación, por un deseo de ayudarlo y ser amable, y también porque quería dormir bien. Era el fantasma de una adolescente que se había ahogado en la playa y fue arrastrada mar adentro en los años 60. Estaba triste, perdida y se sentía sola; continuaba buscando a sus amigos y a su familia, y se sentía confundida por el panorama cambiante. El tiempo es una experiencia extraña y variable para los que están atascados en las Tierras Sombrías, y ella me explicó que a veces se encontraba en la playa y a veces se encontraba en un lugar brumoso, desconocido para ella, y no sabía dónde estaba.

Permanecí centrada y presente, con el corazón abierto y mis límites establecidos para que pudiera hablarme de sus sentimientos, sus pensamientos, sus miedos y sus experiencias, de la misma manera en que lo hago con mis clientes vivos. Ella necesitaba soltar toda su historia y yo le proporcioné el espacio para que lo hiciera. Esto se llama *la testificación* y realmente puede ayudar a los muertos intranquilos a soltar sus apegos y sus traumas. Les ayuda a soltar toda esa pesadez. Yo siempre digo que ayudar a que los fantasmas se vayan se parece mucho a hacer terapia, sólo que no respetan tu horario de consulta y tampoco te pagan.

Cuando esta adolescente pudo desfogarse, por así decirlo, y sintió que había sido escuchada y reconocida, le dije de la forma más amable posible que estaba muerta y que había fallecido muchos años atrás. Cuando hablo con los muertos, la información llega a mí por todos los canales, de manera que la siento, la sé y oigo su voz en mi cabeza. Además, en esta ocasión veía destellos de imágenes y pequeñas películas sobre lo que la chica me estaba explicando, y podía ver una imagen en la mente de la apariencia que ella tenía, y así es como supe que había muerto en los años 60. Sentí mucho frío y también mucha tristeza, ya que eso era lo que ella estaba sintiendo.

La chica estaba dispuesta a seguir su camino, de modo que cuando les pedí a mis guías que abrieran una conexión con el mundo de las almas, ella se marchó con mucha facilidad y se sintió agradecida por la ayuda recibida. Pude sentir alegría intensa, alivio y gratitud cuando ella dejó el plano terrestre y finalmente realizó su transición.

Ayudar a los muertos intranquilos

Podemos hacer cosas para ayudar a los espíritus de los muertos a encontrar la paz. Algunas técnicas requieren más entrenamiento de lo que puede abarcar este libro, pero la idea general es explicarles la situación de una forma compasiva y ver si podemos ofrecer nuestra ayuda y asistencia —o al menos establecer un límite si el fantasma es fastidioso. Realmente quiero que deseches la idea de que los fantasmas son seres malvados con los que tenemos que batallar. Son simplemente personas, y podemos y debemos tratarlos con la misma compasión y respeto con los que tratamos a todas las personas.

Éstas son algunas de las cosas que puedes hacer que realmente pueden ayudar y sanar a un alma perdida. Puedes hacer todas estas cosas hablando en voz alta y utilizando tu péndulo como respaldo para verificar cualquiera de tus experiencias psíquicas.

1. Asegúrate de estar conectado con la Tierra y protegido antes de empezar. Abre tus sentidos psíquicos y presta atención a lo que percibas.
2. Puedes hablar en voz alta y presentarte. Por ejemplo: «Hola, mi nombre es Lisa y estoy hablando con cualquiera que esté aquí que ya no esté vivo».
3. Hazles saber, de una forma amable, que están muertos y que tienen la opción de marcharse en cualquier momento. Recuérdales que hay ayuda y sanación para ellos en el otro lado, y que cuando lle-

guen ahí serán perdonados y podrán perdonar. Todas las cosas se pueden resolver en el mundo de las almas, y ahí hay paz.

4. En ocasiones, quieren comunicarte su experiencia, de manera que ése es el momento de prestar atención a tus sentimientos y a otros sentidos psíquicos. Esto se llama *el testimonio*, y es como una especie de terapia para los fantasmas.

5. Pide a tus guías y a los ángeles que traigan luz. Yo la veo como un gran rayo de luz que aparece en la habitación. Invita a todos los espíritus que estén atados a la Tierra a que entren en la luz.

6. Solicita ayuda divina para ayudar a estos espíritus a cruzar al otro lado: «En el nombre de (la deidad que elijas), pido que cualquier espíritu que esté aquí reciba la ayuda y la sanación que necesita para encontrar su camino de regreso al hogar».

7. Si realmente no quieren marcharse, y en ocasiones no quieren hacerlo, pídeles que sean respetuosos con los vivos y que compartan el espacio de una forma considerada. No es posible, ni amable, obligar a un fantasma a seguir su camino, ya que tenemos libre albedrío incluso después de la muerte.

En la mayoría de los casos, esta técnica funciona. Si no lo hace, quizás sea el momento de llamar a un médium profesional o a alguien que se especialice en remover espíritus. No hay nada más terco que un fantasma estancado que no quiere irse. A veces podemos acordar coexistir, si establecemos unos buenos límites.

Maddie compró un apartamento en lo que fue una antigua prisión de piedra en la costa de Providence. Ese lugar estaba embrujado hasta los topes y ella removió una gran parte de la desagradable energía residual, utilizando salvia y algunas de las otras técnicas para limpiar espacios que aprendimos en el capítulo 2. Esto aligeró considerablemente la energía sombría del lugar. Había bastantes fantasmas ahí y ella removió a algunos de ellos utilizando la técnica que acabamos de aprender.

No obstante, había dos espíritus muy testarudos que no querían irse. Uno de ellos era el fantasma de un prisionero que había sido asesinado y había muerto en las celdas, cerca de donde ahora se encontraba el baño de Maddie. Y había otro espíritu, el de un guardia, que continuaba cumpliendo con su deber. Maddie lo llamó el Vigilante Nocturno.

Maddie llamó a un médium profesional, que también era practicante de *feng shui,* para que realizara una bendición de su hogar y ayudar a desalojar al espíritu del prisionero. Él creía que iría directamente al infierno por los crímenes que había cometido, pero al final tomó la decisión de soltar y fue liberado completamente de esta dimensión y se marchó del baño de Maddie.

Maddie hizo un trato con el Vigilante Nocturno: que si él respetaba su espacio, iba a lo suyo y no la molestaba, lo dejaría en paz. Hasta el día de hoy, continúan coexistiendo en relativa armonía. Cuando ella oye pasos en el pasillo delante de su puerta en medio de la noche, sabe que él está haciendo sus rondas y cuidándola. Actualmente, Maggie dice que su presencia la tranquiliza y no la asusta.

¿Qué sigue?

Espero que ahora entiendas lo que es un fantasma, que puedas reconocerlo y que sepas qué hacer si decides ayudarlo a seguir su camino. Ahora vamos a hacer un viaje al mundo de las almas y aprender a conectar y comunicarnos con los espíritus de nuestros antepasados y con nuestra familia de almas.

CAPÍTULO 10

Recibe el apoyo de tus ancestros y de los guías de tu familia de almas

¡Bienvenido al reino superior! Ésta es la parte de los mundos psíquicos que la mayoría de la gente asocia con las experiencias psíquicas, y es verdaderamente hermoso y asombroso. Por lo que yo sé, tiene un número infinito de capas y una amplia gama de seres que lo habitan.

Cada capa del reino superior se vuelve un poco más ligera y tiene una vibración más alta a medida que vamos ascendiendo hacia la fuente divina. Es en las esferas superiores de este reino donde residen los ángeles y también los maestros ascendidos, los profetas y los santos. Si ascendemos más, nos encontramos con los seres divinos que experimentamos como los dioses y las diosas, así como con los distintos seres de conciencia pura que habitan en el cosmos.

En el capítulo anterior hablamos de lo que ocurre cuando alguien no logra pasar al mundo de las almas y se queda estancado en forma de fantasma. En este capítulo nos centraremos en las personas que han pasado con éxito al mundo de las almas, que es el lugar al que la mayoría de la gente llama el Cielo. A mí me gusta el término «mundo de las almas» porque no tiene las connotaciones religiosas que tiene la palabra «Cielo».

Poder conectar con nuestros seres queridos difuntos es increíblemente reconfortante y tranquilizador. Entonces, centrémonos en lo

235

que ocurre en el mundo de las almas y en los guías que encontraremos aquí, que son humanos como nosotros pero que ya no están encarnados en el planeta Tierra.

El mundo de las almas

Algunos teólogos, psicólogos, místicos, metafísicos y personas que han tenido experiencias de casi muerte, han escrito e informado mucho sobre el «Cielo», de manera que tenemos una gran cantidad de información sobre el tema. Si reducimos toda esa información a los puntos en común, podemos elaborar algunas teorías acerca de qué es lo que ocurre cuando finalmente llegamos al mundo de las almas. Aunque quizás no podamos saberlo a ciencia cierta hasta que lleguemos, éste es un buen momento para abandonar la idea de las puertas del Cielo y de personas sentadas en nubes tocando el arpa.

¿CÓMO ES EL MUNDO DE LAS ALMAS?

Éstas son algunas de las experiencias comunes en varias tradiciones acerca de cómo es el mundo de las almas. Te invito a que contemples estas ideas desde el punto de vista de tus propias creencias y veas qué es lo que sientes que es verdad para ti.

- El mundo de las almas tiene varios niveles en los que podemos habitar cuando llegamos. Y a dónde vayamos dependerá de nuestras creencias, expectativas y necesidades.
- Cuando estamos encarnados, sólo un porcentaje de nuestra esencia del alma está en nuestro cuerpo y el resto permanece en el mundo de las almas para monitorearlo todo. Ése es nuestro *yo superior*, y está constantemente enviándonos sugerencias y correcciones de rumbo a través de nuestra intuición.
- Cuando fallecemos y llegamos al mundo de las almas, siempre somos recibidos por un equipo de asistentes que nos ayudan a

---

procesar lo que ocurrió cuando estábamos vivos. A esto se le llama la *revisión de la vida*.

- Volvemos a conectar con nuestra familia de almas y, mientras estamos ahí, continuamos aprendiendo y creciendo. Algunas almas eligen trabajar ayudando a los demás y otras optan por sanar, descansar o continuar aprendiendo.

- Ahí no experimentamos el tiempo y la dimensión física como lo hacemos en la Tierra. Pero lo que sí experimentamos es un reflejo de lo que amábamos de la Tierra.

- Aunque definitivamente existe un «Cielo», no existe ningún infierno en el que las almas humanas que cometieron delitos sean castigadas. De hecho, nuestras experiencias en la Tierra se parecen más a experimentos de investigación, y el mundo de las almas es donde procesamos e integramos esas experiencias.

En base a todo lo que he aprendido sobre el mundo de las almas, no hay ningún motivo por el que debamos temer al hecho de estar en este lugar. Además, parece haber un acuerdo común de que habitar en el mundo de las almas es mucho más fácil que estar vivos. Cuando llegues, regresa para visitarme, ¡y cuéntame todo sobre cómo es ese lugar!

Nuestros antepasados guías

En una ocasión, cuando Annie era una adolescente, cuando estaba profundamente dormida, despertó repentinamente y vio la figura de un hombre de pie junto a su cama. Era su adorado abuelo Joe, quien había sido como un padre para ella, ya que su propio padre había estado ausente la mayor parte del tiempo.

El abuelo Joe se sentó al borde de su cama y tuvieron una larga conversación acerca de la vida y algunas decisiones importantes que Annie debía tomar. Él la ayudó a superar algunas dificultades que estaba teniendo. Le dijo que se avecinaban tiempos difíciles y que se le pediría que fuera asertiva y ayudara más a su madre. El abuelo Joe estaba triste y se lamentó de que ella tuviera que crecer tan rápido. Y luego, súbitamente, desapareció. Annie volvió a quedarse dormida, pensando que realmente su abuelo había venido a visitarla en medio de la noche. No pudo creer cuando, al día siguiente, su madre le dijo que él había fallecido repentinamente en medio de la noche, en un estado distante.

Annie había experimentado la experiencia psíquica más común que existe: la visita desde el lecho de muerte. El abuelo Joe había venido a despedirse de ella, darle amor y ánimos ante las dificultades que le esperaban. Annie me dijo que, a partir de ese momento, siempre que estaba en apuros, él aparecía en sus sueños para darle el mismo tipo de ánimos y consejos prácticos.

Nuestros *antepasados guías* son personas que, como miembros de nuestra familia, nos quisieron y se preocuparon por nosotros, y que han fallecido y nos cuidan desde el mundo de las almas. Pueden ser desde miembros inmediatos de nuestra familia hasta antepasados varias generaciones atrás a los que no conocimos cuando vivían.

Algunas personas están muy conectadas con sus ancestros, mientras que otras no tienen mucha conexión con ellos. Muchas culturas priorizan honrar a los espíritus de los antepasados, y es una parte de su espiritualidad cotidiana que llevan muy dentro de ellos. Quizás tú provengas de una cultura que prioriza honrar a los ancestros, o quizás tengas una familia muy unida con fuertes conexiones intergeneracionales.

Puedo adivinar si una persona tiene una fuerte conexión con sus antepasados guías porque veo a una fila de personas detrás de ella. Otras personas no tienen un lazo fuerte de unión con su familia biológica y dicen que sienten como si hubieran crecido rodeadas de un grupo de extraños. En esos casos, los antepasados guías suelen ser una parte prevalente del equipo de espíritus guías. Estas personas pueden tener una conexión con su familia de almas más fuerte que la que tienen con su familia biológica. Más adelante, en este capítulo, exploraremos la familia de almas.

Para muchos de nosotros, especialmente cuando empezamos a trabajar como psíquicos, suele ser más fácil conectar con nuestros antepasados guías. Nos resultan sumamente familiares y tranquilizadores, y nos parece un poco más normal y ligeramente menos exótico tener a un pariente querido cerca, incluso después de su muerte.

Annie continuó sintiendo la presencia de su abuelo Joe a lo largo de su vida, y él siempre aparecía justo cuando ella más lo necesitaba. Ella sentía su presencia fuertemente. Vino a visitarla en un sueño el día de su boda y también cuando nacieron sus hijos. Le encantaba asistir a las fiestas, cuando todos estaban reunidos, ya que muchos de los familiares de Annie decían sentir su presencia, oler su colonia o soñar con él. El abuelo Joe era una presencia amorosa para todos y un gran ejemplo de cómo nuestros antepasados guías continúan velando por nosotros desde el mundo de las almas.

Si quieres conectar con alguien de tu familia que ha fallecido, prueba este ejercicio. Ciertamente, también funciona para amigos y para cualquier persona a la que hayamos sido cercanos en vida.

Ejercicio: Conectar con nuestros seres queridos difuntos

Esta técnica puede utilizarse para conectar con nuestros antepasados guías o con cualquiera a quien hayamos querido y que ahora está en el otro lado.

1. Encuentra una foto de la persona con la que quieres conectar y enciende una pequeña vela blanca delante de ella. Las velas de té funcionan muy bien. También puedes usar salvia o encender un palillo de incienso.
2. Haz tu meditación básica para conectar con la Tierra, limpiar y protegerte.
3. Cuando estés listo para empezar, di en voz alta el nombre de la persona con la que quieres conectar. Esto actúa como una invocación y trae su presencia hacia ti.
4. Escribe en tu diario cualquier pregunta (o preguntas) que puedas tener para tu antepasado. Relájate y permítete recibir cualquier impresión que te llegue.

5. Pon por escrito lo que piensas que diría como respuesta. Si realmente te sueltas y no censuras tus respuestas, lo más probable es que recibirás mensajes de esa persona.

6. Ésta puede ser una sesión de preguntas y respuestas escritas. Escribe la pregunta, haz una pausa para percibir la respuesta y luego escríbela también.

7. Cuando hayas terminado, haz una verificación con tu péndulo para ver si lo que escribiste fue realmente un mensaje de los espíritus de tus antepasados.

Esta técnica funciona muy bien para las personas que tienen un sentido psíquico auditivo muy fuerte y, además, este ejercicio hará maravillas para fortalecer tu sentido psíquico auditivo. Practica esta técnica con frecuencia para desarrollar la confianza en tus habilidades psíquicas auditivas.

Algo que debemos recordar es que nuestros antepasados guías están limitados en lo que pueden hacer por nosotros desde el más allá. No pueden interferir en nuestro libre albedrío, ni cambiar lo que nos está ocurriendo. Lo que sí hacen es darnos apoyo, amor, mensajes, pistas y sugerencias. En ocasiones los veo como una multitud de seres amorosos que nos animan desde la barrera. Pero, como cualquier otro guía, no pueden interferir con nuestras lecciones y nuestro aprendizaje.

No todo el mundo tiene una conexión tan amorosa con los miembros de su familia como la tenían Annie y el abuelo Joe. Cuando hago sesiones como médium y siento que un pariente está haciéndose presente, siempre le pregunto a mi cliente si realmente quiere conectar con él o ella. No doy por sentado que alguien quiere hablar con un miembro de su familia, y todos tenemos el derecho a elegir establecer un límite y negarnos a recibir un mensaje del más allá. Yo les enseño a mis alumnos psíquicos que, como médiums, nuestro compromiso es respetar las necesidades de los vivos tanto o más como las de los que han fallecido.

Mi clienta Leslie tenía una relación difícil y tensa con su madre, Madge, que era abusiva y negligente. Madge era un alma nueva y todavía no había aprendido a asumir la responsabilidad de sus comportamientos. Incluso después de muerta y estando en el mundo de las almas, le costaba respetar los límites de Leslie. Deseaba desesperadamente conectar con Leslie y, cuando hacíamos sesiones, parecía que estaba tratando de interrumpir e ignorar los límites de su hija. Leslie quería perdonarla y, aunque era algo en lo que estaba trabajando, parte de su sanación requería que le pusiera unos límites claros a su madre, aunque estuviera en el otro lado.

En términos generales, existe la posibilidad de que se produzca una gran sanación al comunicarnos con nuestros seres queridos que están en el otro lado. Cuando alguien muere de una forma muy repentina e inesperada, es posible que no hayan tenido la oportunidad de despedirse o aclarar todas las cosas pendientes. Cuando un médium o una médium facilita la comunicación entre dos personas que no pudieron hacer un cierre, puede tener lugar una gran sanación. Es sumamente doloroso para las personas que se están aferrando a sentimientos no expresados, arrepentimientos y dolor, y se produce un increíble alivio cuando podemos tener esas últimas conversaciones con nuestros seres queridos, incluso cuando están en el otro lado. Prueba esto con los tuyos y observa qué ocurre.

CONSEJO PSÍQUICO: *Llamar a tus seres queridos difuntos*

Nuestros seres queridos que han fallecido pueden oírnos cuando les hablamos en voz alta. Di su nombre en voz alta y pídeles que se presenten. Di lo que quieras decir y, después de eso, fíjate si hay señales, presagios o sincronicidades.

Nuestros seres queridos que están en el mundo de las almas nos oyen cuando les hablamos, especialmente cuando hablamos en voz alta y, cuando han escuchado nuestros mensajes, nos envían señales. Ésta es una maravillosa confirmación de que hemos conectado con ellos; si estamos abiertos a ver los mensajes, están a nuestro alrededor. Nuestros antepasados guías suelen tener formas dulces, conmovedoras y juguetonas de hacernos saber que la conexión es real. Muchas personas encuentran que los pájaros, las mariposas y las libélulas son una señal de que un ser querido está presente. A mi amiga María, por ejemplo, le ocurría a diario que aparecía una libélula y se posaba en su mano, y ella sabía que era un mensaje de su hijo que había fallecido siendo un niño.

El abuelo Joe le enviaba señales a Annie a través de la música, ya que a ambos les encantaban los musicales. Solían cantar juntos las canciones de los espectáculos y él la llevó varias veces a ver musicales en Broadway. Annie me dijo lo siguiente: «Podía entrar en una tienda y justo estaba sonando una canción desconocida de un musical. Si le hacía una pregunta a mi abuelo y luego encendía la radio de mi coche, sonaba una canción de un musical que tenía la respuesta que estaba buscando».

Mi estudiante psíquico Jaxson me dijo que su madre le ayudaba a encontrar cosas en la casa. Esto le ocurrió después de que ella falleciera:

LA HISTORIA DE JAXSON: *En una ocasión perdí un artículo importante y le pedí a mi madre que me ayudara a encontrarlo. Busqué por toda la casa, de arriba abajo, y luego, de repente, apareció en el suelo de mi despacho. Yo sabía que era ella, pero nunca entendí de dónde vino. Mi madre también hace parpadear las luces de mi habitación si me quedo despierto hasta muy tarde, y sé que es ella recordándome que es hora de dormir. Murió cuando yo era un adolescente y echo de menos que cuidara así de mí.*

En muchas culturas, la gente crea pequeños santuarios y altares para honrar y recordar a sus antepasados. Si sientes que quieres aumentar tu conexión con tus ancestros, prueba crear un altar para ellos. Podrías poner fotos y objetos que pertenecieron a esa persona, y quizás también flores naturales, velas e incienso. Pasa un poco de tiempo meditando en ese altar con la intención de conectar con el miembro, o los miembros, de tu familia y observa qué ocurre.

También he visto a personas incrementar considerablemente su conexión psíquica con sus antepasados guías mediante el estudio de su propia genealogía. Actualmente es mucho más fácil de hacer con la llegada de páginas web, como www.ancestry.com.

Sin embargo, no sólo tenemos una familia biológica. También tenemos nuestra familia de almas. Aunque a veces se solapan, nuestra familia de almas es un grupo de seres queridos serviciales que con mucha frecuencia forman parte de nuestro equipo de espíritus guías.

Tu familia de almas

Para algunos de nosotros, nuestra familia de almas es más querida que nuestra familia biológica. Nuestra familia biológica puede estar llena de dificultades que nos ofrecen oportunidades para crecer espiritualmente, pero que también son dolorosas. Es bueno que todos pertenezcamos a una familia de almas, y nos pasamos nuestras vidas encarnándonos con ellos una y otra vez, y en múltiples configuraciones distintas. Con cada miembro de tu familia de almas has tenido una vida en la que habéis estado casados, o habéis sido hermanos, o padres e hijos.

Es importante dejar ir la idea de que tenemos una sola alma gemela y que es la única conexión de alma posible para nosotros. Esta versión de las almas gemelas, fruto de una fantasía romántica, es una idea sumamente limitante; la verdad es que necesitamos muchos tipos de relaciones distintas para crecer y evolucionar como humanos. En cualquier momento dado, algunas de nuestras almas gemelas están aquí en el planeta con nosotros y otras no lo están. Las que todavía permanecen en el mundo de las almas pueden conectar con nosotros como espíritus guías.

Hace muchos años realicé una lectura psíquica y una sesión de sanación energética para un hombre llamado Duncan. Era un combatiente veterano que vino a verme para que le ayudara con su ansiedad y depresión. Duncan tenía unos guías muy interesantes que son en ejemplo magnífico de su familia de almas. A su derecha, pude percibir a un grupo de soldados que no hacía mucho tiempo que habían fallecido. Eran sus compañeros de combate, a quienes había perdido recientemente en la guerra. Ellos querían decirle que estaban bien y que lo estaban apoyando, incluso desde el más allá. A su izquierda había un grupo de guerreros tatuados, fuertes y feroces, hombres y mujeres. Eran los vikingos de la antigüedad y eran su tribu guerrera original. Pude percibir que Duncan había pasado sus primeras vidas en esta tribu de vikingos, y se habían convertido en su principal familia de almas. Ellos también lo apoyaban. Su mensaje era que nunca le hubieran dejado venir solo a este mundo loco y que, dondequiera que él estuviera, ellos estaban acompañándolo y ayudándole a enfrentarse a cualquier cosa con la que se topara en la vida.

Duncan me dijo que, cuando era un niño, había estado obsesionado con los vikingos y con todo lo nórdico, porque se sentía como en casa. El hecho de que ambas bandas de guerreros todavía estuvieran con él, apoyándolo, hizo que se sintiera muy reconfortado.

En ocasiones, sentimos que echamos de menos o anhelamos a alguien a quien no conocemos, o tenemos sueños recurrentes o fantasías sobre una persona especial que no está presente con nosotros en ese momento. Mei Li es hija única, pero siempre había sentido la presencia de un niño cerca de ella. A sus padres les parecía divertido que tuviera un amigo imaginario, pero ese niño, al que ella llamaba Raven, fue alguien al que ella nunca olvidó. Dado que Mei Li es una artista, pasaba mucho tiempo dibujando su rostro y anhelando conocerle. Cuando tenía veintitantos años, vino a verme para que le hiciera unas sesiones de Reiki y un trabajo psíquico, porque sentía que esa conexión fuerte e inexplicable con Raven le estaba impidiendo establecer una relación amorosa con otra persona, y quería entender esa conexión con su alma gemela invisible.

Hicimos una lectura de sus vidas pasadas en la cual descubrimos que Raven y Mei Li habían sido separados a la fuerza por sus padres, quienes habían decidido que su conexión amorosa no era apropiada porque no pertenecían a la misma clase social y cultura. Ellos se habían hecho un juramento de que se volverían a encontrar y no serían separados. Raven estaba decidido a cumplir con el juramento, incluso desde el otro lado. Cuando limpiamos esa vida pasada y los liberamos del juramento, Mei Li fue capaz de permitirse sentir el dolor y soltar a Raven lo suficiente como para liberarse de su obsesión de verlo como su única alma gemela. Poco después, conoció a un hombre con el que más adelante se casó. Mei Li todavía era capaz de conectar con Raven de tanto en tanto, pero eso se convirtió en algo placentero y reconfortante, en lugar de ser algo que le impedía ser feliz.

Es fácil conectar con los guías de nuestra familia de almas, ya que siempre hay una parte de nosotros que se siente profundamente conectada a ellos; nos resultan sumamente familiares porque tenemos una fuerte conexión de vidas pasadas. Esto significa que confiamos en ellos intrínseca e inconscientemente. Por esos motivos, a veces son los primeros espíritus guías con los que nos encontramos, especialmente en el caso de las personas que a las que les asusta un poco toda la idea de los guías. Nuestra profunda familiaridad con ellos puede ayudarnos a pasar por ese pequeño umbral de miedo.

Ahora, prueba este estupendo ejercicio para ayudarte a conectar con los guías de tu familia de almas.

Ejercicio: Encuentra a tu familia de almas

1. Empieza centrándote y conectando con la Tierra, y luego viaja hacia tu santuario interior.

2. Cuando estés en tu santuario interior, dedica unos minutos a abrir tus sentidos psíquicos mirando a tu alrededor a ver qué hay, y fijándote en lo que oyes, hueles, saboreas, sientes o sabes.

3. Declara la intención de conocer al menos a un miembro de tu familia de almas y luego empieza a abrir tus sentidos para percibir.

4. Una vez más, fíjate en lo que estás percibiendo. Es posible que percibas o sientas que hay una presencia contigo.

5. ¿Puedes percibir una presencia masculina o femenina? ¿Es una persona joven o vieja? ¿Hay una persona o un grupo de personas?

6. Pregunta si tiene nombre y qué relación tiene esa persona contigo.

7. Pregunta cómo te transmite información y mensajes, y si hay algo que tú puedas hacer para aumentar vuestra conexión.

8. Cuando hayas terminado, despídete y regresa lentamente a la habitación en la que te encuentras y a tu cuerpo. Suelta cual-

quier energía adicional que tengas haciendo que descienda por tus pies, y luego abre los ojos.

9. Escribe toda la experiencia en tu diario psíquico y utiliza el péndulo para verificarlo, si es que deseas hacerlo.

No te preocupes si no recibes respuestas a todas estas preguntas. Recuerda, también, que a veces las respuestas llegan en forma de sentimientos, símbolos o metáforas. Con la práctica, esto te resultará cada vez más fácil.

¿Qué sigue?

Espero que esto te haya ayudado a encontrar tu conexión con tus dos familias: la biológica y la de almas. Estos espíritus guías añaden un nivel de riqueza y amor a nuestro equipo de espíritus guías, y pueden ser una fuente de información fantástica del más allá para nosotros.

Ahora, ascenderemos y saldremos del mundo de las almas mientras exploramos el mundo de los maestros ascendidos y los ángeles.

CAPÍTULO 11

Siente la orientación de los maestros ascendidos y de los ángeles

Ahora nos dirigimos hacia los siguientes niveles en lo más alto del reino superior. Ahí arriba todo es glorioso. Y lo digo literalmente: cuando vamos ascendiendo en frecuencia y nos acercamos más a la fuente divina, sentimos la gloria, la belleza, la armonía y el orden que existen en esos reinos superiores.

En este capítulo exploraremos los dos tipos de guías más hermosos, alegres y serviciales del reino superior: los maestros ascendidos y los ángeles. Hablaremos de los ángeles al final, ya que a algunos estudiantes psíquicos puede resultarles difícil elevar su frecuencia lo suficiente como para encontrarse con estos seres de luz. (Los reinos superiores tienen una frecuencia muy liviana y elevada). La práctica, la disciplina y la confianza que aprendemos al abrirnos camino por los reinos inferior y medio son necesarias para desarrollar suficientes músculos psíquicos para poder llegar a los reinos superiores.

Vamos a empezar aprendiendo cosas acerca de los maestros ascendidos. Me encantan estos guías, y la mayor parte de mis propios guías provienen de este grupo de ayudantes. Su compasión por la humanidad es legendaria y ellos ya están incorporados en nuestra vida diaria.

Los maestros ascendidos

En una ocasión, uno de mis amigos, que es también un poderoso maestro espiritual, me aconsejó que escogiera a los maestros, los profetas y los santos como mi fuente de orientación espiritual. Él consideraba que eran la mejor opción para cualquier compañero místico cuyo objetivo es alcanzar la iluminación y encontrar su camino de regreso hacia lo divino, con la mayor rapidez posible. Decía que su rol consistía en preparar el camino para nosotros y que pudiéramos avanzar rápidamente en nuestro camino espiritual, siguiendo su ejemplo.

Los *maestros ascendidos* son personas que han vivido muchas vidas humanas y han llegado a la iluminación y, por lo tanto, han completado su ciclo de encarnación aquí en la Tierra. Ellos eligen quedarse cerca para poder ayudar al resto de los humanos a alcanzar ese mismo objetivo, ofreciéndonos orientación y sabiduría, y mostrándonos el camino de regreso a casa. Podemos encontrar esa dirección a través de los numerosos textos sagrados y escuelas de misterio que nos han dejado.

Estos maestros ascendidos incluyen a muchos maestros espirituales del mundo entero: maestros como Krishna, Lao-Tsé, la Virgen María, Buda, Jesús, Mahoma y Kuan-Yin, son algunos de los más conocidos. También hay muchos otros que no son famosos o conocidos, o sobre los que no se ha escrito, y yo veo a esos asombrosos pero desconocidos maestros ascendidos ayudando a las personas todo el tiempo. Pueden ser de cualquier época de la humanidad y de cualquier lugar del planeta. Prácticamente todo el mundo tiene al menos un maestro ascendido que trabaja de cerca con él y, con mucha frecuencia, estos maestros desempeñan el papel de director espiritual, cuya función es ayudarnos en nuestra propia evolución espiritual. Una parte crítica de esta evolución espiritual es aprender el autodominio, en el cual aprendemos a salir de los estados inconscientes, reactivos, del ser y aprendemos a elegir conscientemente y gestionar nuestros pensamientos, sentimientos y actos.

En mi adolescencia tenía una conversación constante con san Francisco. Eso era algo que confundía a mis padres *hippies* y pertenecientes a la Iglesia Unitaria, ya que yo no había tenido una educación clásica en la religión cristiana y, de hecho, nunca leí la Biblia hasta que llegué a la universidad y estudié religiones comparadas. Además, siempre me ha encantado conectar con María Magdalena y con Juan Bautista, así como con Lao-Tsé y un monje tibetano llamado Maestro Sun. Él fue uno de mis primeros espíritus guías y su presencia me traía muchos recuerdos de una vida en el Tibet, en la que fue llevado a un monasterio siendo un pequeño huérfano y fue entrenado para ser un monje y un experto en artes marciales.

Hasta el día de hoy, el Maestro Sun es uno de mis principales guías y mi director espiritual. Es infinitamente paciente, amable y compasivo con el sufrimiento que he padecido en un largo y arduo ciclo de encarnaciones. «Ay, hija mía», me ha dicho, «¿han roto tu corazón otra vez? Estoy muy orgulloso de ti porque has continuado arriesgándote a amar a alguien. No olvides que todas las relaciones humanas se acaban en el plano terrestre, pero continúan para siempre en el mundo de las almas. Y son reflejos únicamente del amor que la divinidad siente por ti». Éste es el tipo de apoyo compasivo que el Maestro Sun ha expresado hacia mí a lo largo de mi vida.

Cuando era pequeña me decía que su nombre era tío Sun, y su cálida presencia me reconfortaba en una infancia que, en ocasiones, era solitaria. Me ha dado ánimos ante cada error garrafal que he cometido y cada paso en falso que he dado, a los que él llama «proyectos de investigación», y también ha estado ahí para celebrar mis éxitos. Lo quiero muchísimo y sé que el sentimiento es mutuo.

Hay muchas maneras de trabajar con los maestros ascendidos, y la mayoría de la gente tiene al menos unos pocos hacia los que gravita de forma natural. Si hemos sido criados en una tradición religiosa, es posible que gravitemos hacia los santos y los profetas de esa tradición, o quizás simplemente nos sintamos atraídos hacia nuevos maestros ascendidos y queramos conectar con ellos.

A menudo, puedo adivinar en qué tradición religiosa se ha criado alguien viendo de quiénes está rodeado. El otro día hice una lectura para una mujer que tenía una multitud de santos católicos a su alrededor. Kathleen se describió como «una católica en recuperación», pero me dijo que cuando era pequeña y asistía a la escuela parroquial le encantaban los santos, y es reconfortante saber que todavía la acompañan.

Mi clienta Megumi tenía una interesante mezcla de maestros budistas y sintoístas, debido a que en su infancia vivió en Japón. También tenía algunas deidades y maestros ascendidos hindúes a su alrededor, y esa conexión parecía ser mucho más nueva. Todo cobró sentido cuando me dijo que recientemente había regresado de una estancia de seis meses en un *ashram* de la India, donde recibió un entrenamiento intensivo como profesora de yoga. Mientras estaba ahí, Megumi empezó a conectar con algunos de los numerosos maestros ascendidos y gurús de la India.

Los maestros ascendidos realmente brillan como guías por su habilidad para comprender, de una forma compasiva, las experiencias humanas que tenemos. Saben lo que se siente al amar, sufrir una pérdida, sentir dolor y también al experimentar de una forma directa las dificultades y los triunfos que implica ser humanos. Recuerdan lo que se siente cuando los rayos del Sol acarician tu piel, y la belleza, la esperanza y la promesa del amor humano. A diferencia de algunos de los otros guías del reino superior, ellos pueden comprender el paso del tiempo y lo que se siente al vivir en un mundo temporal, físico, de manera que cuando dicen que algo podría ocurrir «pronto», saben lo que eso significa para nosotros. Sus dones más profundos son la capacidad de compartir su viaje hacia la iluminación con nosotros para que podamos seguir sus pasos.

CONSEJO PSÍQUICO: *Invoca a los maestros ascendidos*

Probablemente tienes un guía que es un maestro ascendido que ha estado contigo en muchas vidas. Puedes invocarlo a través de la oración y la meditación, y él vendrá a ti si requieres su presencia.

Como psíquicos, podemos experimentar a los maestros ascendidos de muchas formas, pero las más comunes parecen ser como una persona y como un estado de conciencia colectivo. Permíteme que te explique lo que quiero decir. Podríamos conectar profundamente con un maestro ascendido como Jesús o Yogananda, dos de mis favoritos que viven en lo más profundo de mi corazón. Estaba Jesús, el hombre que vivió una vida sobre la que se ha escrito e informado mucho. Podemos conectar con su energía leyendo estas historias y parábolas en la Biblia o meditando sobre las oraciones y prácticas espirituales que nos dejó.

Pero además de Jesús, el hombre y el profeta, también está la llamada «conciencia crística», que es una energía mucho mayor que la de sólo Jesús, el hombre. La conciencia crística es una energía colectiva de la conciencia de la compasión. Esto se ha convertido en una energía mucho más grande que la de sólo el hombre, y cuando sintonizamos con la conciencia crística podemos aprender mucho acerca de cómo sentir compasión por nosotros mismos y por los demás. Y en ocasiones esa inmensa conciencia aparece en forma de un hombre, ya que necesitamos esa conexión persona a persona para relacionarnos con una conciencia más grande.

Ejercicio: Conectar con los maestros ascendidos

Es maravillosamente fácil conectar con los maestros ascendidos. Éstas son algunas formas infalibles de hacerlo:

1. Esta meditación es incluso más poderosa cuando estamos en un lugar sagrado. Prueba hacerla en una iglesia, sinagoga o templo –o en algún lugar hermoso en la naturaleza. Cualquier lugar que te resulte tranquilo y poderoso es adecuado.

2. Empieza con una meditación de conexión con la Tierra, limpieza y protección.

3. Respira unas cuantas veces, llevando el aire hacia tu corazón, porque es a través de nuestros corazones que conectamos con los maestros ascendidos. Concéntrate en tu corazón para recibir tus respuestas.

4. Puedes invocar al maestro ascendido, hacia el que te sientas atraído, o simplemente ver quién está ahí. Prueba decir el nombre de ese ser en voz alta y pedir su presencia. O, si hay alguna oración relacionada con él, di la oración.

5. Prueba a hacer una pregunta si necesitas la respuesta a un problema. O pregunta, «¿Qué necesito saber hoy?» o «¿Qué necesito hacer para continuar evolucionando de todas las maneras?». Pedir una señal también ayuda, de manera que estate atento a las señales en los días posteriores a tu meditación.

6. Relájate, respira profundamente y sintoniza con todos tus sentidos psíquicos para obtener las respuestas. Presta atención a lo que ocurra en tu corazón cuando sintonices. La mayoría de la gente siente un amor profundo, unas emociones fuertes y una profunda apertura del corazón cuando están presentes.

7. Anota todo en tu diario psíquico y después busca señales.

Espero que disfrutes trabajando con los maestros ascendidos.

A continuación, hablaremos de los ángeles, los cuales suelen ser el tipo de guía favorito de la gente. Sin embargo, hay muchos mitos e ideas erróneas en torno a los ángeles, así que vamos a empezar a aclararlos.

Los ángeles

Los ángeles son, probablemente, los espíritus guías más queridos. Nos encanta todo de ellos —tanto es así, que la gente suele utilizar los términos «guía» y «ángel de la guarda» como sinónimos. Ciertamente, los ángeles tienen el objetivo de ayudar a la humanidad a alcanzar su mayor potencial. Ahora, vamos a ver algunas ideas acerca de lo que los ángeles son, y lo que no son.

• Los ángeles no son personas que han muerto y han ido al Cielo. Son espíritus no humanos que nunca han sido personas.
• Su apariencia no es la de una persona con alas y halo, a menos que necesitemos que se vean así para poder relacionarnos con ellos. Son seres de energía pura y yo los veo como columnas de luz. Algunas personas los experimentan como esferas o ruedas de energía.

- Son seres inmortales cuyo propósito es supervisar las funciones del universo. Sólo una pequeña fracción de ellos trata con la humanidad y con el planeta Tierra.
- Existen en su propia dimensión, llamada el «cielo angélico» y forman una compleja jerarquía. La mayoría de los ángeles con los que los humanos nos encontramos son ángeles y arcángeles, los dos peldaños más bajos de la jerarquía angélica.
- Los ángeles no son ni masculinos ni femeninos, sino que en ocasiones nos lo parecen, especialmente cuando adoptan una apariencia humana.
- Los ángeles en realidad no tienen nombres humanos y es más probable que den su función o título, pero escogerán un nombre con el que tú te puedas relacionar, de la misma manera en que escogen una forma.
- Prácticamente todas las personas tienen al menos un ángel «asignado» a ellas, el cual sería nuestro ángel de la guarda, y muchas personas tienen una fuerte conexión con al menos uno de los arcángeles.

La primera vez que vi un ángel, me sentí abrumada y maravillada. Nunca los he experimentado como personas con alas, pero siempre los he visto como unos seres inmensos, de mucha energía, con un gran poder y una gran intensidad. Una noche, cuando era pequeña, oí un ruido, como si un tren pasara por mi habitación. Creo que cuando entró, mi cama se sacudió, literalmente. Lo que vi parecía una esfera de energía gigante, con alas y llamas y muchos ojos. Me escondí debajo de mis mantas hasta que se fue. Unas noches más tarde, regresó con una apariencia mucho más humana, pero todavía no era un humano. Este ángel me «habló» mediante un método de comunicación llamado «inserción de pensamientos», lo cual significa que pensamientos completamente formados aparecían en mi cabeza, como una descarga espiritual descomunal que estaba acompañada de un fuerte zumbido en mis oídos.

El ángel me pidió disculpas por abrumarme, me dijo que se llamaba Serafín y que era mi ángel de la guarda. Juro que este ser me ha salvado la vida en algunas ocasiones, así que sé que realmente es un guardián. Serafín me dijo que era uno de los *cantantes* que cantaba las notas de la sinfonía, que es como este ser experimentaba el universo. Los ángeles tienen que ver con la vibración y la armonía, y para mí sus nombres suenan como grandes acordes armónicos, lo cual generalmente ni siquiera podemos comprender, así que usan un nombre que podamos entender. Muchas personas saben que sus ángeles están cerca cuando sienten esa profunda vibración o escuchan un zumbido en sus oídos.

Cuando era pequeña, tuve otra experiencia poderosa con los ángeles. Estaba en el coche con mis padres y estábamos atascados en el tráfico porque había habido un accidente, y sólo había un carril de circulación en la autopista. Cuando pasamos junto al accidente, vi a dos personas tiradas en el suelo y los enfermeros las estaban atendiendo. Una de ellas tenía una luz blanca muy brillante, que parecía un pequeño tornado, justo detrás de él. Supe que esa persona iba a vivir, y se lo dije a mis padres. El otro enfermero tenía una especie de embudo negro detrás y supe que ése era el ángel de la muerte, y que ese herido fallecería. Fue intenso, pero supe que ambos ángeles estaban ahí para ayudar en el proceso a todos los implicados.

Los ángeles existen en el reino angélico, a veces también llamado el Cielo angélico, como mencioné antes. Según muchas tradiciones religiosas distintas, existe una jerarquía de ángeles ahí. Hay muchos tipos de ruedas y esferas de ángeles distintos, cuya función es apoyar la continuidad del universo. Son los sirvientes del ser divino; son informes e inmortales. Me pregunto si lo que hace que les gusten tanto los números es su atención a la estructura del universo. Si quieres conectar con tus ángeles, estate atento a las señales en forma de números. A menudo, hay secuencias de números que se repiten, como 444 o 11-11, que nos muestran que los ángeles están cerca de nosotros.

Los ángeles con los que nos encontramos realmente aman a la humanidad y nos apoyan dándonos amor incondicional, ánimos y consejos. En la mayoría de los casos, me parecen encantadores, graciosos e infinitamente poderosos. Ocasionalmente, los encuentro un poco intensos, y todavía me pongo muy nerviosa cuando aparecen así. Creo que tendemos a subestimar seriamente el poder de estos seres, y en la comunidad *new age* se ha puesto de moda llamar a los ángeles para cualquier cosa insignificante, como si chasquearas los dedos para llamar a un camarero.

Es verdad que los ángeles están aquí para servir a la humanidad, pero no de una forma mágica para cumplir nuestros deseos. No es que a ellos les importe tener que encontrar un sitio donde estacionar para ti, y lo hacen de buena gana si eso refuerza tu creencia en ellos. Pero su tarea consiste más bien en darnos amor y apoyo incondicionales para que podamos lograr grandes cosas sin su ayuda.

Por lo general, tienen una energía muy poderosa con la que podemos conectar. Por ejemplo, se puede presentar ante ti un ángel de la sanación, o un ángel de la piedad, o de la compasión, o del amor hacia uno mismo, cuando realmente necesitas esa energía. Esos tipos de ángeles se llaman ángeles de las *virtudes* y también podemos invocarlos cuando los necesitamos.

CONSEJO PSÍQUICO: *Invocar a los ángeles*

Los ángeles son seres sumamente poderosos y tenemos que acordarnos de invocarlos cada día para que nos brinden ayuda y asistencia. Dado que el libre albedrío es una ley muy poderosa en nuestra dimensión, tenemos que pedir ayuda todos los días. Recuerda también que los ángeles pueden ayudar mostrándonos el camino y enviando ayuda, pero no pueden resolver nuestros problemas para nosotros, ya que su objetivo es que aprendamos y evolucionemos.

Prácticamente todas las personas a las que les he hecho una lectura tienen al menos un ángel que las ayuda. La mayoría de la gente tiene un ángel particular para ellas, como una especie de entrenador angélico que está muy implicado en el desarrollo de su alma y en su crecimiento, y a menudo están con nosotros en muchas de nuestras vidas. Las órdenes superiores de ángeles, como los ángeles de las virtudes y los arcángeles, cuidan de muchas personas a la vez y están disponibles para cualquiera que los invoque. Por ejemplo, si sientes que necesitas una protección psíquica adicional, puedes invocar al arcángel Miguel y él se presentará para ayudarte en ese momento.

Aunque todas las personas tienen un ángel cerca de ellas, a algunas realmente les encantan los ángeles y conectan con ellos de una forma mucho más profunda que la mayoría de la gente. Estas personas, que en ocasiones son llamadas «ángeles de la Tierra», tienen montones de ángeles a su alrededor, pero ellas no son ángeles que se han encarnado en la Tierra, sino personas que han accedido a ayudar a los ángeles a hacer su trabajo aquí. Son personas muy generosas y compasivas; son ese tipo de personas de las que decimos que no tienen malicia. Tienden a ser empáticas y sumamente sensibles y amables, y a menudo están un poco obsesionadas con los ángeles. Si eres un ángel de la Tierra, tus ángeles te enviarán a pequeñas misiones de sanación para ayudar a otras personas y, en ocasiones, cuando digas algo, será tu ángel quien estará hablando a través de ti.

Dado que todos tenemos ángeles cerca, vamos a hablar de cómo podemos conectar con ellos más fácilmente. La manera más rápida y fácil de conectar con tus ángeles es consiguiendo una baraja de cartas de los ángeles. Hay muchas y muy bonitas para elegir. Escoge la que resuene más contigo y añade esa baraja a tu tirada diaria de cartas. Puedes hacer una pregunta y luego sacar una carta, o simplemente sacar una carta y ver lo que los ángeles tienen que decir.

Ejercicio: Meditación para conocer a tus ángeles

Prueba esta meditación para conocer a tus ángeles. (Puedes descargarte el audio en inglés de esta meditación en www.newharbinger.com/50744).

1. Empieza con tu meditación de conexión con la Tierra, limpieza y protección, y haz el viaje a tu santuario interior.
2. Declara la intención de conocer a tus ángeles. Es posible que aparezcan en ese momento. Recuerda que debes abrir todos tus sentidos psíquicos y prestar atención a todo lo que sientas.
3. Mira a tu alrededor en tu santuario interior en busca de algún tipo de transmisión.

4. Cuando llegues ahí, pide ser recibido o recibida por un guía angélico que pueda enseñarte los alrededores y presentarte a tus ángeles.

5. Haz todas las preguntas que quieras, incluyendo si hay algo que puedas hacer para incrementar tu conexión y comunicación con los ángeles.

6. Cuando hayas terminado, baja por el ascensor. Cuando estés de vuelta en tu santuario interior, dales las gracias a tus ángeles, sabiendo que puedes regresar en cualquier momento y comunicarte con ellos.

7. Asegúrate de realmente conectar con la Tierra después de esta meditación. Frótate las palmas de las manos una contra la otra y, antes de regresar a tu habitación, haz salir por las plantas de tus pies cualquier energía que pueda haber quedado.

Escribe en tu diario psíquico todo lo que ha ocurrido. Siempre que quieras puedes regresar para conectar con tus ángeles.

Los ángeles y los maestros ascendidos no son los únicos seres que habitan el reino superior. Ahí también podemos encontrar a los seres divinos, a seres de consciencia pura y muchos otros; quizás hasta una variedad infinita de seres de luz. Yo he explorado este reino desde que era una niña y todavía continúo descubriendo nuevos seres de luz que nunca antes había visto. Después de todo, éste es un universo infinito. Te animo a que continúes explorando estos reinos cada vez más y que uses tu discernimiento para ayudarte a conectar con los espíritus guías que te ayudan.

CONCLUSIÓN

Establece tu rutina psíquica diaria

Hemos aprendido muchas cosas sobre nuestras habilidades psíquicas desde que iniciamos nuestra travesía juntos. Espero que ahora entiendas mejor lo que son realmente tus habilidades psíquicas y cómo incorporarlas en tu vida diaria de una manera que te enriquezca.

En este libro tienes todas las herramientas que necesitas para continuar despertando tus habilidades psíquicas. Tu tarea ahora, si quieres seguir trabajando en ello, es continuar con tus prácticas diarias. Ahora es un buen momento para establecer una rutina que te ayude a continuar desarrollando tus habilidades psíquicas. Con el tiempo, encontrarás una rutina que será perfecta para ti. Pero para empezar, prueba esta rutina (que es la que yo sigo) y luego, si es necesario, puedes hacerle algunos ajustes para que funcione a la perfección para ti.

Empieza con tus técnicas de gestión de la energía y haz la meditación de conexión con la Tierra, de limpieza y de protección. Luego, siéntate en silencio durante unos minutos para ver qué es lo que llega a ti. Asegúrate de tener tu diario, tu péndulo y tus barajas de cartas cerca de ti. Si sientes que las emociones están nublando tu percepción psíquica, dedica unos minutos a escribir en tu diario. Yo he vertido emociones durante este tiempo y también he escrito cosas mundanas, como mis listas de cosas que hacer y de la compra, cuando he sentido que esas tareas me estaban distrayendo.

Puedes tener preguntas específicas en tu mente o, si no se te ocurre nada en particular, puedes hacer preguntas generales, como por ejemplo: «¿Qué necesito saber ahora?».

Luego, relaja tu mente y trata de ponerla en blanco tanto como puedas (esto se va haciendo más fácil con la práctica). Prueba hacer el viaje a tu santuario interior y practica agudizar tus sentidos psíquicos observando lo que percibes ahí hoy.

En mi caso, en algunas ocasiones no ocurre gran cosa, excepto que me siento más despejada y relajada. Y en otras, me llega algún mensaje psíquico a la conciencia. Puede ser que vea o perciba a un guía, o puede ser un conocimiento, un sentimiento, o una sensación en mi cuerpo. Simplemente trata de relajarte durante el proceso y mantén la curiosidad. Pregúntate: «¿Qué necesito saber acerca de esta sensación? ¿Hay algo más que deba saber?». A veces es como una bola de hilo enredado, que cuando tiramos de un hilo, salen más.

En este momento de mi vida, como psíquica, confío totalmente en que, si hay algo que necesito saber, mis guías me harán llegar esa información. Y si no hay nada ahí, es porque todo está en calma en ese momento, y no recibir ninguna noticia es una buena noticia. Confío en que, si me estoy resistiendo tercamente a lidiar con algún aspecto de mi vida, la información que necesito llegará a mí en un sueño, incluso en un sueño recurrente, hasta que reciba el mensaje.

También sé que, si estoy realmente alterada, mi propia información psíquica deja de llegar hasta que cesa esa alteración y trabajo en mis emociones. Entretanto, puedo usar mis cartas y mi péndulo para obtener lo que necesito, o quizás sea el momento de llamar a uno de mis amigos psíquicos y pedirle que me haga una lectura.

Para mí es sumamente emocionante ver que, aunque llevo más de treinta años haciendo lecturas psíquicas, todavía aprendo cosas nuevas todos los días. Y eso es lo que deseo para ti también.

Muchas gracias por acompañarme en esta travesía. Sé que si practicas lo que hemos aprendido juntos en este libro, cosecharás los beneficios que te aportará el poder acceder a la ayuda, la sabiduría y la orientación que están al alcance de todos cuando despertamos nuestras habilidades psíquicas.

Bibliografía

BROWNE WALKER, B.: *The I Ching or Book of Changes: A Guide to Life's Turning Points*. 1992; repr., Nueva York: St. Martin's Griffin, 2019. (Trad. cast. *I Ching, El libro de las mutaciones: una guía para los momentos decisivos de la vida*. Arkano Books, 2004).

BRUCE, R.: *Astral Dynamics: The Complete Book of Out-of-Body Experiences*. Newburyport, MA: Hampton Roads Publishing, 2009.

CAMPION, L.: *Energy Healing for Empaths: How to Protect Yourself from Energy Vampires, Honor Your Boundaries, and Build Healthier Relationships*. Oakland, CA: Revel Press, 2021.

CIRLOT, J. E.: *Diccionario de símbolos*. Editorial Siruela, 2023.

CLAYTON, E.: *The Way of the Empath: How Compassion, Empathy, and Intuition Can Heal Your World*. Newburyport, MA: Hampton Roads Publishing, 2022.

FARMER, S. D.: *Animal Spirit Guides: An Easy-to-Use Handbook for Identifying and Understanding Your Power Animals and Animal Spirit Helpers*. Carlsbad, CA: Hay House, 2006.

JUDITH, A.: *Wheels of Life: A User's Guide to the Chakra System*. Woodbury, MN: Llewellyn Publications, 1987. (Trad. cast. *Ruedas de la vida: Un viaje a través de los chakras*. Arkano Books. Madrid, 2010).

JUNG, C.: *Man and His Symbols*. Nueva York: Dell Publishing, 1968. (Trad. cast. *El hombre y sus símbolos*. Caralt Editores, 2002).

MYSTIC MICHAELA: *Your Angel Numbers Book: How to Understand the Messages Your Spirit Guides Are Sending You*. Avon, MA: Adams Media, 2021.

NORDBY, J.: *The Creative Cure: How Finding and Freeing Your Inner Artist Can Heal Your Life*. San Antonio, TX: Hierophant Publishing, 2021.

Ruiz, D. J.: *Shamanic Power Animals: Embracing the Teachings of Our Non-Human Friends.* San Antonio, TX: Hierophant Publishing, 2021. (Trad. cast. *Animales Chamánicos de Poder: comprende las enseñanzas de la fauna salvaje a través de la rueda medicinal.* Ediciones Urano, 2022).

Sullivan Walden, K.: *I Had the Strangest Dream: The Dreamer's Dictionary for the 21st Century.* Nueva York: Grand Central Publishing, 2006.

—: *It's All in Your Dreams: Five Portals to an Awakened Life.* Newburyport, MA: Conari Press, 2013.

Whitehurst, T.: *The Magic of Trees: A Guide to Their Sacred Wisdom & Metaphysical Properties.* Woodbury, MN: Llewellyn Publications, 2017.

Índice

LISA CAMPION

El arte del reiki
PSÍQUICO

Desarrolla tus capacidades intuitivas
y empáticas para la sanación energética

EDICIONES OBELISCO

El reiki es un método de sanación energética suave pero, al mismo tiempo, poderoso. Terapeutas de masaje, profesionales de numerosas diversas terapias corporales y médicos atestiguan su capacidad para sanar. Muchas personas profundamente sensibles se sienten atraídas por el arte sagrado del reiki, pero no siempre resulta sencillo manejar las capacidades empáticas, intuitivas y psíquicas que se abren al desarrollar este trabajo energético tan efectivo. El presente libro te puede ayudar a dominar y a que participes plenamente en esta práctica de sanación.

Escrito por una maestra del nivel Maestro de reiki y basado en décadas de experiencia, *El arte del reiki psíquico* es una guía, paso a paso, para aprender este arte sagrado de sanación mientras se desarrollan las capacidades psíquicas y empáticas, esenciales para llevar a cabo este trabajo energético. Si eres nuevo en el reiki o estás buscando profundizar en tu conocimiento y mejorar tu práctica, este libro te guiará en tu camino de sanación.

- Utiliza reiki para sanarte a ti mismo y a los demás (¡a las mascotas también!).
- Trabaja y confía en tu intuición.
- Desarrolla tus capacidades psíquicas.
- Accede a tu sabiduría espiritual superior.

Es ésta una nueva edición de la guía clásica para que pongas en práctica las percepciones espirituales y psicológicas del afamado místico y médium Edgar Cayce con el fin de saber cuál es tu verdadera misión en la vida. El médico y clarividente Edgar Cayce (1877-1945) nos dejó abundantes lecturas o interpretaciones intuitivas sobre todos los temas: desde la salud y la espiritualidad hasta la psicología y las vidas anteriores.

En la actualidad, Mark Thurston, el profesor más importante de las enseñanzas de Cayce, pone al día y revisa su obra clásica *Descubre el propósito de tu alma* para ayudarte a utilizar las enseñanzas de Cayce en el siglo XXI y dar con un propósito más elevado en tus relaciones personales, tu carrera profesional y tu misión general en la vida.

La baraja incluye 33 vívidos naipes a todo color, cada uno de ellos muestra a un ángel, un deva o un espíritu de la naturaleza frente a un intrincado fondo de plantas y animales de la selva amazónica, cuerpos celestes, templos antiguos, símbolos espirituales y visiones producto de la ayahuasca. Muchos de estos ángeles y devas han aparecido en los cuadros de Amaringo, y forman parte de los importantes detalles que hacen que esta obra sea única y que la conectan con la magia y el misterio de la Amazonia.

La guía que acompaña a la baraja habla de los significados del ángel, el deva o el espíritu vegetal de cada naipe y proporciona tiradas basadas en prácticas chamánicas tradicionales, como las de la Mesa Norteña, del norte de Perú. Este libro también incluye pensamientos para reflexionar sobre cada carta para ayudarte a conectar con los espíritus chamánicos y los seres angelicales de la Amazonia, además de con el arte visionario de Pablo Amaringo.

Los péndulos se han utilizado para adivinar el futuro y comunicarse con los espíritus. Desde encontrar pozos ocultos en la naturaleza y mascotas y tesoros perdidos, hasta identificar el origen del malestar corporal, los péndulos tienen una venerable historia de ayudar a los buscadores a encontrar lo que están buscando. Puedes recibir una orientación valiosa sobre asuntos relacionados con el amor, el trabajo y el hogar. Gracias a este visionario kit, aprenderás a conectar con el péndulo, que está incluido, y a encontrar respuesta a casi todo aquello que necesitas saber a través del movimiento del peso oscilante. También se incluyen ocho tablas de adivinación que te permitirán obtener aún más información sobre tu vida.

Incluye:

Un péndulo
Ocho tablas de adivinación
Un libro ilustrado de 128 páginas

Todos nosotros tenemos ángeles que nos guían y nos acompañan. Popularmente se les conoce como «Ángeles de la guarda». Presentes en todos y cada uno de los aspectos de nuestras vida, los ángeles son seres de luz, manifestaciones de lo divino que esperan que los acojas en la simplicidad y la pureza del corazón, en los brazos del niño mágico que hay dentro de ti. Cada uno de los ángeles que aparecen en estas cartas corresponde a una virtud a la que podrás apelar cuando te halles en dificultades. A través de los ejercicios que te propone Jack Lawson aprenderás a contactar con los mensajeros celestiales. Cuando te halles en dificultades o se te presenten problemas que no sabes cómo resolver, podrás consultar con ellos. Siempre te darán buenos consejos. Un libro y una baraja de cartas en un estuche precioso, ideal para regalar.

El juego de los Animales de Poder te pone en contacto con tu propia intuición y con la sabiduría de los 54 animales que componen este juego para que puedas recordar lo que tu alma se propuso hacer en esta vida y recibas una orientación a tus dudas y preguntas.

Además, te permite conocer mejor a estos 54 animales, ya que contiene información zoológica acerca de cada uno de ellos: su hábitat, costumbres, forma de reproducción, alimentación, enemigos, expectativa de vida, algunos hechos interesantes que los distinguen de otras especies y datos sobre la simbología que les han otorgado diferentes culturas a lo largo de la historia.

El objetivo último de este juego es participar en la transformación de la humanidad cuyo destino evolutivo es dejar de ser el mayor depredador del resto de los animales para convertirse en su mayor benefactor y guardián de esta hermosa biblioteca cósmica que es la Tierra.